政治コミュニケーション概論

The Dynamics of Political Communication

石澤靖治 編著

ミネルヴァ書房

はじめに

「政治コミュニケーション」をとりあげる際に，教える側も学ぶ側も気をつけなければならないことがある。それはその内容についての認識である。政治の側がその時々の状況をにらみながら，いかに上手くメッセージを発信したかというような，小手先の策略や戦略という世界に話を矮小化してしまってはならないということである。もちろん為政者の言動それ自体は重要なメッセージであるが，単にそれだけに終始するなら「政治コミュニケーション」とは，政治家としての振舞い方や政治あるいは政略のテクニックやハウツーという表面的なものでしかない。それであるなら，現場の政治家から教えてもらえばいいような類のものである。もちろんそれでは「学問」にはならない。

学問としての「政治コミュニケーション」とは，国内外の政治シーンにあって，政治の動きとメディア・情報・世論がどのように作用し合いながら，どのように政治の動きを形成しているかを分析するものである。そのためには，分析の対象とする国の政治や国際関係について一定以上の知見をもちつつ，メディアやコミュニケーションの理論と実践に通じている必要がある。そして政治に重きをおけば政治学の要素が強くなり，メディアにシフトさせれば社会学・メディア論的要素をもつ。

本書でとりあげる分野としては，第Ⅰ部で政治コミュニケーションの最も盛んなアメリカを，第Ⅱ部で自国である日本を，そして第Ⅲ部で日本とアメリカ，東アジアを中心とした国際関係をカバーしている。ただ同じ「政治コミュニケーション」を分析するのであっても，それぞれの執筆者の考え自体に違いもあれば，扱う国々の政治のありようも異なる。また政治の側から見るのかメディア側から見るのか。執筆者の中には学問的な世界を専らにしてきた人もメディア出身の人もいる。そのため，それぞれの分析と解説のアプローチは一定ではない。だが読者にとって，そのことはむしろ学問的なバリエーションが広がるという点から有益であると判断し，本書ではあえて統一性をもたせずに，それぞれが自らの分野を最もうまく説明できる題材と視点でまとめている。

ここで１つ断りを入れておくと，本書においては執筆者たちがこれまでの成果として発表してきたものの中から，改めてテキストとして適当と思われるものを再構成したものもある。そのため，文中に各執筆者の過去の記述内容と重なる部分がありうる。本書を入口として，各執筆者の著作でさらにこの分野への興味と関心を深めてもらえればと思う。また一部で内容に重複しているところもあるが，各章の論旨の展開上のこととしてご理解いただきたい。

「政治コミュニケーション」あるいは「政治とメディア」は，アメリカではかなり以前から，１つの分野として確立していた。編者もそれを日本に紹介したし，2000年代初頭に小泉政権が誕生した際に，日本政治におけるメディアとの関係を分析したこともある。ちょうどその頃から，日本ではアメリカにおけるメディア政治の状況はより広く知られるようになり，日本でも次第に政治における重要な要素として政治コミュニケーションが扱われるようになってきた。そして今回，第一線の識者を結集してテキストとしてまとめることができたことには万感の思いがある。

一方，政治コミュニケーションが脚光を浴びるようになるタイミングとほぼ同じペースで，分析を難しくするものも現れてきた。いうまでもなくインターネットの存在である。それは従来の新聞，テレビ，雑誌などのメディアとは次元の異なる働きや影響力をもたらすものとして，メディアコミュニケーショも政治自体も大きく変えている。そしていまや主役的な存在であり，この分野を研究し教育する立場の人間にとって大きなチャレンジである。本書にはもちろんそうした今日的な状況を十分に織り込んでいるが，現在進行中の要素であり，刻々と変わる状況をウォッチしながら今後も政治コミュニケーションを追っていきたい。

いずれにせよ，本書が「政治コミュニケーション」を学ぶ人にとって，何らかの手助けになることを心から願うものである。

2020年12月

編者　石澤靖治

政治コミュニケーション概論

目　次

はじめに

第Ⅰ部　アメリカ

第1章　総論：アメリカにおける政治コミュニケーション……………3
　　　　――ルーズベルトからトランプまで

1　大統領の権力とメディア……………3

2　米国におけるメディアコミュニケーション理論の展開……………6

3　大統領とメディアの関係をどうみるか①
　　――いかにメディアを道具にするか……………9

4　大統領とメディアの関係をどうみるか②
　　――メディアのバイパス化とネット時代……………14

5　トランプ以前／トランプ以降……………16

6　エンターテインメント化と思想問題……………18

コラム　敗者はヒラリー・クリントンと新聞の支持表明(endorsement)

第2章　マーケティング・デモクラシーとしての大統領政治……………23
　　　　――選挙と統治の戦略技術とその影響

1　政治マーケティングとは，応答性の戦略技術である……………23

2　政治マーケティングのプロセスとステップ……………24

3　大統領たちのマーケティング利用と特徴……………34

4　討論点――大統領政治におけるマーケティングの意義……………42

コラム　大統領の有名な演説フレーズ

第3章　政治的対立とメディア：歴史的視点から……………47
　　　　――保守政治の発展と世論・メディア

1　はじめに……………47

2　戦後政治分極化の基本構造……………49

3　戦後保守思想形成とメディア……………52

4　保守系メディアの拡大……55
5　影響力の構図……58
6　保守大衆運動とメディア……60
7　おわりに……63
コラム　ローカル紙の危機

第4章　政治とメディアの分極化進む現代アメリカ……68
——存在感増すソーシャルメディア
1　世論とメディアの分裂……70
2　フェアネス・ドクトリンの廃止とその影響……73
3　デジタル戦略とフェイクニュース……76
4　トランプ政権とメディアとの対立……79
5　エコーチェンバーをどう乗り越えるか……85
コラム　トランプ大統領をめぐる「人格障害」論争

第Ⅱ部　日　本

第5章　総論：日本における政治コミュニケーションの射程と変容……91
1　はじめに……91
2　ニューメディアとオールドメディアの競合……92
3　4つの仮説と日本的現状……93
4　結　び……96

第6章　プレーヤーとしての政治メディア・政治ジャーナリスト……98
——首相とメディアの関係性の変遷から
1　はじめに……98
2　新聞メディアとの対立——佐藤栄作……99
3「テレポリティックス」序章——中曽根康弘……100

4 「テレポリティックス」の申し子——細川護熙……102
5 「テレポリティックス」2000年の変……104
6 〈視える政治〉の絶頂——小泉劇場……108
7 安倍流「テレポリティックス」——選別・独演・予定調和……111
8 ポスト安倍政権誕生とメディア……115
9 結　び——〈職業としての政治ジャーナリズム〉という視点……117

第7章　インターネット世論と政治……121
——日本におけるインターネット選挙運動の解禁と近年の動向
1 はじめに……121
2 インターネット選挙運動解禁以前の状況と論点……123
3 インターネット選挙運動解禁の政策過程……126
4 解禁後の動向，課題と展望……132

第8章　メディアの分断と政治の分断……141
——各紙社説の実証的分析
1 はじめに……141
2 分極化現象の特徴……142
3 新聞の言論機能への注目……146
4 経営戦略としての差別化……149
5 おわりに……152
コラム 「社論」とは何か

第Ⅲ部　国際関係

第9章　総論：国際関係とメディアの構図……159
——メディアコミュニケーションによる国際関係の視点
1 ニュース生産のプロセスと国際報道のドメスティック性……159

2　自国以外のメディアの報道とパーセプションギャップ……………………160
3　国際関係とメディアとの基本的な構造……………………………………162
4　国際コミュニケーションの担い手：報道機関の国益と客観性…………163
5　国際情勢の変化と国際情報戦の展開………………………………………166
6　ネット社会による「革命」と混乱：アラブの春とその後………………169
7　ネット世論と国際紛争の光景：情報のグローバル化と閉鎖現象………172
コラム　トルコでのクーデターで明らかになったもの

第10章　戦争とメディア……………………………………………………………177
——歴史的事例からの視点

1　日露戦争（1904-1905年）：新聞の時代に交互に入れ替わった
勝者と敗者…………………………………………………………………177
2　第１次世界大戦（1914-1918年）：総力戦の戦争に溢れる
プロパガンダと虚報………………………………………………………180
3　第２次世界大戦（1939-1945年）：リアルなメディアとしての
ラジオと対外宣伝…………………………………………………………181
4　ベトナム戦争（1960年代-70年代前半）：テレビ時代に敗れた戦争……183
5　湾岸危機・戦争（1990-1991年）：活かされたテレビと
殺されたリアリティ………………………………………………………186
6　イラク戦争（2003年）：衛星，ネット時代の国際世論戦…………………189
コラム　戦争が始まると豹変し「感動」があふれたイラク戦争の「誤報」

第11章　日米，日中，日韓関係とメディア………………………………………195
——日本外交と世論の視点

1　日米関係：上下関係という意識の中での変わらないバイアス…………195
2　日韓関係：日米関係と裏返しの「贖罪」バイアスとその転換…………199
3　日中関係：米と組んだ旧対日戦勝国，戦後は日米同盟と対立…………204
4　米中韓の枠組みと日米の枠組み：日本の国際メディア戦略の要点……205
5　日本のメッセージ発信の手法として………………………………………209

コラム　中国国民党・蔣介石夫人，宋美齢の対米世論工作での活躍

第12章　大国の覇権争いとしてのメディア戦……213
——パブリック・ディプロマシー(PD)，
ソフト・パワー，シャープ・パワーの視点

1　メディア戦略の手段：プロパガンダ，広報(PR)，
パブリック・ディプロマシー(PD)……213

2　アメリカと PD：先駆者・覇権国としての政策……215

3　中国と PD：新たな大国としてアメリカを猛追する戦略……218

4　日本と PD：自らが主張する道を模索して……221

5　ロシアと国際情報戦略：ネット時代の情報・メディア戦争の展開……223

6　国際政治の現実主義と理想主義：ソフト・パワー，シャープ・パワー…226

コラム　捕鯨問題で日本はなぜ悪者になったのか

人名索引

事項索引

執筆者紹介

第Ⅰ部

アメリカ

左から：リチャード・ニクソン（任期 1969-1974），バラク・オバマ（任期 2009-2017），ドナルド・トランプ（任期 2017-2020）

第1章
総論：アメリカにおける政治コミュニケーション
――ルーズベルトからトランプまで

アメリカ政治とはいうものの，連邦政府もあれば州政府もある。行政府・立法府という区分もある。その中で本章では，アメリカの政治コミュニケーションにおける主役として広く認識されている大統領・大統領候補者と世論との関係，メディア利用，メディアとの関係などを軸に政治制度や議会との関係を示しながら，導入部として理解すべき基本的なポイントを説明していく。

1　大統領の権力とメディア

■大統領権力の限定性と世論依存の問題点

アメリカは政治コミュニケーションの「本場」であるが，それにはいくつかの理由がある。それをまずアメリカ政治における大統領の権力という点から説明していきたい。

アメリカにおける大統領は，自らが掲げる政策への支持を高めてその遂行を円滑にするために，また大統領候補者であった場合は有権者からの票を獲得するために，世論の支持が必要になる。

その一方で，大統領の権限は議会から様々な制約を受けており限定的である。アメリカの大統領は，選挙戦で自らの政策を掲げて有権者にそれを問い，勝利してホワイトハウスに入る。だが，合衆国憲法の規定として，大統領は議会に対して法案を提出する権限を有していない。実際は大統領の所属する共和党あるいは民主党の議員に，大統領府が案出した法案を託す形で実質的な権限を獲得しているが，正式にはその権限はない。また政策遂行のために自らの手足となる閣僚や次官，次官補などの高官を指名しても，議会上院の承認を経なければ任命できない。自らが外国との交渉をまとめ上げて締結した条約も，同様に議会上院の批准が必要である。

したがって，議会の上院あるいは下院の多数党が大統領の所属政党とは異なる，いわゆる分割政府(divided government)の状態にある場合には，大統領のリーダーシップの発揮が難しくなる(**表1-1**)。またアメリカの政党においては党議拘束が厳しくないので，議会の多数党が大統領と同じ政党である統一政府(unified government)であっても，必ずしも党として同じ投票行動をとるわけでもない(最近は統一的な動きが多いが)。議院内閣制の下，多数党の党首が首相となり党議拘束の強い日本とは大きく異なるところである。

一方で，民主的な手続きで選ばれた国家元首として，その一挙手一投足がメディアで注目されるようになった。それは大統領の仕事ぶりへの期待が高まるようになったことを意味する。また任期が２期８年の米大統領の場合，１期目の大統領としての活動とは，２期目をにらんだ選挙運動でもある。そのため大統領は当選した翌日から再選のために「すぐに有権者をつなぎとめるための活動」を行っているとも言われる。

憲法上の制約は変わらないものの，大統領への期待値は次第に大きくなっている。その中で大統領はどうするか。いきおい，よいパフォーマンスを行っていることを国民に印象付けるために，メディアを味方にして世論の支持を集めるか，議会が自らの政策に抵抗する場合には，世論を動員してその圧力をもって議会を悪役に仕立てて政策遂行を図ろうとするのである。

しかしながら，世論の支持をとりつけることによって，議会を「黙らせる」ことで政策を遂行する政治コミュニケーションには問題点もある。１つは，議会と多元的に意見交換を重ねて調整し説得することを軽視することにつながり，議会側からの強い反発を蓄積させることになりかねないことである[(1)]。大統領のメディア利用はより巧みにより激しくなってきている一方で，大統領と議会との対立は容赦のないものになっている。それには大統領のこうしたメディア政治にも大いに関係がある。

もう１つは「サウンドバイト政治」と呼ばれるものである。大統領のメッセージは，メディアを通じて国民に容易に受け入れられるフレーズを掲げたものになりがちである。そして口当たりのいい言葉と政策のみが優先された場合に，実際にはその政策の実現が難しいものであったり，あるいは実行した際に問題の多いものだったりすることが出てくる。このサウンドバイト政治は，短

表１－１　大統領選挙の勝者と議会多数党

			下院		上院		
選挙年	民主党候補者	共和党候補者	民主党	共和党	民主党	共和党	
1948	トルーマン	デューイ	263	171	54	42	
1950			235	199	49	47	
1952	スティーブンソン	アイゼンハワー	213	221	47	48	
1954			232	203	48	47	
1956	スティーブンソン	アイゼンハワー	232	203	49	47	
1958			282	153	65	35	
1960	ケネディ	ニクソン	264	173	64	36	
1962			258	176	66	34	
1964	ジョンソン	ゴールドウォーター	295	140	68	32	
1966			248	187	64	36	
1968	ハンフリー	ニクソン	243	192	57	43	
1970			255	180	54	44	
1972	マクガバン	ニクソン	243	192	56	42	
1974			291	144	61	37	
1976	カーター	フォード	292	143	61	38	
1978			278	157	58	41	
1980	カーター	レーガン	243	192	46	53	
1982			269	166	45	55	
1984	モンデール	レーガン	254	181	47	53	
1986			258	177	55	45	
1988	デュカキス	ブッシュ Sr.	260	175	55	45	
1990			267	167	56	44	
1992	B. クリントン	ブッシュ Sr.	258	176	57	43	
1994			204	230	48	52	
1996	B. クリントン	ドール	207	226	45	55	
1998			211	223	45	55	
2000	ゴア	ブッシュ Jr.	213	220	50	50	＊
2002			205	229	49	51	
2004	ケリー	ブッシュ Jr.	201	233	45	55	
2006			233	202	51	49	
2008	オバマ	マケイン	257	178	59	41	
2010			193	242	53	47	
2012	オバマ	ロムニー	201	234	55	45	
2014			188	247	46	54	
2016	トランプ	H. クリントン	194	241	49	51	
2018			235	199	47	53	
2020	トランプ	バイデン	221	211	50	50	＊

(注)アミカケ部分が当選者(大統領)，多数党。数字は選挙翌年の議会開始時の会派ベース

＊上院が同数の場合は，議長となる副大統領が所属する政党が多数党になる

(出所)米上院下院のサイトを元に筆者作成

く気の利いた言葉を求めるメディアと，それに乗る政治の側の相互によって形成されるものである。これらがメディアを使った「世論動員型政治」のもつ問題点である。

2　米国におけるメディアコミュニケーション理論の展開

アメリカの大統領選挙は，現実的には民主・共和のそれぞれの党を代表する候補者が，全米50州（とワシントンDC）ごとに勝敗を競い合う。11月初旬の本選挙でそれぞれの州で最も多い票を獲得した候補者が，その州に割り当てられた選挙人全てを獲得し，全体の538人の選挙人のうちの過半数270人を獲得することで当選が決まる（メーン州とネブラスカ州は方式がやや異なる。また公式にはその約1ヵ月半後に各州で選挙人による投票と，1月初旬の連邦議会での開票によって決定する）。これは衆愚政治を危惧した建国の父たちの妥協によって生まれた制度であるため，限りなく直接選挙に近い間接選挙であると表現される。選挙に関してはどこの州を獲得するのが重要かなどが戦術的には議論されるが，基本的には1つの票を争う選挙であることに変わりはない。

そのためにはいかに効果的に有権者とコミュニケーションをとるかである。候補者は，集会における演説で直接メッセージを発信するが，それには限界があるため，いかにメディアを使った間接的なコミュニケーションによって自分の考えを広げて民意を取り込み，票を獲得するかということになる。したがって，メディアを通じたメッセージの「効果」が重要なポイントであり，それをめぐってアメリカでメディアコミュニケーション研究が盛んになった。

実際，アメリカにおけるメディアコミュニケーション研究では，大統領選における分析が理論の大きな転換につながった。ここでは，その展開について説明していく。

(1)　ラザースフェルド――即効理論から限定効果論へ

1900年前後に大衆新聞の時代を迎え，その後ラジオも加わる中で，20世紀前半はマスメディアの世論形成に与える影響が絶対的であるという認識が広まった。その中でも有名なのが，1938年，ラジオで事前に架空の話であるという断りを入れた上で，空想小説『宇宙戦争』のラジオドラマを放送したときの出来事である。ところが架空の話であるにもかかわらず，地球に降り立った火星人の侵略によって破壊行為が行われて多数の死者が出たのとの情報が飛び交い，数千人がパニックに襲われたという[(2)]。このことはメディアからの情報は，人々の世論形成に対して強い影響力をもち，大きな効果があることを認識させた。それには「即効理論（the magic bullet theory：魔法の弾丸理論）」，「皮下注射モデル」などの言葉が用いられた。これは社会と人間との関係について大衆社会論の見地に立った考えであった。

20世紀のアメリカで最高のジャーナリストと呼ばれるウォルター・リップマン（1889-1974）は，メディアの影響力が絶大だと思われていた時代の1922年に，メディアについての名著 *Public Opinion*（邦題『世論』）を著している。そしてその中でメディアによって形成される環境について，それを「疑似環境」と指摘しつつ，メディアが形成する世論に対して悲観的な見方を示している。

そうしたメディアの影響力についての考え方を大きく転換させたのが，ラザースフェルドとカッツによる1940年の調査研究である。彼らは現職大統領のフランクリン・ルーズベルト（民主党）とウェンデル・ウィルキー（共和党）との間で争われた，この選挙についての人々の投票行動についての分析をするべく，オハイオ州エリー群で調査を行った。その際に副産物的に得られたある重要な結果があった。それは選挙にそれほど関心の高くない人たちが大統領選で誰に投票するかを決めるのは，それまで影響力が絶大だと思われていたメディアによる報道よりも，自分の身近にいる「オピニオン・リーダー」からの意見によるものだということがわかったのである。

オピニオン・リーダーとは，新聞やラジオのメディアからの情報に数多く接しており，その上で分析的視点と意見をもった人たちである。またオピニオン・リーダー自身は自らの考えに近いメディアに接触する傾向が強く，メディアによる情報で自分の考えを補強している。そのためどちらの層にとっても，メディアの効果は限定的であるということが判明したのである。そこではメディアからの情報が最初にオピニオン・リーダーに伝わり，次に彼らから一般の人々に伝わって投票行動への意思決定がなされるということから「コミュニケーション二段階の流れ仮説」として知られるようになった[(3)]。そして，メディアが報じる情報が人々へ与える影響は限定的なものであり，メディアからの情報は「人々が事前にもっていた態度を補強する」という「限定効果論」と名付けられた。かつて絶大な効果があるとされた「即効理論」からの大きな転換であった。

これが1960年代ころまではメディアコミュニケーション理論の中心となり，その集大成とされるのは，1960年のクラッパーによる「選択的メカニズム」と「対人ネットワーク」に焦点をあてた理論である。「選択的メカニズム」は，人々はメディアからの情報を満遍なく取り入れるのではなく，自らの態度に合う情報に接触したり受け入れたりしようとすることであり，「対人ネットワーク」は自らが身を置く集団の考えを基準にして（準拠集団として）情報を評価するようになるというものである。中でも前者の自らが得たいと思う情報を得ようとする「情報の選択的接触」，それを受け入れようとする「情報の選択的受容」などは改めて重要な理論である(4)。それについては後半で再びふれる。

(2)　マコームズ「議題設定機能」——中効果としての情報認知

メディアの「限定効果論」はその後いくつかの修正が加えられるが，その後に理論的な転換をもたらしたのは，マコームズとショーによる，やはり大統領選挙の調査からであった。1968年の大統領選挙の分析で，彼らはメディアが報道で強調した争点と，有権者が重要だと認識している争点とが一致していることを発見した。それをメディアの効果についての視点の転換に結び付けた。

それまではメディアの効果について，人々が投票行動に移るための「説得」に注目して論じられてきた。だが彼らは「説得」以前の人間の行動として，人々が社会でどのようなことが大事なことなのかをメディアによって「認知」しているはずだとして，それをメディアの効果としてとらえるべきだと考えたのである。

確かにこれは重要な転換であった。なぜなら私たちがメディアから情報を得る際に，多くの場合，何らかのことを説得されようと思ってそうしているわけではないからである。むしろ社会で何が起きているか，そしてその中で何が重要なのかを知っておきたいと思ってメディアに接している場合がほとんどだと思われる。それについて，マコームズとショーは「メディアで量的に多く，また重要だとして大きく報じられたものに対して，人々はそれを社会で重要なニュースであると認識する」とする「メディアの議題設定機能(agenda-setting function)」という考えを示したのである(5)。

これをこれまでの理論の流れから位置付けると，20世紀前半の即効理論は「強力効果」，次いで「限定効果」(すなわち効果が小さいとするもの)，そしてこの理論的アプローチは，その間に位置する「中効果」ということができる。つまり人々の認識に対して一定の効果を認めるというものである。この理論は，どのような状況下で「議題設定」の効果があるのかを検証することで発展をみせていく。その中でたとえば，人が何らかについて決めかねて判断の手がかりを求めている場合に(「オリエンテーション欲求」という随伴条件)，議題設定機能が強く働くとしている。

なお，agenda＝「議題(設定機能)」という言葉だが，「議題」は日本社会では「会議の議題」として使われることがほとんどであるが，イメージ的には「知っておくべき重要な問題」というニュアンスで理解しておくとよいだろう。

3　大統領とメディアの関係をどうみるか①
――いかにメディアを道具にするか

(1)　新聞の名称と政治権力

アメリカにおける政治とメディアとの関係を語る際に，必ず出てくる第3代大統領トーマス・ジェファソンの有名な言葉がある。「新聞なしの政府と政府なしの新聞，いずれかを選択しろと問われれば，私は少しも躊躇せずに後者を選ぶだろう」。

当時の主たるメディアは新聞だった。その新聞を通じて知りえた情報をもとに，人々は議論を重ねて自分たちの民主的な社会をつくるべきだということであり，新聞なしにそうしたプロセスを経ずに政府が存在するというのならば，それは私たちが望む社会ではない，というのがその意味するところである。

アメリカの最初の新聞は，1690年の Publick Occurrences であるが，その後ペニーペーパーと呼ばれるようになる「サン」が1833年に発行されると，安価で買え日常的な情報が掲載されているこのタイプの新聞が19世紀の中頃からアメリカで広まり始め，その後の新聞の原型となる。そこで注目すべきは，新聞の名称である。アメリカの新聞は地方紙のみなので(「USA トゥデイ」と経済紙の「ウォールストリート・ジャーナル」を除く)，最初に地名がありその後に Times, News, Journal, Herald(さきがけ), Mercury(報知者), Post(情報の掲示)などの単語がつけられる。The New York Times, The Washington Post などがそれである。それらは日本と同様に「○○新聞」と訳すことができる。

一方，地名に Tribune(護民官，民間擁護者), Monitor(監視する人), Inquirer(調査する人), Examiner(審査する人，調査する人)などの文字を伴う場合がある。The Chicago Tribune, The Philadelphia Inquirer などがそれにあたる。それらはその地域の政治権力を監視するという役割を示したものである。このことは政府との緊張関係の反映であり，アメリカのメディアの姿勢を示すものであろう。

(2)　ニュース生産のメカニズム

次に大統領などの政治的指導者とメディアとの関係について，ニュース生産のプロセスを解説していこう。

一般には次のようになる(**図1-1**)。メディアが受け手の興味や関心などを頭に入れ①，その上で無数にある情報の中から，ある情報を，ある視点に立って選びだす②(四角とその太線部分)。これは情報に枠をはめることから「フレーミング」と呼ばれたり，どのような種類の情報をメディアが外に出すかを決める守衛のような役割を果たしていることから「ゲートキーピング」と名づけられたりしている[(6)]。そしてそこで得た情報を持ち帰り③，編集の加工を経て，ニュースという情報商品として提供する④。

なお前述した議題設定機能だが，その機能の第１段階は「どんな問題(争点)か」を認識させ，第２段階は「どのような観点(属性)か」を認識させるものだと言える。そしてこれは「フレーミング」と概念的に重なるものであることを付記しておく。

このプロセスにおいて，どの程度受け手の興味と関心を重視して②の「フレーミング」や「ゲートキーピング」を行うかは，メディアによって異なるが，いずれにしてもこの②の行為こそがメディアの「主観」であり「意思」であり「独立性」であるということができる。一方，そのフレーミングやゲートキー

図1-1　ニュース生産のプロセス

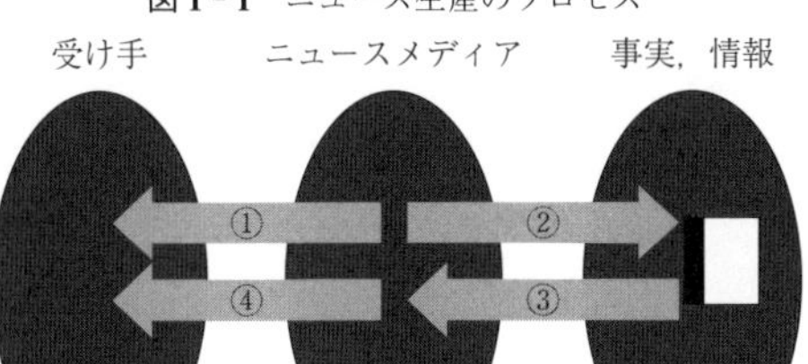

（出所）筆者作成

ピングが受け手の立場からみて不適切だと判断された場合は，メディアの「独善性」や「偏向」だとして非難される。その意味でメディアに対する評価は，ひとえにこの②のプロセスにかかっているといえる。

一方，報じられる側は，②が自らに対していかに好意的に報じるようにするかに腐心する。あるいは脅迫や弾圧という力によって②を封じ込んで支配しようとすることもある。これはメディアを情報を伝えるためだけの道具にしようとすることを意味し，ここに為政者とメディアとの緊張関係がある。それを示すように，先に示したジェファソンは「新聞を読まない人のほうが，読んでいる人より正しく物事を認識できる。何も知らない人は，嘘と偽りに心を奪われている人より真実に近い」という反新聞的な発言も行っている。

(3)　武器としてのメディア：ルーズベルト(1930年代)から JFK(1960年代)

これらを踏まえて，大統領とメディアの関係についてみてみよう。大統領は有権者とのコミュニケーションのために，その時々に最も有効なメディアを自分の「武器」として使おうとする。そしてその武器の行使を有効にできた大統領あるいは大統領候補者が，得票によって「陣地」を獲得して，大統領選という「戦争」に勝利することができる。

だが，その武器は自らが所有しているものではない。かつてメディアは，新聞などの活字媒体しかなかったわけだが，19世紀から20世紀にかけてその新聞の影響力が認識されると，指導者にとってはそれをいかにコントロールするかが重要になった。

1920年代になるとラジオが登場する。活字メディアは15世紀中ごろの活版印刷以来のテクノロジーによるものだが，それ以降いかに技術が向上しても，それはいったん紙に情報を落とし込むものでありリアルなものではない。それがラジオによって，リアルタイムで肉声が多くの人々に伝わるようになった。アメリカにおいてメディアの効果が絶対視されたのもこのころである。その最新の武器を政治コミュニケーションに利用した大統領が，フランクリン・ルーズベルトであることは広く知られるところである。その中でも有名なのは「炉辺談話」である。ラジオという初のリアルなメディアという特性を生かして，多くの米国民は大統領から初めて直接語り掛けられる経験をした。

ルーズベルト政権は，大恐慌と第２次世界大戦という有事の中にあったために，空前の４選が可能であったのだが，それに加えて本人が国民からもメディアからも強く支持されていたという背景もあった。その状況下でラジオをメッセージを発信する道具として自由に使うことができ，それが政権維持に寄与した。

次の「武器」はテレビである。ラジオに映像が加わり，よりリアルなメディアであるテレビは1950年代から家庭に登場した。1952年に大統領候補だったドワイト・アイゼンハワーは初の選挙用テレビ CM を行ったが，テレビ利用で知られるのは，次に政権を獲得したジョン・F・ケネディであろう。それは２つの「ケネディ神話」による。１つは大統領選で初めて行われた初回のテレビ討論（４回実施）で，内容では相手候補のリチャード・ニクソンに負けていたものの，その自信に満ちた態度とルックスで好印象を残し，本選挙では僅差ながらも勝利をつかんだということである。これはケネディがテレビという武器の特質に合致した候補者であったことを意味する。もう１つは大統領に就任した１年目にピッグズ湾事件など外交で失敗があった際に，テレビ中継された記者会見でその場を巧みに仕切ることによって，負ったダメージを最小限にしたことである。

しかしながら，1960年の大統領選でケネディに敗れたリチャード・ニクソンも，実はかなりのテレビ使いだった。ニクソンは1952年にアイゼンハワーの副大統領候補として，党大会で指名を受ける直前に自身の金銭スキャンダルが発覚した。そこでニクソンがとったのは，テレビカメラを前に直接国民に語りかけるという斬新な手法であった。夫人とともに座り，夫人の質素ないで立ちを示して金銭は受け取っていないことを述べる一方，自分が手放さないのはお金ではなく愛犬「チェッカーズ」だという落ちまでつけた。これは「チェッカーズ・スピーチ」として知られる戦略である。

ニクソンはその風貌に陰険さが感じられるため，政治コミュニケーションの能力に乏しい大統領だと思われがちだが，それは誤りである。彼は「チェッカーズ・スピーチ」同様，何か重要なことがあると，大統領執務室から国民に対してテレビを通じて直接説明することを37回も行っている。ニクソンは一方でメディアに様々な形で強い圧力をかけ，もう一方でテレビを使って頻繁に自らメッセージを発信したのである。それはテレビメディアの影響力を知っていたからこそ，メディアの②の行為を封じ込む一方，メディアを自分に有利な道具(武器)として使おうとしたことに他ならない。

⑷　スピン・コントロールの時代へ：レーガン時代(1980年代)

ニクソンが力をもってメディアをコントロールする大統領であったとするならば，メディアの側が「自発的に」コントロールされるような政治コミュニケーションを確立したのがレーガン政権であろう。

テレビ時代の政治コミュニケーションにおいては，大統領には俳優の素養が必要になると言われるようになったが，実際にかつて俳優であったロナルド・レーガンが大統領となった。俳優出身という素材のレーガンを，広報担当の側近たちは「頼れる大統領」として演出した。テレビカメラを前にした日常の演説において，大統領が偉大にみえるように，会場の設定からカメラ位置，照明，時間など全てを整えて遂行した。今では普通となっている手法だが，この巧みな演出は，有権者のみならず同行したホワイトハウス記者たちをも取り込み，無意識的にレーガンの応援団であるような報道にさせていったと言われる。一方でレーガンに記者が直接相対しての質疑は限定的にした。そのことで，レーガン政権が望むような形だけで②の行為を主導していたということができる。レーガン政権の手法は表面的にはソフトだったが，メディアを道具として使おうと考えた点はニクソンと同様である。レーガンは後半には政権の秘密工作によるイラン・コントラ事件で窮地に陥ったものの，高いイメージを保ったまま２期８年の政権を終えた。

レーガンは「グレイトコミュニケーター」と呼ばれるなど，個人の才覚はあった。同時に世論を科学的に分析して有権者にどのようなメッセージを発信すべきかという，より精緻なマーケティングの手法が用いられるようになる。そしてメディアをコントロールすることは「スピン・コントロール」，メディア戦略の担当者は「スピン・ドクター」などと呼ばれ，場合によっては政治の主役的存在となる。なお第2章では具体的にそれらの戦略を説明している。

4　大統領とメディアの関係をどうみるか②
──メディアのバイパス化とネット時代

(1)　クリントンと脱政治メディア

1990年代の大統領ビル・クリントンには，数々のスキャンダルがあったものの，本人のコミュニケーション能力と戦略によって国民からの支持は高かった。しかしここで紹介したいのは，1992年の選挙戦中の手法である。当時からスキャンダルに見舞われていたクリントンは，政治メディアからは極めて厳しい視点で報道されていた。そこでクリントン陣営は，彼をそれまで政治とは無縁と思われていた芸能人が出演するトークショーに顔を出させて，好意的な観点からそのパーソナリティを知ってもらおうという手法を用いた。それはアメリカで著名なオプラ・ウィンフリーの番組であり，また当時 CNN の人気インタビュー番組の「ラリー・キング・ライブ」であった。

これはメディアの行う②の行為が，自らが望むようなフレーミングでなかったために，それとは別のルートからバイパスして，自らのメッセージを発信したということである。当時はそのどちらも驚きをもってみられたが，その後，大統領候補者はこぞってこの種の番組に出演するようになった。このことは，同時に政治とエンターテインメントの境目が曖昧になっていく時代の始まりでもあった(**図1-2**　2 3 4の部分)。

クリントンが勝利した1992年の大統領選にはロス・ペローという資産家が無所属から出馬したが，彼もまたメディアの②を避け，自ら衛星チャンネルを所有してそこからメッセージを発信するという手法を用いた。

(2)　ネット時代での戦術の展開

ルーズベルトが当時画期的なメディアであったラジオを武器にしたが，第4

図1-2　ニュース生産と三者のメディア戦略

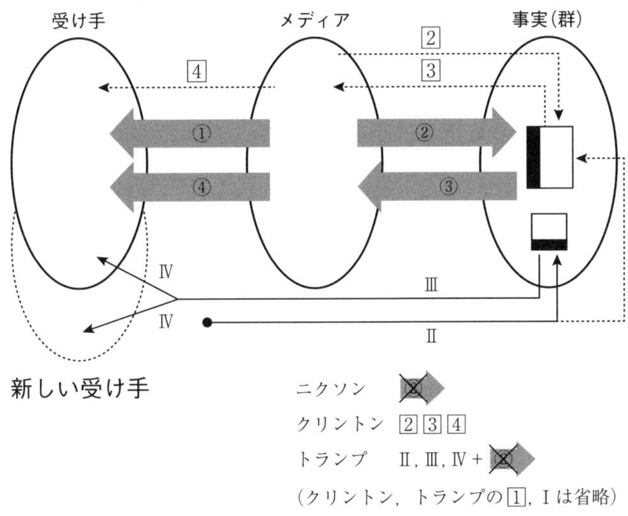

(出所)筆者作成　『トランプ後の世界秩序』p. 150 を改訂

次産業革命の主役となるインターネット(以降「ネット」と表記)が1990年代後半に普及してからは，それが政治コミュニケーションの最大の武器となる。そしてそれはクリントンが行った②のバイパス行為を超える戦略を可能にした。なぜなら，クリントンは既存のメディアの②をバイパスしただけで，基本的には既存のメディアの別のルートを使ったにすぎなかったからだ。ところがネットの普及とは発信者が自らメディアを所有することを意味し，それは独自に情報を流すことを可能にする。あとは，ネットが新聞，テレビなどの既存のメディアと比較して，人々にどれほど使われるようになっていったかということだけであった。そして普及に合わせてネットの手法も発展していった。

大統領選においては，ネットが普及し始めたばかりの1996年が，ネット選挙のデビューとなる。この年，各候補者はそれぞれのホームページをつくる一方，ネットでの選挙戦についての情報発信が行われて話題になったが，特段の影響があったわけではなかった。2000年の共和党ジョージ・ブッシュ(ブッシュ Jr.)と民主党アル・ゴアによる大統領選の際には，いかに多くのメールアドレスを集めるか，そしてそのメールアドレスからいかに効果的なメッセージを有権者に送るかが焦点になった。これは候補者からの大量の情報発信を主体とした政治コミュニケーションであった。

次の2004年でもメールアドレスを通じたメッセージの発信は続いたが，直接的な政治コミュニケーションではないものの，注目を集めたのはネットを通じて小口の献金を広く集めることだった（前回2000年の大統領選で始まっていた）。2008年は民主党の候補者争いではヒラリー・クリントンを，本選挙では共和党候補ジョン・マケインとの闘いを制したバラク・オバマは，当時急速に特に若者を中心に利用が高まってきていたソーシャルネットワークサービス（SNS，現在は「ソーシャルメディア」という表現が一般的）を，陣営が見事に駆使した。それまでのネット利用は陣営の側からメッセージを発信することが中心だった。だが，ネットの双方向性とメッセージを一気に拡散できる機能を存分に生かすことで，支持の盛り上がりを急速に拡大させつつ，それを集会への参加や選挙活動への協力に誘導した。情報と実際の活動を融合する新たな政治コミュニケーションがここで確立された。

5　トランプ以前／トランプ以降

(1)「選択的メカニズム」と「エコーチェンバー」

2020年の大統領選は現職の共和党ドナルド・トランプと民主党ジョー・バイデンの間で争われたが，これから当分の間は「2016年のトランプ以前，以降」という表現がなされるようになるだろう。というのは，2016年のトランプの当選は，ネットメディアをめぐる政治コミュニケーションにおける大きな転換点になったと言えるからだ。

1つはメディア環境の変化についてである。前述したように近年の理論的展開では，メディアの発する情報には中効果として認識される「議題設定機能」が中心になっているが，それ以前の限定効果論の「選択的メカニズム」に改めて注目する必要があると思われるからである。これは人々は自分の好みの情報に接触する傾向があるという「情報の選択的接触」，好みの情報を受け入れる傾向があるという「情報の選択的受容」という考えだが，ネット時代にあってこれが非常に容易に実現できる環境になっているからである。

この理論が提唱されたのは1960年代の情報環境であった。その時代にはテレビはせいぜい一家に一台であり紙の新聞の時代だった。したがって自らが好む情報に接することを追求するには多大な時間とコストを要した。だが，ネット時代では情報の検索や接触が段違いに容易になり，自分の好む情報を自由自在に入手することができる環境にある。あるいはネットの側が自らの選択に合わせた情報を用意さえしている。

そういう時代に，多くのメディアからトランプに対する数々の激しい批判が報じられているにもかかわらず，トランプ支持者が支持を固めて当選を遂げた(コラム参照)。その理由をメディアにしぼって考えるならば，有権者が自らが好む情報の空間の中だけにいる環境が形成されているということが想定されたのである。それについて閉じた空間の中で同じ声(見方)が反響するということから近年では「エコーチェンバー(echo chamber)」，自分が接する情報にフィルターがかかって提供されることから「フィルターバブル(filter bubble)」などと表現されている。一方で，こうした影響は限定的だという研究もあるが，政治コミュニケーションを改めて考え直す重要なポイントであり，それについては第4章で解説している。

(2)　大統領がメディアを所有する意味

一方で，トランプが行っているメディア戦略は，必ずしも新しいものではないところもある。1970年代のニクソンと重なる部分がかなりあるからである。

すでに述べたように，ニクソンはメディアが自由な報道活動を行うことを(図**1-1**②の行為)ニクソンは「弾圧」という形で徹底的に排除して(図**1-2**⊗の部分)，メディアを自分がメッセージを伝えるための道具にしようとした。その弾圧は，記者に対する強烈な圧力という形だった。トランプの場合も，自らに対して批判的な報道機関に対して，ホワイトハウスからの締め出しを行った。

また，ニクソンが，「メディアに対する信用を失墜させれば自分に対する信用はそれだけ高まる」と述べているが(当時のニュースキャスター，ウォルター・クロンカイトによる)，トランプも同様に「メディアは国民の敵である」と言明している。さらに自らに対して批判的な報道に対しては「フェイクニュース」とレッテルを貼って，メディアの報道の失墜を図った。これは②を無力化しようという行為であり，2人の大統領の共通点である。もちろんこのようなことは，どの大統領もどの権力者も用いる手法ではあるが，この２人の大統領は露骨にそれを示している。

そしてもう１つ共通するのは，この２人は自分がメディアを使って，国民に直接メッセージを発することを重視したことである。その際にニクソンはテレビを徹底的に攻撃して無力化させつつ，メッセージを発信する道具としてテレビメディアを使った。ただしニクソンはテレビを使うしかなかった。だが，トランプはネット（彼の場合は主にツイッター）というメディアを自ら所有し，それを使って自由に好きなタイミングで情報を発信することができたのである（図**1－2** ⅡⅢⅣの部分）。そこに大きな違いがある。

6　エンターテインメント化と思想問題

(1)　ビジネス化と「インフォテインメント」

近年の政治コミュニケーションについて言及しておかなければならないものに，エンターテインメント化がある。メディアは基本的に，受け手を獲得するために刺激という意味での何らかのエンターテインメント性を有する。それには感情的な刺激と知的な刺激，ポジティブな刺激とネガティブな刺激という４つに分類される。送り手側（メディア）の発想として，受け手に一定の刺激を有するものがニュースであると認識し，人々にとって刺激があると想定する題材や想定する視点を情報として提供する。それは以前から全く変わることがないニュースメディアの特質である。

しかしながら，政治コミュニケーションについては，大統領のスキャンダルなどの場合は刺激的な報道が展開されるものの，かつてはある一定のところでの線引きが行われており，穏当なものに収まっていた。

そうした政治コミュニケーションが，次第に激しくエンターテインメント化するようになる。クロンカイトはそれを，インフォメーションとエンターテインメントを合わせた「インフォテインメント」として，否定的に定義している。(7)

その背景には，１つに1970年代以降の米政府の放送政策によって，テレビ局と番組制作業者の数が大幅に増えたことが挙げられる。またかつて監督当局の米連邦通信委員会（FCC）による買収の規制などから「ビジネス」として扱われていなかったテレビに，レーガン政権以降に規制緩和が導入されてビジネス化した影響も大きい。

その直前の1980年６月に，24時間ニュース専門局として CNN というニュース専門チャンネルができていたが，それまでの NBC，CBS，ABC の３大ネットワークに加えて，FOX という新たなチャンネルが生まれた。CNN の成功によって，FOX ニュース，MSNBC などその後もニュース専門チャンネルの供給は増え続けた。一方，業界への規制緩和を受け，これまでビジネス界からは「聖域」と思われていたテレビメディア界に一般企業が進出することになった。1985年３月，キャピタル・シティーズ・コミュニケーションが ABC の経営権を取得。同年７月，投資会社ロウズ・コーポレーションが CBS の大株主になり，後に同社のローレンス・ティッシュが CBS の会長となる。同年12月，総合電機メーカーの GE（ゼネラル・エレクトリック）が NBC を吸収合併したことなどがそれである。ABC はその10年後にウォルト・ディズニーの傘下に入るが，その後は映像メディアの買収・合併は日常的ものとなった。

このような形で，それまで自由競争のビジネスとは無縁の寡占状態だったテレビ界は終わり，さまざまな形で「ビジネス化」が行われた。そこで，これまで手をつけられていなかった未開拓の分野として，政治ニュースがテコ入れの対象となった。と同時に前述したように CNN などニュース番組自体が増加し，政治ニュースが主戦場となった。それまでも政治報道で視聴率が無視されていたわけではなかったものの，コストを削減しつつ大衆受けする，より視聴率のとれる政治番組が求められるようになった。それが政治報道のエンターテインメント化，インフォテインメント化の背景である。

そこでは，政治コミュニケーションにおいて，「政策的な報道」から「政治的な報道」への変化が起きた。つまり，アメリカがこれから何をどうするべきかという政策を中心に報道するよりも，大統領や行政側がどのような作戦で事態を切り抜けようとしているか，また大統領選挙であれば，掲げる政策よりも，どのようにして選挙を戦おうとしているかという戦略的なことに焦点があてられるようになったのである。

こうした構造については，ペンシルベニア大学のカペラとジェーミソンは，すでに1970年代以降から政治報道は「争点型フレーム」（issue frame）から「戦略型フレーム」(strategic frame)に転換していたと分析しているが，それが加速したということである。さらにメディアが政治の戦略を中心に報道することで有権者が政治の傍観者となり，政治のゲームに対して「シニシズム(冷笑)主義」になると同時に，メディアに対するシニシズムにも発展していると指摘している。[(8)]

(2) リベラル・保守・孤立主義の視点

政治コミュニケーションとは世論との対話であるが，世論の定義や見方については様々ある。そこで最後に米政治の世論動向の根底にあるものとして，アメリカの思想的な展開から見ることを挙げておきたい。

トランプはメディアの②の行為を「フェイク・ニュース」と言って敵視した。トランプ自身は必ずしも保守派の大統領とは言えないが，彼がフェイク・ニュースとして指さしたのは，リベラル・メディアとされるメディアである。具体的には新聞ではニューヨーク・タイムズ，テレビでは CNN などが挙げられるが，アメリカの主流派メディアはその度合いに違いはあるものの，報道のスタンスはリベラル寄りであると認識されている(新聞のウォールストリート・ジャーナルとテレビの FOX などは除く)。そしてそれらはアメリカ社会で世論を主導してきたが，1980年代あたりから次第に批判を受けるようになってきた。

それにはメディア自身の報道姿勢自体の問題もあるが，一方で，アメリカにおいて保守思想が広がってきたことが挙げられる。それに伴ってメディアの中にも保守の思想に立つメディアが登場するようになった。また保守の思想をもつ組織が，リベラル派メディアの報道を監視し批判するようにもなった。これらは1980年代半ば以降に，より明確にみられるようになった現象である。さらに保守派のネットメディアも数多く出現し，かつてはリベラル派が主流だったアメリカのメディア・言論界で，保守派のメディアと思想は，それに対抗しうる勢力になりつつある。それはメディアの話だけではなく，アメリカ社会全体における保守主義の台頭を反映したものであり，アメリカの世論を構成するもう１つの柱となっている。

では，そうした思想的な展開が，政治コミュニケーションの中でどのように位置づけられるのだろうか。そうした本質的な問題については，第３章での解説に譲ることにして，イントロとしての第1章を終えたい。

コラム　敗者はヒラリー・クリントンと新聞の支持表明(endorsement)

2016年の米大統領選で共和党のドナルド・トランプが当選したことは，様々な点で衝撃を与えたが，その中の1つに新聞の候補者に対する支持表明(endorsement)の無力化を加えてもいい。

アメリカでは投票日が近づくと，どちらの候補者を支持するかを新聞は社説で表明する。これは endorsement と言われるが，これまでどちらの候補者が新聞の支持を多く獲得したかが話題になってきた。ただし，必ずしも新聞から多くの endorsement を得た候補者が当選してきたわけではない。傾向としては，主要紙のニューヨーク・タイムズやワシントン・ポストが民主党の候補者への支持を表明することが多い一方で，中小の地方紙は保守的な考えをもつ社主が多いことを反映して共和党候補者への支持表明が多く，全体としてはやや共和党候補者への支持が上回ることが多かった。いずれにしても，新聞の支持の状況は一定の指標になったし，有権者の判断材料にもなってきた。

ところが2016年には奇妙な現象が起こった。それはアメリカの全てといっていい新聞が，民主党のヒラリー・クリントン候補への支持を表明したからである。従来通り民主党候補者を支持してきた新聞に加えて，これまで一貫して共和党候補者への支持を掲げてきた新聞が，初めて民主党候補者の彼女への支持を表明したり，トランプへの支持を留保するところが続出したのである。その結果，トランプを支持した日刊紙はわずか数紙。

だが，そうした状況にもかかわらず，トランプは獲得選挙人で上回って(一般投票ではクリントンを280万票余り下回ったものの)，2016年の大統領選における勝利を手にした。候補者への支持と投票行動に影響力をもつものは，どのメディアなのかを改めて考えさせられる出来事であった。

注

(1)　Samuel Kernell, *Going Public : New Strategies of Presidential Leadership* (CQ Press, 1986)

(2)　Hadley Cantril, *The Invasion from Mars : A Study in the Psychology of Panic* (Transaction Publishers, 2008 (republished by Albert Cantril based on the original edition of 1940)), ハドリー・キャントリル(高橋祥友訳，2017年)『火星からの侵略——パニックの心理学的研究』金剛出版

(3) Elihu Katz and Paul Lazarsfeld, *Personal Influence*(The Free Press, 1955), ポール・F. ラザースフェルド，ヘーゼル ゴーデット，バーナード ベレルソン(有吉広介監訳，1987年)『ピープルズ・チョイス――アメリカ人と大統領選挙』芦書房

(4) J. T. クラッパー，日本放送協会放送文化研究所訳『マス・コミュニケーションの効果』(日本放送出版協会，1966年)

(5) David Weaver, Doris A. Graber, Maxwell E. McCombs, Chaim H. Eyal *Media Agenda-Setting in a Presidential Election*(Praeger Publishers, 1981), デービッド・H. ウィーバー，マックスウェル・E. マコームズ他(竹下俊郎訳，1988年)『マスコミが世論を決める――大統領選挙とメディアの議題設定機能』勁草書房

(6) Shanto Iyengar, *Is Anyone Responsible?: How Television Frames Political Issues*"(University of Chicago Press, 1991, 1994)

(7) Walter Cronkite, *A Reporter's Life*(Knopf, 1996), ウォルター・クロンカイト(浅野輔訳，1999年)『クロンカイトの世界――20世紀を伝えた男』TBS ブリタニカ

(8) Joseph N. Cappella & Kathleen Hall Jamieson, Spiral of Cynicism: The Press and the Public Good(Oxford University Press, 1997), J. N. カペラ，K. H. ジェイミソン(平林紀子，山田一成監訳，2005年)『政治報道とシニシズム』ミネルヴァ書房。同じような分析は政治報道を「政策スキーマ」と「ゲームスキーマ」に分類したパターソンからもなされ，ゲームスキーマが70～80%になっていると分析している。

推薦図書

Fred I. Greenstein, *The Presidential Difference: Leadership Style from FDR to Barack Obama*(Princeton University Press, 2012)

Walter Lippmann, *Public opinion*(Harcourt, Brace & Co. 1922), ウォルター・リップマン(掛川 トミ子訳，1987年)『世論(上・下)』岩波書店

David Halberstam, *The Powers That Be*(Alfred A. Knopf., 1979), デイヴィッド・ハルバースタム(筑紫哲也，東郷茂彦，斎田一路訳，1983年)『メディアの権力１・２・３』サイマル出版会

竹下俊郎『メディアの議題設定機能――マスコミ効果研究における理論と実証』(学文社，2008年)

東京財団政策研究所(監修)『アメリカ大統領の権限とその限界』(日本評論社，2018年)

渡辺将人『メディアが動かすアメリカ』(筑摩書房，2020年)

第 2 章

マーケティング・デモクラシーとしての大統領政治
——選挙と統治の戦略技術とその影響

民主政治のコミュニケーションは，基本的に対話である。民意を聞き(広聴)，国民とその代表，政党，リーダーなど政治アクターの間で具体案を討論し，説得し，合意を形成する。政策を実現する行政，統治の段階でもそれは同じである。このうち有権者とのコミュニケーションを戦略的に組み立てることを戦略広報という。広報(パブリックリレーションズ)は，双方向の関係作りの営みであり，一方向の宣伝や情報操作，あるいは報道(パブリシティ)を得るための報道対策(プレスリレーションズ)はそのプロセスの一部にすぎない。

90年代以降のアメリカ政治では，この対話の戦略技術を，ビジネスマーケティングにおける市場と企業の関係作りに学ぶ「政治マーケティング」が浸透する。とくに大統領選挙と政権統治は，その規模と影響力，技術的先進性の点で，世界最大の政治マーケティングと戦略広報のプロジェクトといえるだろう。この章では，政治マーケティングおよび戦略広報の考え方と具体的プロセスを説明し，90年代以降の 4 人の大統領の具体例を紹介する。最後に，マーケティングと民主政治の関わりについて，いくつかの討論点を示したいと思う。

1　政治マーケティングとは，応答性の戦略技術である

政治マーケティングとは，政治アクター(キャンペーン主体)が，選挙の勝利や政権運営上の課題を達成するために，ターゲットの有権者層(市場)とのコミュニケーションをどのように組織化したらよいか，関係づくりの戦略と技術(テクノロジー)，具体的な技法(テクニックやスキル)と現場の戦術的対応のやり方に関して，マーケティングを適用することを指す。

その特徴は，キャンペーン主体と市場顧客の間の「対話(広聴と広報)」を通じた交渉と取引の関係とみる点にある。企業活動でいえば，市場調査から商品

開発，販促と販売，商品引き渡しのすべてのプロセスに関わる。ここで大事な点は，応答性(responsiveness)である。つまり顧客との“接点”を常に意識することである。良い商品とは，顧客のニーズと企業のやりたいことや実現能力が折り合う接点にある。政治も同様で，有権者の意向と政治アクターの接点を探って，政治サービスをデザインする。問題があれば交渉の余地がある。金銭の代わりに，有権者(市場)は，投票，支持，献金などの形で代価を支払う取引をする。ただし政治の取引は，企業の場合よりハードルが高い面がある。政治サービスは契約時点では約束(公約)にすぎず，履行までに時間がかかり，100％実現できるとは限らない。返品不可，同時に複数商品を選択できない。しかも，選択結果は社会全体と後世に及ぶ。説明責任は非常に大きい。信頼関係を築くためにも，応答性は重要である。

政治マーケティングはいまや，米英を中心に日本や欧州，南米諸国などでも展開されている。共通の背景は，東西冷戦終了後の「脱イデオロギー時代」と価値観多様化である。既存の政治的対立軸が曖昧になり，リーダーは対話を通じて新たな方向性を模索する。加えて情報技術高度化，ニュースサイクル24時間化によって，政治アクター間の競争が激化した。とくにアメリカ政治は，行政(大統領)・立法(議会)・司法(最高裁)，連邦と州，公私団体組織，無数のメディアが，資源と支持と影響力をめぐって競争しあう。制度面でも，有権者が大統領を直接選挙で選び，有権者の献金が主な資金源となる。有権者への応答性なくして，選挙も政権運営も行えない。選挙日程が定まっており，運動期間も実質２～４年と長いため，戦略計画を建て易く不可欠でもある。その要請に応えたのが，政治マーケティングだった。

2　政治マーケティングのプロセスとステップ

はじめに政治マーケティングのプロセス全体を示す(図**2-1**)。全体は４ステップで構成され，戦略広報の中核をなす有権者市場への訴求は，最終ステップ「プロモーション」に位置する。プロモーションとは，市場に受け入れてもらいたい商品(政治マーケティングではプロダクトという)を，対面やメディアを通じて市場向けに訴求する活動の総称である。訴求の目的は，知名度上昇などの

図2-1　政治マーケティングのプロセス

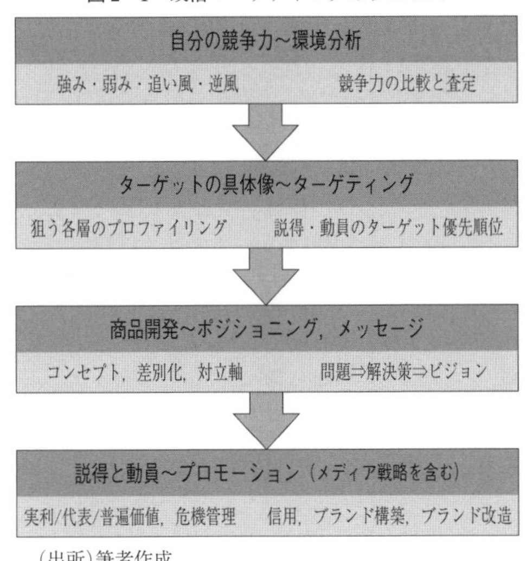

（出所）筆者作成

図2-2　ステップ1：環境分析

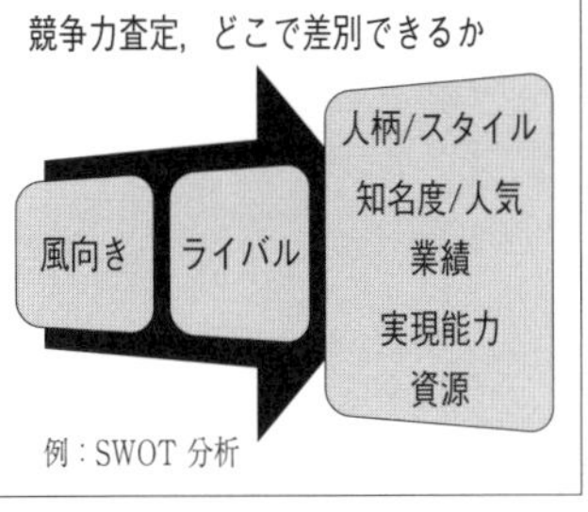

（出所）筆者作成

「認知」，投票意向・好感度など態度次元の効果を狙う「説得」，投票行為や献金，集会参加など行動次元の「動員」が含まれる。

(1)　ステップ1：環境分析

最初の段階は図2-2で示す「環境分析」である。目的は，競争環境と自分およびライバルがもつ競争力の客観的な査定である。「競争の環境」とは，法的ルールや党派構成，世論の風土や風向き，直前に起きた出来事などを指す。「競争力」は，知名度や人気，現職か新人か，資金などにおけるライバルとの相対評価(長所短所)に加え，自分の持ち味や哲学など“譲歩できない個性”を有権者が実際どう認識しているかという冷徹な査定も含む。

環境分析の主な情報源は，広く公開されている情報と独自の世論調査・市場調査である。大統領選挙ではとくに，「いま国は良い方向にあるか」と「景況感」が影響すると言われている。その他に，知名度や支持率，政策ニーズ，隠れた不満や願望，価値観や行動パターンなどを調査する。大統領選挙では，まず出馬すべきか否かを決める調査をする。次に選挙戦開始前に「基準調査」を行い，個々の戦術効果による上下動を定点観測する。終盤には，連日トラッキ

表２－１　事例：2008年民主党予備選候補 SWOT 分析

	ヒラリー・クリントン(民主)	バラク・オバマ(民主)
Strengths 内部条件／有利	•知名度，経験，政策通 •民主党支持基盤層 •党内有力者とのパイプ •資金力，組織網，ビル・クリントン元大統領(夫)	•勢い，新鮮さ，率直，弁舌能力 •外交左派・内政中道● •若年高学歴高所得層● •マイノリティ民主党支持層 •資金力，ネット組織，支持者熱意
Weaknesses 内部条件／不利	•分断政争政治の象徴 •世論の好悪感二分，計算高さ •ジェンダー○● •父権主義・恩寵主義○	•経験不足，政策能力未知数 •党内有力者と疎遠 •人種○●
Opportunities 外部条件／有利	•共和党不人気，民主党に追い風 •世論の内政重視	•共和党不人気，民主党に追い風 •既存政治への不信，変革志向 •無党派層の予備選挙大量参入
Threats 外部条件／不利	•既存政治への不信，変革志向 •無党派層の予備選挙大量参入	•内外の政治的緊急課題の山積

(注)○は本選挙で有利に展開しうる要因，●は本選挙で不利に展開しうる要因
(出所)初出は平林紀子(2014)，p. 96 表７

ングポール(世論動向調査)を行い勝敗動向を探る。

よく知られた環境分析手法の１つ，ハーバード大学ビジネススクールが開発したSWOT 分析[(1)]に基づいて，2008年大統領選挙の民主党候補指名予備選挙におけるバラク・オバマとヒラリー・クリントン両候補を比較してみたのが**表２－１**である。自分の強みは相手の弱みでもあるから，上下２段ずつを交差比較すると，自分の強みを活かし弱みを減殺する戦略的な対立軸，差別化ポイントが見えてくる。この実例では，オバマは「新旧」を対立軸にすると，最も効果的にクリントンと差別化できる。新鮮さや勢いという強みが活き，経験不足や党内基盤の薄さなどの弱点をカバーできる。新旧の対立軸上では，クリントンの経験も政治的地盤も，旧態依然とした政治の象徴としてネガティブな意味あいをもつ。古い政治に対する不信感が高まる世論の中で，その逆風を一身に受けることになる。

この「新旧」という対立軸は，戦略広報で「この選挙は何を問う選挙か」を定義するのに役立つ。新旧どちらがよいかを判断する選挙，という状況定義に

図**2-3**　ステップ2：ターゲティング

狙う層をどのように絞り込むか	
「無党派層」特性別細分化	属性よりライフスタイル
説得と動員の対象は違う	ターゲットとは 政治目標との接点・共感・要望がある層

「接点」の端的表現がコンセプト，接点こそ「訴求点」の核心を成す

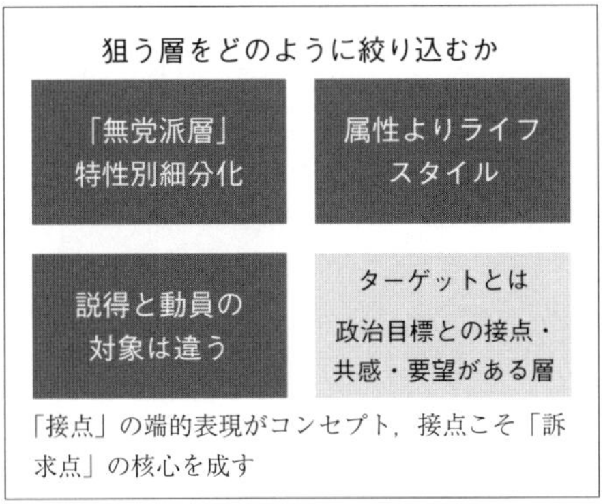

（出所）筆者作成

よって，様々にありうる選挙の意味を新旧という枠に限定（フレーミング）すれば，“新”オバマは優位に立つ。逆に，「危機対応の経験」を問う選挙となれば，一気にクリントンが優位に立つ。

この表が示すオバマのもう１つの利点は，マイノリティ・若年層など政治から遠い人々の異例の熱意と投票意欲にある。彼らを市場として新規開拓し，ネット技術を活かして組織化すれば，想定外のムーブメントを起こすことができる（実際そうした）。他方，オバマ候補の「人種」，クリントン候補の「ジェンダー」は使い方が難しい。売り物にすれば，白人や男性など多数の有権者の反感を買い，相手を攻撃する材料にすれば相打ちになりかねない。実際に両候補は，これらの「引き分け」項目は触らずに避けて通った。資金量や集金能力も引き分けだったため，広告戦に持ち込んで相手の資金枯渇を待つ作戦も取られなかった。

(2)　ステップ2：ターゲティング

ステップ2の「ターゲティング」は，市場の中で特に狙う層を定義し，優先順位をつけることである（図**2-3**）。

アメリカ政治のターゲットは，無党派層といった曖昧な括りではなく，年齢・性別・学歴・人種・収入などの社会経済的属性（デモグラフィック属性）に加えて，価値観やライフスタイル，メディア利用行動など，個人の心理・行動に

表2－2　説得・動員のターゲティングボックス

説　得	動　員 いつも投票に行く	 たまに投票に行く	 投票に行かない
自分の支持者	A何もしない	D動員の第一目標 不在者投票でも可	G必要があれば動員を考えよ
浮動層	B説得の第一目標	E説得の第二目標 動員も必要，コスト高	H何もしない
相手の支持者	C必要があれば説得してもよい	F何もしない	I何もしない

（出所）初出は平林紀子（2014），p. 68 表4　原典は Allen, C. *Taking Back Politics* (a Jalapeno Press, 1996)

関するサイコグラフィック属性を含む個人データ集積（ビッグデータ）をもとに，細分化（セグメンテーション）した「マイクロターゲット」が主流になりつつある。価値観やライフスタイルが多様化する今日では，もはや社会経済的属性だけでは人々の行動予測は困難だからである。目標達成に必要なターゲット層を識別し，優先順位をつけて資源を効率的に使うために，行動予測の確率計算は不可欠である。有権者の価値観や政策嗜好に合ったプロダクト作りや言葉づかい，無数の情報をかき分けてピンポイントに彼らに届き，行動を導く戦略を作るために，精密ターゲティングは欠かせない。

ターゲットに対する働きかけの優先順位は，原則として「近いところから」，小さいコストで目標達成に向けた効果が最も確実に見込めるターゲットが優先される。**表2－2**にみるように，選挙運動で説得と動員の優先的ターゲットは異なる。説得の最優先は，説得して支持方向に態度が傾けば確実に集票に結びつく層であり，動員の最優先は，支持はするが確実に投票に行くとは限らない層である。説得も動員も必要でコストがかかるのは，支持先未定の浮動層で投票も確実とはいえない人々である。党派分断の固定化が進むアメリカでは，最後にこの層をどれだけ取るかが勝敗を分ける。また若年層のように投票率が低いと，最初から市場とみなされず，説得や動員の対象外となりやすい。

図２－４　ステップ３：商品開発

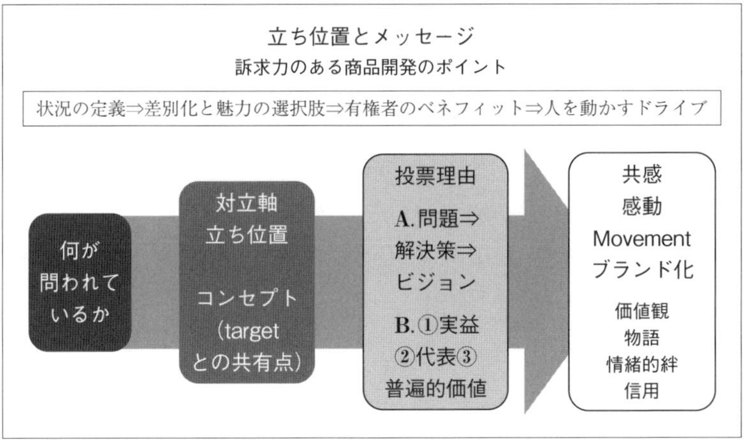

（出所）筆者作成

(3)　ステップ３：商品開発

次にいよいよ市場に受け入れてもらうべきプロダクト，すなわちターゲットに訴求する中身とメッセージを作る商品開発の段階となる。とくにこの段階では，市場との接点や共有点を探し，それをプロダクトの核にすることが重要である。そのプロセスを**図２－４**で示している。

政治のマーケティングはバラ色の夢を売るのでなく，現実の社会問題を解決する具体策と政治アクターの解決能力のパッケージを，市場に選んでもらう選択肢として提示する「課題解決型」マーケティングである。そのためには第１に，キャンペーン側と市場が問題認識を共有する必要がある。市場がいま重視する問題は何か。優先順位はどうか。人々がまだ明確に“問題”を認識していない場合には，キャンペーン側が戦略的に「何が問われているか」を定義する（フレーミング）。戦略広報でいう「空気作り」である。

第２に，その問題に対するキャンペーン側の解決策が，ライバルのそれと異なり，かつターゲットにとって魅力的な選択肢でなければ選ばれない。新旧どちらを取るか，あるいは経験の有無といった対立軸上で各々の立ち位置を差別化することを「ポジショニング」というが，ターゲットの多くが賛同し，訴求力が大きい立ち位置がベストポジションである。解決策と実行能力のパッケー

図２－５　事例：2016年トランプ候補の商品開発

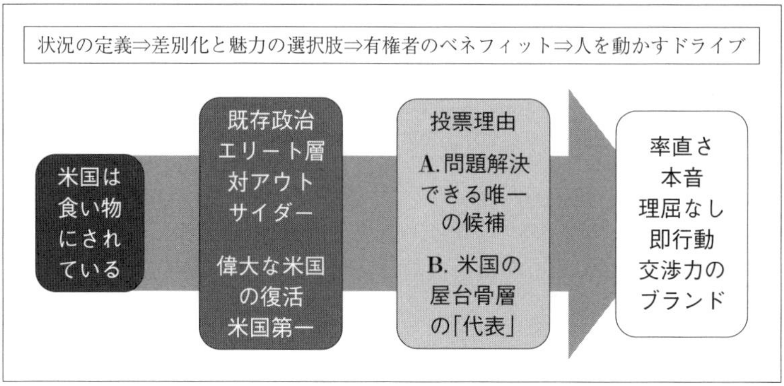

（出所）筆者作成

ジにおける「コンセプト」(全体を貫く中心思想)がこの立ち位置にあれば，ターゲットの問題解決の指向性と“接点”をもつことを意味する。たとえば，防災や治安から文化的均質性まで，一貫した「安心できるまち」というコンセプトの政策パッケージや，外交・貿易・雇用・移民などについて「米国の利益第一」のコンセプトでまとめた選挙パッケージは，特定のターゲットにとって，他と違う問題解決の選択肢として訴求力がある。

第３に，コンセプトの訴求力に加えて，その選択肢を選ぶことでターゲットが得る具体的な「便益(ベネフィット)」も，メッセージの重要な構成要件である。ターゲットが問題を「自分事(レリバンス)」ととらえ，キャンペーン側が望む行動をとる個人的動機を提供するからである。動機は様々で，当面の問題解決以上にその先の「将来構想(ビジョン)」を重視する人々もいる。減税や雇用などの「個人的実益」，マイノリティや特定地域の「代表(代弁)」，自由や平等，多様性，平和などの「普遍的価値」が“購買動機”になる場合もある。

最後に，ターゲットが「自ら関与(エンゲージメント)」し，動いてくれるためのドライブ(起動力)として，共感や感情的絆，参加を促し一体感を高めるムーブメントや「物語(narrative, story)」も，プロダクトの重要な要素である。中でも価値観や感情の共有が絆を生む「ブランド」は，愛着と信用と忠誠を伴う安定的な対顧客関係を導く。顧客は１回だけでなく恒常的な取引に応じることで，政治ビジネスの安定と新たな課題への挑戦を支える基盤を提供する。

2016年大統領選挙のトランプ候補の商品開発例をみてみよう（**図2－5**）。この戦略は第一期政権でも継続し，内外から批判される一方「岩盤支持層」が揺るがない理由でもある。トランプと低学歴白人労働者を中心とする支持層は，「アメリカが外国や異質な勢力に食い物にされている」という被害者意識を共有する。その状況をもたらした既存政治エリートと違い，政治経験ゼロの候補としてトランプは差別化される。コンセプトは，グローバリズム国際協調の流れに抵抗する，率直かつ理屈抜きの自国利益第一主義だった。既存政治と無縁だからこそ実現可能であり，エリート政治が顧みない伝統的白人層の不安と恨みを代弁するトランプ。また経営者としても TV リアリティショーの司会者としても，全米に知られた彼の無礼で率直な物言いや，伝統や既存ルール無視，時宜を逃さない大胆な行動力と交渉姿勢はもはや定評と化し，自他ともに認めるブランドとして揺るがない。政治マーケティングのプロダクトとしては，固定客をつかんだ完成品といえる。ただし大統領は岩盤支持層だけでなく国民全体に奉仕する存在である。白人中心で，人種的多様性や文化的変化に否定的な支持層の望む問題解決が，公共利益に即しているかどうかは疑問である。

(4)　ステップ4：プロモーション

以上のステップを経て，戦略広報を含むプロモーション戦略が作られる。その要約を**図2－6**で示す。マーケティング研究の第一人者で，その戦略技術を公共部門に応用する「ソーシャルマーケティング」の提起者でもあるフィリップ・コトラーによれば，プロモーション戦略の3大要素はメッセージ，メッセンジャー，媒体回路である（コトラー＆リー，2007年，7章）。

メッセージは，情報伝達，プロダクトの約束（信じて感じてもらいたいこと），行為の呼びかけの3点から構成される。たとえば2008年大統領選挙オバマ候補の「yes, we can（change）」は，「変革の時は来た」と知らせ，「変えられる」と信じてもらい，「we can（候補に任せるのでなく主役は私たち自身）」と呼びかける。表現は簡潔に，記憶しやすく，印象深い言葉で，キャンペーンのブランドイメージと一貫し，さらに大事なことは，候補が何かしたいかでなくターゲットが何を得られるかに焦点を絞って語ることである。また，ターゲット層が違和感をもたない外見，振る舞い，言葉遣いで距離感をなくす。一言でいえば，

図2-6　ステップ4：プロモーション

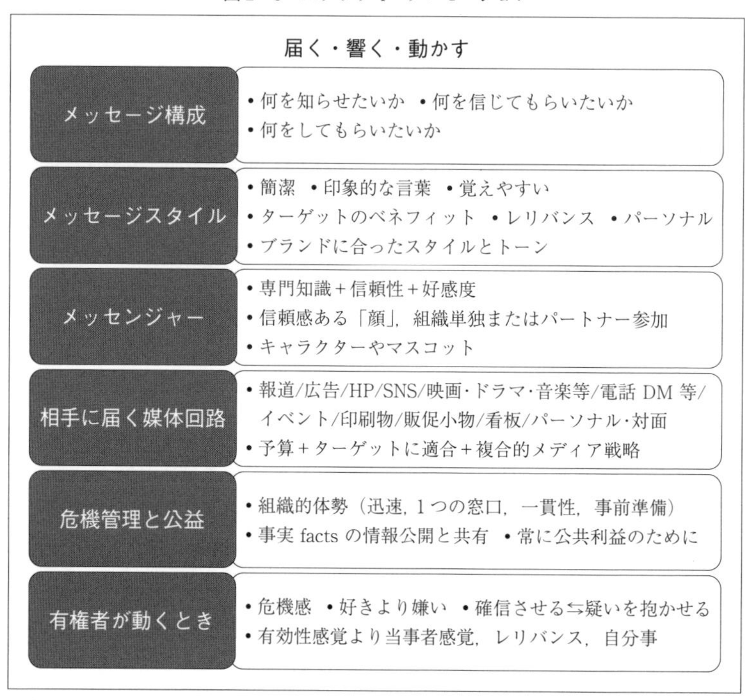

（出所）コトラー＆リー（2007）7章内容をもとに加筆し筆者作成

ターゲットがレリバンス（自分事）を感じることをターゲット目線で語ること，それがメッセージングの基本である。

メッセンジャーで重要な点は，専門知識があり，信頼でき，好感度が高いことである。政治でいえば，経験や政策知識があり，信頼でき，好ましい人物像が“顔”になる。定評ある企業や人物とパートナーシップを組めば，信頼性が上がる。信頼度が高い有力メディアの好意的評価を，広告で引用することもある。親しみやすさや好感度を上げるために，キャラクターの利用（政治家のキャラクターグッズ，自治体のゆるキャラなど）も可能である。

媒体回路は，予算やターゲットの性格行動様式に合った媒体を，複合的に組み合わせる。**表2-3**のとおり，各媒体は，費用・伝達速度・拡散範囲・ターゲット絞り込み・情報内容と伝播のコントロール・信用度などが異なる。push メディアとは，相手の関心や意思と無関係に届く媒体回路のことで，浅

表２－３　メディアの機能特性（／は条件次第）

	費　用	スピード	リーチ 拡散力	ターゲット 絞り込み	コント ロール	信　用	Pull／Push
マスメディア	高	中	広	不可	不可	高	Push
DM・電話	高	中	狭	可	可	低	Pull／Push
Web HP	高／低	速	中	中	可／不可	中	Pull／Push
Eメール	高／低	速	狭	可	可	中	Pull
SNS	低	速	広	可	不可	高／低	Pull
クチコミ	低	速／遅	広／狭	不可	不可	高／低	Pull
対　面	高	遅	狭	可	可	高	Pull

（出所）筆者作成

く広く届くので世の中に広く認知を高めたいときに使う。pull メディアは，ネット検索や SNS，電話のダイレクトマーケティングなど，相手に一定の関心や関与があれば有効な引き寄せ効果が期待できるので，説得や動員に使われる。

特性が異なる媒体を，目的に応じて戦略的に組み合わせる典型的な例は，マスメディアで取り上げてもらい，無料で知名度と話題性を獲得しつつ，それを利用して SNS やクチコミの拡散力を使ってターゲットに届けるやり方である。話題性は拡散を促進するし，関心を共有する人々の SNS ネットワークは，ターゲットに到達し影響を及ぼすのに効果的である。

このように，媒体間には「交差（クロス）」点がある。たとえばマスメディアと SNS は，まとめサイトなどの中間プラットフォームを介して，ニュースの循環構造をなす(2)。これをうまく利用したのが，トランプ大統領のメディア戦略である。テレビ司会者の知名度に加え，有力メディアと絶えず敵対し，皮肉にも膨大なメディア露出を無料で獲得するだけでなく，フォロワー8500万人（2020年８月）のツイッターを使った爆弾発言で世界に話題を提供し，ニュースサイクルを支配する。一方ツイッターは，支持者に親密でパーソナルな形で，政権に都合の良い情報や偽情報を，報道を介さずに直接訴え拡散させる情報操作手段である。情報と娯楽を提供し，今語るべき問題の認識と語り方を支持者と共有するツールでもある。

プロモーションの回路や方法は，情報技術進展や時勢によっても変化する。

2020年初頭からの新型コロナウィルス流行は，同時期に予備選挙が始まった2020年大統領選挙の広報戦略を直撃した。直接対面回避のため，戸別訪問も選挙集会も中止となり，草の根活動によるパーソナルな説得や動員の代わりに，オンライン訴求の可能性が追求された。民主共和両政党の大統領候補を指名する夏の党大会も，オンライン開催が大半を占めた。事前に作り込まれた演出台本どおりの展開で，臨場感や参加一体感に欠けた。

人々を巻き込む場の熱気と異なり，水面下で進行しているのは，高度デジタル技術とビッグデータを使ったピンポイント訴求である。選挙キャンペーン支出の半分を占める広告費は，かつてのテレビ広告からデジタル広告に移行した[(3)]。とくにフェイスブックとグーグル２社で，2020年選挙期政治デジタル広告費の８割を占める。４大 IT 巨人 GAFA に属する２社は，顧客データを使ったマイクロターゲティング広告を主業務の１つとする。一方でアマゾンプライムビデオ，Hulu，Netflix など，インターネット経由テレビ型動画配信サービス（connected TV）も広告媒体として成長している。

最後に，政治に不可欠なのは危機管理と，有権者を確実に動かす仕掛けである。１で述べたように，政治の競争は商業以上に過酷な面がある。契約のハードルは高く，実現までに時間がかかる。危機管理は，定評や信用というブランドを防衛するために，24時間サイクルで拡散する悪評判や偽情報に組織的に対応する。情報を監視し，正確な情報で迅速に反証する専門の部署やホームページを作る。言い合いの喧嘩ではなく，情報公開という公共利益に奉仕するためである。またターゲットが動くまで手を抜かない。危機感を煽り，ライバルへの疑心を植え付け，嫌な候補を落選させようと呼びかける一方，自分事として政治に関与してもらえるよう意を尽くす。感情と理性（hearts & minds）両方に訴えるのである。

3　大統領たちのマーケティング利用と特徴

政治マーケティングの進展は，政治制度や環境，情報技術やマーケティング技術展開に加えて，キャンペーン主体たる大統領の政治目標や性格，スタイルによって左右される。

(1) テレビ政治時代のメディア戦略を求めて

1930年代にカリフォルニアに誕生した選挙コンサルタントは，60年代の「テレビ政治」の本格化とともに，大統領選挙から住民投票まで多様なキャンペーンに関わるようになった。

第1の分岐点は，テレビが全米世帯普及率9割に達した1960年大統領選挙ケネディ民主党候補のテレビイメージ戦術である。若く政治経験も浅いケネディ候補は，大量のテレビ広告と史上初のテレビ討論会の成功を通じて個人人気を高め，それにより候補の実力を疑問視していた世論や党内幹部も支持に回ったことが勝因だった[(4)]。世論調査家ハリスが中西部やカトリック層などターゲットの動向を監視し，メッセージングの助言を行った。政権獲得後は定例記者会見創設など現代的な報道対策にも力をいれ，世論人気維持に努めた。

第2の分岐点は，共和党の2人の大統領ニクソン(在任 1969-1974)とレーガン(在任 1981-1988)である。ニクソンは60年選挙の“イメージ戦”敗北の教訓から，選挙と政権内でテレビ演出家エイルズや世論調査家ワースリンとティーターを重用し，有権者の大統領理想像にニクソン像を近づけるイメージ宣伝を戦略として重視した。最先端のSDイメージ測定法や事前事後のメッセージ効果テスト，親近感を演出する市民対話集会型番組など革新的技法を採用した。一方，反戦や公民権運動の高まりで世代間人種間対立が顕在化する中，「沈黙する多数派(サイレントマジョリティ)」や，民主党の人種観を嫌い共和党に転向する保守白人層の集票(南部戦略)など，価値観に注目してターゲット再編を試みた。

80年代のレーガン大統領は，CNN創設とニュースサイクル24時間化，メディア数の増加，専門分化した選挙産業の成長を背景に，外部専門家を含めて高度に組織化された広報マシンを政権内に作った。その役割は宣伝だけでなく，メッセージング全体に及んだ。報道と政界双方から信頼される報道官を置いて政権との良好な関係を維持し，その背後では，「映像の魔術師」ディーバー次席補佐官や世論調査家ワースリンらのチームが，取り上げるべき問題の優先順位や表現の仕方，報道の注目を分散させない1日1メッセージ，報道の見出しになるパワーフレーズ(サウンドバイト)を決定した。また強く包容力のある大統領イメージに「傷がつかない(テフロン)」よう，完璧に演出された映像を豊富に供給する一方，大統領への直接取材は回避した。映像重視で，ニュース報道の性質を熟知し，元俳優の大統領の映像パフォーマンス能力を活かした組織的広報戦略は，有権者との感情的絆を強めた。加えてレーガンもニクソン同様，政治と疎遠な「道徳的保守層（モラルマジョリティ）」の開拓や，民主党支持層を切り崩す「レーガンデモクラット」の集票など，市場拡大を図った。これらの結果，包容力があり，米国主流の価値観を反映する共和党という，広く硬軟の保守層をまとめるブランドとしての共和党の性格づけに成功した（Cosgrove, 2007）。

(2) 有権者とリーダーの接点を探るクリントンの「フォーカスグループ大統領制」

1992年大統領選挙で現職ジョージ・ブッシュと第3政党候補に辛勝した保守的南部州の元知事，民主党候補ビル・クリントン（在任 1992-2000）は，ニューヨーク・タイムズが「フォーカスグループ大統領制（the focus-group presidency）」と命名したほど，自身を含めて世論調査やマーケティング技法に習熟し，プロダクト開発も含めて，選挙と政権運営の戦略全体にマーケティングを貫いた史上初の大統領である（Newman, 1994；平林，2014，4章）。

フォーカスグループ調査とは，ターゲット層のグループ討論を通じて本音を引き出す市場調査技法である。対象のイメージ，問題と責任の所在，望む方向性，どんな言葉でそれを表現するか，演説や広告のどこに反応するかといった，プロダクト開発や効果的訴求を行うための有権者との“接点”を読む。クリントンは，92年は不況と政治不信，94年の中間選挙敗北，党派対立，女性問題，98年の大統領弾劾騒動など政治的難題を抱え，加えて保守とリベラル，民主共和両党の既存路線から距離をおく「第三の道」の追求という，脱イデオロギー時代の新たな課題に挑戦していた。最大の武器は世論支持であり，民意追従というより，民意に添い，かつ導く，有権者との新たな関係作りの戦略が必要だった。

92年選挙でクリントン陣営の世論調査家グリーンバーグを中心とする戦略チームは，この調査を駆使してクリントンという選挙プロダクト開発のための「マンハッタンプロジェクト」を立ち上げた(5)。彼は誰で何をしたいのか。ライバルとどこで差別化されるか。答えは，「既成政治家らしくない」(政治不信)，「普通の人」(同情共感できる個人史)，「変化を起こす」(ビジョンと実効性)，初のベビーブーム世代大統領として「希望の国アメリカの未来を信じる，希望という名の町に生まれた男(A Man from Hope)」というリーダーイメージであり，それ以上に「政策の中身が大事」で，「焦点は経済(It's the economy, stupid)」，不況に苦しむ中流階層の救済と自己責任を強調する中道路線の「国民最優先(Putting People First)」としてパッケージされた。96年選挙でも「イメージより争点」，政治家がリスクを覚悟してでも何をしたいかを明確に伝えれば，それが人柄も表現することになると世論調査家モリスは進言した(モリス，1997)。有権者は，クリントン本人ではなく，クリントンという政権のパッケージを「買う」。世論の風と対話しながら，自分の政治目標に向けて最適な舵取りをする「三角測量」によって政策を実現し続ければ，政権は優良なプロダクトとして支持されると。

クリントンの戦略広報も，この対話性を象徴した。広告や演説の表現は，テストで多数の有権者が使った生の言葉を使う。トークショーや市民対話型番組形式を好むのは，パーソナルで親密，共感を演出しやすいからである。政権２期目98年には，市場開放を日本人に直接訴えるために生放送で２時間のテレビ市民対話集会を行った。言葉を濁さず率直に，自分を知らせて理解してもらい，人々の痛みを感じ共感する「国民から遊離しない」姿勢こそ，クリントンがフォーカスグループに学んだ教訓であり，政権運営の原理でもあった。

(3)　G・W・ブッシュの「マーケット密着」とブランドマーケティング

2000年大統領選挙で，民主党アル・ゴア候補に一般得票数で負けながらも選挙人獲得数で上回り，辛うじて勝ったブッシュ Jr.。国が真二つに分かれる接戦を教訓として，大統領の「頭脳」と呼ばれマーケティング指向の選挙と政権運営を采配した政権顧問カール・ローブと共和党は，徹底した「マーケット密着(down to earth)」による既存支持層の再確認と市場新規開拓が必要と考えた。全米に散在する潜在的支持層を発見するために，ライフスタイルや価値観が類似し行動予測が可能なマイクロターゲットを抽出できる有権者データベース *Voter Vault* が初めて作られ，2004年選挙から本格的にピンポイントの広告戦略が始まった。一方，共和党支持者が多い福音派教会コミュニティや，選対本部と草の根組織を傘下企業ネットワークのようにオンラインで結ぶ「マルチレベルマーケティング(MLM)[(6)]」など，新旧のネットワークを対人的影響と拡散の回路として駆使した。縦横にかけられた“網”は，投票日直前の徹底的な「72時間動員計画」で威力を展開した。

当初は「思いやりの保守主義」を標榜し中道路線を取っていたブッシュ Jr. 政権は，2001年9月同時多発テロを契機として，レーガン大統領の伝統をくむ「新保守主義」ブランドの後継者として，プロダクトとプロモーションの戦略転換を行う。政策面では「個人の自由と責任」をコンセプトとする経済自由主義，外交軍事面では民主政と自由主義の覇権を唱え，愛国的かつ積極的対外政策を取る「ネオコンサバティズム」，社会文化面では家族やキリスト教的価値，銃所持の権利などの道徳的伝統を重視する。リーダーイメージは，「テロ(共産主義)と戦う強く信念ある指導者」，楽観的で前向き，庶民性，「良きアメリカ」時代の郷愁など，レーガンに対する有権者の感情的絆を想起させるブランド転用の戦略である(Cosgrove, 2007)。

他方，反米感情高まるイスラム諸国や国際社会に向けた，アメリカの自由民主的価値と対外政策と対テロ戦争としてのイラク軍事攻撃をプロモーションする広報外交つまり「アメリカ」のブランディングは，マーケティングの観点では致命的失敗例だった。政権内に専門組織が作られ，媒体創設や莫大な広告費など大規模な広報戦術を展開したものの，ネオコンサバティズムのプロダクトは，イスラム全体を敵視するアメリカへの反感や「アメリカの自由や文化は好きだが中東政策は嫌い」という声を無視した一方的宣伝だったため，反発を招いた。国内的にも，テロ直後の「戦時の国民結束(rally around the flag)」効果が薄れ，イラク戦争批判が高まるにつれて，財政逼迫と米軍の疲弊で保守派の離反を招き，新保守ブランドは破綻した（平林，2014，6章)。

(4) オバマの「変化」ブランドと先端的デジタルマーケティングの光と影

2008年大統領選挙で「Yes, we can」のフレーズとともにブームを巻き起こした初の黒人大統領バラク・オバマは，*Advertising Age* 誌が「マーケター・オブ・ザ・イヤー 2008」に選ぶほど最先端のマーケティングで成功した。04

表2-4　2008年大統領選挙候補のソーシャルメディア利用

ソーシャルメディア	オバマ	マケイン(比較)
YouTube ビデオ	ビデオ数1,792本(06年11月～) 閲覧者11万5,000人 再生回数1,800万回	5.4対1(07年2月～) 4対1 9対1
Facebook	サポーター数238万人	3.8対1
MySpace	フレンズ数83万人	3.8対1
Twitter	@barackobama フォロワー数 11万2,000人	@JohnMccain： 240対1(未検証)
テレビ広告(08年1月1日～11月4日)	支出額3億1,000万ドル 出稿本数57万1,000本	2.3対1 2対1
インフォマーシャル(10月29日)	支出総額(推定)300万ドル 7局の合計視聴者総数3360万人	

(注)インフォマーシャル＝テレビ番組枠を購入してプロモーションビデオを放映する長時間広告
オバマの10月29日インフォマーシャルの題名は，American Story, American Solution
(出所)Web Strategy by Jeremiah, "Snapshot of presidential candidate social networking stats," 2 November 2008.
広告出稿量は，CMAG データに基づく CNN.com の報道による。
初出は平林紀子(2014)，p. 327 表19

年に共和党が勝った州のうち9州を奪還し，全米投票率は68年来最高の57%，30歳以下の若者の7割を含め各層から広く支持を得た。

第一に，オバマのプロダクトは，人物，政策とスタイル，統治像，コミュニケーションまで，いずれの次元でも有権者が「変化」を体験・実感できる一貫したパッケージである。市場調査は，有権者がイラク戦争や経済の混乱だけでなく，富裕層や大企業の優遇，市場の自由は野放しで公共利益は後回しというアメリカの現状そのものに不満をもちながらも，そのマグマの出口を見出していないことを示した。有権者に「変化が必要だ，そのために投票しよう，そうすれば本当に変わる」という「気づき」を与えることで，問題の認識を皆が共有し，オバマという解決の選択肢が説得力をもつ(田中・本田，2009)。しかも党派や人種を越え人々が1つになってアメリカを再生するという物語は，国民各層に主体的参加のインセンティブを与え，候補との共感や感情的絆を築く，優れたブランドストーリーである。

第2に，このブランドを支えたプロモーションの特徴は，マイクロターゲティングの革新と，ミレニアル世代を中心にボトムアップの草の根オンライン組織化に成功した点にある。

共和党に遅れた民主党の有権者データ集積とそれに基づくマイクロターゲット訴求は，オバマ陣営によって急速に進化した。08年はSNSを主として訴求媒体として使ったが(**表2-4**)，12年再選選挙ではフェイスブックから個人情報を収集しデータ高度化を図った。党派分断が進み，真に説得可能な層はわずか5％だった。彼らを獲得するためにマイクロデータに基づく行動予測と検証を24時間行う専門部隊を密かに陣営内に作るなど，技術投資は総額1億ドルに上るが，その資金源は不明な点が多くオバマの闇の部分である。(7)

「地上戦」とオンラインの戦略も質量ともに傑出していた。08年のオバマの草の根選挙運動事務所数は，対立候補マケインの3倍に上る。12年には，各運動員と選対本部をオンラインの専用ソフトで直接結び，現場情報収集と共有，ターゲット別ピンポイント訴求を効率的に組織化した。08年オバマ陣営HP内のSNS，*myBarackObama.com* は，一定条件を満たす支持者の草の根コミュニティであり，活動度に応じて得点を競う競争の場でもあった。大学生を含むこれら活動家は，類似した属性を単位とする組織に分けられ，同様に似た人々に向けた献金・ボランティア集め・説得動員のネットワークの結節点となる。遊び半分の選挙ごっこではなく，競争が金・人・票という実質的な政治力に転換される仕組みである（平林，2014，6章)。

オバマのマーケティングは選挙では成功したが，統治では破綻をみせた。政権8年間の公約実現率は妥協分を合わせて7割(8)と低くないが，共和党が議会を支配する第二期政権で難航した。選挙と政権双方の戦略を取り仕切った主席戦略家アクセルロッドらのチームは一貫したメッセージングに努め，選挙運動の手法を統治に持ち込む「選挙運動型統治(permanent campaign)(9)」を行おうとしたが，統治では選挙時の草の根組織が熱意も活力も失って機能せず，加えてブランドの要である国民との対話も，クリントン以降の大統領府のコミュニケーションを比較したクマーによると，オバマ政権の記者会見数はクリントン以降最も少なく(10)，「質疑応答はだめ」という情報コントロール優先(11)で，大統領が考えるストーリーを変えたくないという閉鎖的姿勢だった。また統治で不可欠な超党派間の対話回路作りにも熱心でなかった。政権はこれらの点でマーケティングの対話性を失っていった。

(5) トランプの「ツイッター大統領制(The Twitter Presidency)」

トランプの商品開発は**図2－5**で概観した。ここではプロモーションの特色[(12)]を，2(4)での説明に加えて2点指摘する。第1に，AI を使ったビッグデータ解析とマイクロターゲティングの先駆例といえる(NHK 取材班，2020)。2016年選挙で，英国データ会社ケンブリッジ・アナリティカは，個人の属性や行動に関するビッグデータと，フェイスブックで何に「いいね！」をつけたかの関連性をコンピュータに学習させ，フェイスブック利用者から広告効果が上がりやすい性格属性をもつ人を探し出す「人間検索エンジン」を開発した[(13)]。トランプ陣営はそれを使ってマイクロターゲットに効果的な広告表現を探し，実際に激戦州のミシガンとウィスコンシンの特定地域の住民で，過激派などをネット検索した履歴のある反イスラム層を選び，民主党対立候補クリントンに対する中傷や投票意欲を失わせるために「イスラム教徒が民主党のヒラリー候補を支持している」といった偽情報の広告を流したという[(14)]。

第2に，統治が先にあって媒体が選ばれるのでなく，逆にツイッターへの耽溺が選挙と統治のあり方を左右する「ツイッター大統領制」である。ニューヨーク・タイムズの調査[(15)]によると，大統領に就任した2017年1月20日から2019年10月15日までの33ヵ月間に，トランプがツイートした件数は1万1000件超で，その他に誰かのリツイートも数百件ある。

しかし問題は，量や回数より質であり，政権への影響である。第1に，トランプにとってツイッターは，謝った情報や自分に都合のよい解釈いわゆる「オルタナティブファクト」を，報道機関などのファクトチェックを待たずに，世界中に瞬時に拡散させる主回路である。政治検証サイト *PolitiFact.com* によれば，就任から2020年8月末までの3年8ヵ月間の大統領発言の7割は明らかな誤りを含み[(16)]，ワシントン・ポストの調査では，在任3年間のそうしたミスリード発言の2割がツイッター上の発言だという。第2に，政敵やリベラルな報道機関，マイノリティや移民，同盟国を「攻撃」し中傷するための武器である。前出のニューヨーク・タイムズの調査によると，ツイートの過半数がこうした攻撃的内容を含む。逆に，褒めるのは自分と忠誠的友――１万1000件中2000件は自画自賛，盟友「FOX ニュース(FNC)」への言及も多い。

この性格に目をつけた中国，イラン，ロシアの宣伝諜報機関や陰謀論者，白人至上主義者など反社会的団体が，大統領個人や政策を賞賛することで大統領に影響を与え，あるいは大統領を拡散の回路として利用している証拠が数多くみられ，安全保障上の大きなリスクを伴うと同紙は分析する。また，思いついたままツイートする大統領の戦略的一貫性のなさ，歴史的経緯や背景を理解せずに既存の政策方針と矛盾するツイート発言は，アメリカ政府の行政外交政策の一貫性正当性に対する疑念を内外に招きかねない。メキシコ国境との壁建設から米朝対話，イランへの攻撃などいくつもの実例がある。政権内の合意を無視した発言は亀裂を生み，歴代政権に比べて人事交代が極めて頻繁な理由もそこにあるかもしれない。「オバマ大統領がツイートで政策提案する場合，それは長い審議の結論を意味したが，トランプ大統領の場合は，政策作りがそこからスタートする」とニューヨーク・タイムズは皮肉る。朝７時から８時に集中するといわれる大統領のツイートが，連邦政府行政を振り回す。大統領のツイートは公文書として国が公式保管する歴史資料になる。後世の人々はこのツイートを見て，トランプ政権をどのように評価するだろうか。

4　討論点――大統領政治におけるマーケティングの意義

最後に，現代政治におけるマーケティングの役割と意義について，討論点を３つ述べる。

第１の論点は，政治マーケティングの功罪である。功でいえば，声なき民意の組織的探索と新たな市場開拓技術によって，より広く深く広聴することが可能になった。ただし対象はあくまで市場であり，投票や支持による取引をしない人々は対象外である（２⑵参照）。また商品開発における差別化された選択肢は，「何を手がかりに，何のために投票するのか」「違いがわからない」といった不満を解消し，選択を容易にする反面，本来複雑で矛盾を含む政治提案を過剰に単純化し，聞き心地の良い言葉で期待を煽ることで，実現しなかったときの失望と政治不信を一層高める（３⑷参照）。また選挙でライバルや前任者との差別化を強調しすぎると，統治での政治運営や合意形成に支障をきたす。この章で取り上げた4人の大統領はマーケティングを党派分断のもとで競争に競り勝つために使ったが，結果として分断は一層深まった。

第2に，政治マーケティングは世論との対話というより，世論追従あるいは逆に世論操作の技術ではないかと考える人もいる。世論と政治アクターの関係は，フォローとリードの両面がある。両方を案配しつつ政治目標達成を目指す「三角測量」が良い例だろう（3⑵参照）。選挙ではフォロー，統治ではリードすなわち積極的に世論を動員する「ゴーイング・パブリック」戦略（Kernell, 2014）が主体という見方もある。政権目標が挑戦的で難しいほど，空気作りから始めて世論をリードし続けなければ実現しない（Jacobs and Shapiro, 2000）。公約が実現しない理由の説明や，新たな目標に挑戦するための世論支持の訴求を，説明責任と呼ぶか世論操作と呼ぶか。呼ぶ側の政治的主観が問われる問題であろう。

最後に，選挙と統治のマーケティングの違いは何か。四政権は，選挙と統治の境界が曖昧になる「選挙運動型統治」の典型でもある（3⑷参照）。選挙マーケティングは，統率された組織が勝ち負けを目的として「全面戦争を可能にする技術」であり，統治に不可欠な組織間交渉や政敵との妥協，合意を引き出し実をとる技術では必ずしもない（Lees-Marshment, 2009, p 203）。しかし実際には，組織内組織間の交渉と合意作りにもマーケティング戦略技術は応用可能である（森岡，2018）。また選挙時は基本的に支持層のベネフィットだけを考えればよいが，統治では，支持しなかった人々を含めた社会全体の公益を考える必要がある。政治の影響は全員に及ぶからである。大統領に求められる寛容と懐の広さ，国民全体への奉仕精神はいかにして可能か。いま公共団体はもとより私企業も，社会的責任やコンプライアンス，SDGs を重視する姿勢が求められる。消費者側も社会的意義のある「エシカル消費」を通じて公共に貢献しようとする人が少なくない。競争から協働へ。私益から公益へ。その橋渡しの戦略技術がマーケティングで可能か，それが問われるべきである。

コラム　大統領の有名な演説フレーズ

ニクソン政権のスピーチライターをはじめ，レーガン，フォード，クリントン政権の大統領府広報を担当した重鎮デビッド・ガーゲンによると，優れた大統領演説のポイントは，歴史への造詣と大統領らしさだという。大統領らしさとは，品格，国民を鼓舞する前向きさ，国を結束させる器量の大きさなどを意味する。重要な演説ほど，スピーチライターが書いた草稿に本人が何度も手を加える。草稿はすべて，各々の「大統領図書館」や公文書館に保管されており，演説内容や表現の加筆修正の様子を具体的にみることができる。悪戦苦闘ぶりが伝わってきて，大統領を身近に感じる。

もちろん，いずれかの段階で，有権者の反応を調べる事前テストをする。大統領の演説でよく引用される印象的なフレーズをいくつかあげてみよう（前後省略，表現の変更あり）。

ケネディの「国が何をしてくれるかではなく，自分が国に何をできるかを問え……いま若い世代にたいまつが渡された」(1961年第１回大統領就任演説)。

ニクソンの「物品の提供を受けたことはない。しかし……娘２人が犬を飼いたいと言っていたことを耳にした……支援者からコッカースパニエルをもらった……『チェッカーズ』と名付けて可愛がっているので返すつもりはない」(1952年副大統領指名候補として，不正選挙資金疑惑に対するテレビでの釈明演説，通称「チェッカーズ・スピーチ」)。

レーガンの「現在の危機においては，政府は解決をもたらすものではなく……むしろ政府こそ問題となっている」(1981年第１回大統領就任演説)。

クリントンの「我々が知っている社会福祉を終わらせる」(1992年選挙テーマ)，「21世紀の明るいアメリカの未来に向けて，皆が渡れる広く強い橋を一緒に架けよう」(1996年同)。

最後に，オバマの「リベラルなアメリカも保守的なアメリカもありはしない——あるのはアメリカ合衆国なのだと。黒人のアメリカも白人のアメリカもラテン系のアメリカもアジア系のアメリカもありはしない——あるのはアメリカ合衆国なのだと」(2004年上院議員時代に行った民主党大会基調演説。この「ひとつのアメリカ」演説で脚光をあび，４年後に大統領に)。

どれも光景が目に浮かび，アメリカ人が好む「新しい歴史を作る(make history)」という前向きさに，心が揺さぶられる。事前テストの被験者もきっと同じ反応を示したのだろう。

注

(1) SWOT とは，候補・政治家個人および組織自体がもつ内的な強みと弱みに加え，外的環境の追い風要因，向かい風要因を一覧にする分析方法で，これら4項目の頭文字から SWOT と呼ばれる。

(2) 藤代裕之「未熟なネットと指針を失ったマスメディア」『ジャーナリズム』2016年12月号。

(3) 2019年末現在で，アメリカの総広告費に占めるデジタル広告の割合は約50%で他の広告媒体総計に匹敵する。過去10年間にデジタルは3倍になり，2位のテレビは35%から28%に減少した。Cf. “Internet media's share of U.S. ad spending has more than tripled over the past decade,” *Advertising Age online* (*AdAge.com*), 30 December 2019.

(4) 初の大統領選挙テレビ討論会の経緯と詳細，候補の戦略と効果については，クラウス，S(NHK 放送学研究室訳，1963年)『大いなる論争』日本放送出版協会を参照。

(5) Elizabeth Kolbert, “Test-marketing a president,” *New York Times Magazine*, 30 August 1992, p 18.

(6) Matt Bai, “The multilevel marketing of the president,” *New York Times Magazine*, April 25, 2004.

(7) *ProPublica*, “Campaign 2012 Series: Revealing Dark Money and Big Data,” 2012. http://www.propublica.org.

(8) *PolitiFact*, “The Obameter: Final report”, 6 January 2017. https://projects.tampabay.com/projects/2017/ politifact/obameter/home/.

(9) Norman Ornstein and Thomas Mann, “The permanent campaign and the future of American democracy,” in *The Permanent Campaign and Its Future* (Norman Ornstein and Thomas Mann ed. AEI and the Brookings Institution, 2000), 219-234.

(10) Donovan Slack, “Clinton end term with fewer pressers than Bush or Clinton”. *Politico online*, 15 January 2013.

(11) Jack Mirkinson, “Obama loves interviews, does not love press conferences or Q & A's, study shows”. *Huffington Post online*, 1 February 2012.

(12) トランプ政権のメディア戦略とプロモーションの詳細は，平林紀子，「トランプ米政権一期のマーケティングコミュニケーション」，『埼玉大学紀要(教養学部)』第55号第2号，2020年3月，177-210頁を参照。

(13) 「有権者狙うデータ分析」，朝日新聞2019年6月25日付朝刊，31面。

(14) 「ロシア関与のフェイスブック広告，大統領選の激戦州に狙い」，*CNN Japan online*, 2017年10月4日。

(15) Mike McIntire and Nicholas Confessore, “Trump's Twitter Presidency: 9 Key

Takeaways," *New York Times online*, 2 November 2019.　同記事を含めて4パート構成のシリーズ。

(16)　*PolitiFact.com*, "Donald Trump scoreboard", 2020年8月27日時点。

参考文献

NHK 取材班『AI 対 民主主義——高度化する世論操作の深層』（NHK 出版，2020年）

平林紀子『マーケティング・デモクラシー——世論と向き合う現代米国政治の戦略技術』（春風社，2014年）

森岡毅『マーケティングとは組織革命である』（日経 BP 社，2018年）

コトラー，P.＆リー，N.（スカイライトコンサルティング訳，2007年）『社会が変わるマーケティング』英知出版

モリス，D.（近藤隆文・村井智之訳，1997年）『オーバル・オフィス——大統領執務室』フジテレビ出版

Cosgrove, Kenneth, M. *Branded Conservatives : How the Brand Brought the Right from the Fringes to the Center of American Politics* (Peter Lang, 2007).

Jacobs, H. Lawrence and R. Shapiro. *Politicians Don't Pander : Political Manipulation and the Loss of Democratic Responsiveness* (University of Chicago Press, 2000).

Kernell, S. *Going Public : New Strategies of Presidential Leadership* (CQ Press, 2014).

Lees-Marshment, J. ed. *Political Marketing : Principles and Applications* (Routledge, 2009).

Newman, Bruce I. *The Marketing of the President* (Sage, 1994).

推薦図書

NHK 取材班『AI 対 民主主義：高度化する世論操作の深層』（NHK 出版，2020年）

田中慎一・本田哲也『オバマ現象のからくり　共感の戦略コミュニケーション』（アスキー・メディアワークス，2009年）

クマー，M. J.（吉牟田剛訳，2016年）『ホワイトハウスの広報戦略』，東信堂

コトラー，P.＆リー，N.（スカイライトコンサルティング訳，2007年）『社会が変わるマーケティング』英知出版

コトラー，P，マッケンジー＝モーア，D，リー，N，シュルツ P. W.（松野弘監訳，2019年）『コトラーのソーシャル・マーケティング——地球環境を守るために』ミネルヴァ書房

第3章 政治的対立とメディア：歴史的視点から
――保守政治の発展と世論・メディア

1 はじめに

近年のアメリカ世論の分極化は南北戦争時以来と形容されるほど激しい。並行してメディアの分極化も指摘されている。ピュー・リサーチ・センターの最近の世論調査でも，民主党支持者と共和党支持者は「ほとんど逆さまのニュースメディア環境に信頼を置いている」と分析されている。リベラルな民主党支持者と保守的な共和党支持者の間では，穏健な両党支持層に比べてその傾向はさらに強まる。分断は5年前の同様に調査に比べ，強まっているという。

調査は，放送(TV・ラジオ)，新聞，ニュース週刊誌，オンライン・ニュースというプラットフォームの異なる30の主要ニュースメディアを対象に，政治・選挙関連ニュースを得るに当たってどのメディアを信頼しているかを問うたものだ。結果，保守的共和党支持者の75%がFOXニュースを信頼していると答えたのに対し，リベラルな民主党支持者の77%が同ニュースを信用できないメディアと答えた。逆にCNNテレビについては，70%のリベラルな民主党支持者が信頼をしているのに，67%の保守的共和党支持者が信頼できないと答えている。この例を典型に，両党の支持者の信頼するメディアは大きく異なる。調査報告書は，それを「逆さまのニュースメディア環境」と呼んでいるわけだ。

調査が示した特異性のもう1点は，メディア全般に対する保守派の不信が挙げられる。保守派に人気があるといわれるラッシュ・リンボーのラジオ・トークショーでも，「信頼している」という保守的な共和党支持者は4割弱にすぎない。リベラルな民主党支持者の6～7割がCNN，ニューヨーク・タイムズ，公共テレビPBS，同ラジオNPRをそれぞれ信頼できると答えているのに対し，保守的共和党支持者が5割を越える高い信頼度を示しているのはFOXニュースだけである。[(1)]

今日のアメリカ世論の激しい分極化の背景には，こうした「逆さまのニュースメディア環境」がある。ではメディアの分極化はどうして起きたのか。政党政治や世論の対立激化が先行して，それに応じていくかたちでメディア環境の分極化が生じた，と安易に考えることはできない。逆にメディアを通じて働くある種の力が，政党政治や世論の対立激化を促しているという面もありそうだ。そうした「力」とはなんであろうか。これも容易な答えはない。政治を動かし，政治対立を引き起こすのは政策をめぐる論争であろうが，では異なる政策が生まれる原因はなんであろう。

かつては政策論争の原因は経済・財政をめぐるものが多かったが(社会保障，税……)，ある時期からは文化的価値観(アメリカなら妊娠中絶，同性婚，LGBT の権利……)が大きな争点に浮上してきた[(2)]。こうした政策をめぐって対立が起きるのは，人間の生き方や在り方をめぐって，あるいは国家・社会の将来像をめぐって，政治家(とその側近ら)の考え方が異なるために，異なった政策を求めて主張するからであろう。では政治家はどのようにしてそれぞれ異なる政策を打ち出すのかと言えば，J・M・ケインズの有名な言葉にあるように「実践的な人間は，思想の影響をまったく受けていないと思っていても，大概はすでに役立たずになった，いずれかの経済学者に盲従しているものだ」(ケインズ『一般理論』最終章，引用拙訳)。これに先立つ部分でケインズは経済学者や政治哲学者の思想は，正しいか誤っているかにかかわらず「一般に理解されている以上に強力」であり，「世界を支配するものは，まずそれ以外にはない」(同)とまで述べている。

実際，ケインズ自身の理論(思想)は20世紀の各国の政策に大きな影響を与えたが，1970年代後半以降には米英をはじめ主要先進国においてケインズ理論は誤っているとの認識が強まり，代わって F・A・ハイエクやミルトン・フリードマンの理論(思想)に基づく，いわゆるネオリベラル政策に置き換えられた。いまやそれも行き詰まったと見られている。こうした政策転換が人類社会に及ぼした大きな影響や混乱を考えると，改めてケインズが述べた実践的人間すなわち政治家・官僚・実業家らに対する「思想の影響」の大きさを肝に銘じたくなる。経済思想だけではない。ジョン・ロックやジャン＝ジャック・ルソーの思想が18世紀後半に起きたアメリカ独立革命やフランス革命を引き起こし，カール・マルクスの思想が20世紀世界の混迷の中心ともいえる共産主義革命を生み出し，これらの革命の計り知れない影響が人類社会で今日まで続いていることを考えれば，世界を動かすのは思想以外にないとケインズが言い切ってみせたのも，うなずける。

本稿では，冒頭に述べたような，今日のアメリカ政治における世論・政治(政策)の分極化・分断が生じた歴史的背景を，主として第２次世界大戦後，インターネット時代以前に絞って考察する。ケインズの述べたような「世界を支配するものは思想(ideas)以外にない」という視点で，戦後アメリカ政治における思想の動きを通観し，そこにおいてメディアが果たしてきた役割を考える。特に発行部数の小さな雑誌がどのようにして「世界を支配する」思想の伝播にかかわってきたのかを考察する。戦後を考えると保守思想の興隆がメディアと世論の分断を生んできたのは明らかで，主に保守主義・保守思想の展開から世論とメディアの分極化を考えていく。

2　戦後政治分極化の基本構造

ここでは詳述はしないが，独立革命期から南北戦争までの約１世紀のメディアの論争と世論の分極化を振り返ると，本稿が扱う第２次世界大戦後のアメリカの保守思想と政治の展開，メディアの動きの原型を見ることができる。今日の保守対リベラルの対立の主要な争点はすでにその時期に現れている。独立戦争期には課税と独立(自由)の問題であり，建国初期は連邦主義(「大きな(中央)政府」)と州権(「小さな政府」)をめぐる議論であり，その後は平等化(奴隷解放～黒人差別解消)である。アメリカの政治対立とメディアによる論争の根本は意外なくらいに当時から不変である。

そのことを念頭に戦後アメリカ世論と政治の分極化を考えると，①公民権運動(平等化)の進展，②戦後保守思想の形成――が底流となっていることに気付く。その基本構造は今日まで続いている。大きな転機となったのは，南部で広く行われていた公教育における人種分離教育を違憲とした，ブラウン対教育委員会裁判での1954年の連邦最高裁判決である。この判決を受けて，アラバマ州モンゴメリーでのバス・ボイコット運動など，黒人による非暴力の差別撤廃要求運動が一挙に高まり，当初は黒人メディアにしか注目されていなかった運動が広く北部の「主流派メディア」にまで注目されるようになった[(3)]。当時はテレビの普及とニュース番組の確立期にも当たり，黒人の非暴力抵抗運動に共感する３大ネットワークの報道を通じて，北部の世論が喚起され，連邦政府（当時はアイゼンハワー共和党政権）も公民権運動を支援する方向で動き出した。

こうした動きの中で，南部と北部の世論とメディアの分極化が起きるが，そこに戦後アメリカの保守・リベラルの世論の分極化と，本稿冒頭で指摘した「（相互に）逆さまのニュースメディア環境」の原型を見ることができる。市民の多数派がジム・クロウ法の差別制度維持を望んでいた南部では，ブラウン判決に強い危機感を抱き，黒人の非暴力主義による消極的抵抗運動（パッシヴ・レジスタンス）に対して白人市民が草の根レベルで対抗していくため「（白人）市民評議会（Citizens Council）」が結成され（1954年），白人市民を大量動員する抵抗運動（マッシヴ・レジスタンス）を主導した。評議会には，地方政治家や新聞発行人らが参加，彼らを通じて地方紙・ローカルテレビ局の報道に大きな影響力を持った[(4)]。

このため，南部の多くの地方紙は，モンゴメリーでのバス・ボイコットのような動きについて無視するか，通信社記事を小さく掲載するだけだった（ただ，黒人市民は黒人新聞を通じて事態を掌握していた）。またローカルテレビ局も，ニューヨークの３大ネットワークが現地に記者を派遣して報じているニュース放送を中断までしてカットしたりした。エリート層を除き，南部市民の多くは公民権運動の高まりについて，自身が住む町でデモやボイコットが大騒ぎになっていない限り，情報を遮断されていた。南部社会が，今日でいうフィルターバブルの中にあったような状態だ[(5)]。

一方，当時は今日にも増して市民の考え方に影響力を持った新聞の社説面でも，南部の諸新聞には共通した論理で差別撤廃に抵抗する動きがあった。その際に大きな役割を果たしたのはヴァージニア州都リッチモンドの『リッチモンド・ニューリーダー』紙編集長ジェイムズ・キルパトリックである。南部の多くの新聞が差別撤廃への公民権運動の報道を避けて，社説でも論じようとしなかった中で，キルパトリックは南北戦争に至る時期に用いられた政治家・思想家カルフーンらの州権論，特に連邦政府の措置に反対する州の権利を認めた

「州権優位論」(interposition) を用いて論陣を張っていった。歴史的文書などを引用してシリーズで書かれたキルパトリックの論説を下敷きにして，ヴァージニア州から始まり，南部の多くの新聞の社説やコラムが差別撤廃に反対する論調を張っていくようになる(キルパトリックはのちに代表的な保守派コラムニストとして全米の新聞にコラムが掲載され，テレビの討論番組などでも活躍する)。

この白人の抵抗運動にはメディア(当時の主力は新聞)，政治，大衆運動が，公共知識人(この場合キルパトリック)とその思想を核にして動く構造が典型的に現れているが，それについては次節で検討したい。また，ここにはアメリカの言説と世論に大きな影響を与える北東部を中心としたリベラルな「主流派メディア」と，南部などの保守的市民と「保守的メディア」との確執という構図も際だった形で現れた。保守政治勢力が市民運動体をつくって，メディアを動員しながら政治対立の構図を鮮明にしていくのも，のちに1970年代ごろからさらに先鋭化して現れるパターンだ。

もちろん南部の世論とメディアが一枚岩になってブラウン判決に従う公教育の人種統合に反対していたわけではない。南部に生まれ育って，南部でメディア幹部となった者たちで，差別解消に向けて論陣を張った優れたジャーナリストが，少数派ながらもいた。『アトランタ・コンスティチューション』コラムニスト，ラルフ・マッギルやリトルロックの『アーカンソー・ガゼット』編集主幹ハリー・アッシュモアはそうした論陣を張り，卓越した論説などで1950年代後半にピュリツァー賞を相次いで受けた。こうしたリベラルな南部の論客たちは，黒人新聞幹部らとともに，北部から取材に来る記者たちを助け，また彼らに南部の状況を説明する役割を果たした。南部のリベラルな論客たちはニーマン・フェローとしてハーバード大学で学び，全米新聞編集者協会の会議で積極的に他地域のジャーナリストと交友を持ち，思想的な影響を受けたり，与えたりしていた。アッシュモアらの回想によれば，リベラルな南部の編集者の考え方に大きな影響を与えたのは，後にノーベル経済学賞を受けるスウェーデンの経済学者グンナー・ミュルダールによる『アメリカのジレンマ――黒人問題と近代民主主義』(1944年)だったという。

当時，南部でリベラルな論調を張る新聞は，「白人市民評議会」の動員による不買運動で経営に大きな打撃を受けた。アッシュモアの『アーカンソー・ガゼット』のように社運を賭して主張を貫いていく新聞もあれば，論調を変えていくところも出た。また，当初は北部の主流派メディアの間でも，南部の黒人運動への関心は低かった。だがニューヨーク・タイムズがリトルロック高校事件(1957年)報道での失敗から南部出身の若手クロード・シットン(後に政治部長)やモスクワ帰りのハリソン・ソールズベリーを人種問題報道に当て，やがて主流派メディア全体の報道を牽引するようになる。ニューヨーク・タイムズと南部政界の間では激しい確執が起き，訴訟沙汰にまでなった。夕刻のニュースが15分だけだったテレビ界でも NBC テレビが，リトルロック事件で送り込んだジョン・チャンセラーが活躍，のちにテレビニュース報道のパイオニアと呼ばれるまでになった。しかし，南部世論や保守的メディアからは，主流派メディアの報道は南部の慣習を無視した不当なものとして忌避された。

こうした主に南部における黒人差別撤廃をめぐっての世論とメディアの分極化と対立は，今日の分極化現象の原型となっている。南部においては，一部のリベラル編集者に率いられた新聞を購読できる限られた地域(たとえばアトランタと周辺)以外では，北部の市民とは「逆さまのニュースメディア環境」が形成されていた。

3　戦後保守思想形成とメディア

今日の政治的対立とメディアの分極化のもう１つの底流となっているのは，公民権運動が高まるのと並行して1950年代半ばから知識人社会で勃興した戦後アメリカ保守思想運動である。この運動が約４半世紀をかけて共和党内における主流となって，1981年のレーガン政権成立にいたる。この２つの動きは明確なかたちで連動していたわけではない。戦後保守思想の形成にあたっては，日本でいうところの論壇誌，すなわち定期刊行のオピニオン雑誌が重要な役割を果たしていく。

第２次世界大戦以前のアメリカには，人種階層を肯定する南北戦争期前の南部思想を除いて，本格的な保守思想はなかった。「本格的」というのは，社会を変えるほどまでに政治勢力化しているという意味である。ルイス・ハーツの『アメリカ自由主義の伝統』(1955年)は，そのことを思想史として体系的に示そうとした著作である。確かに自由主義の伝統が強すぎて，王政や貴族制度を持たなかったアメリカに欧州的な意味での保守主義が生まれる余地はほとんどなかった。戦後初期にアメリカで「保守主義」とされていた思想は,個人主義的な自由主義の極端な形態としてのリバタリアニズム(自由至上主義)が中心であった。つまり，原理主義的に自由主義を守ることが保守主義と捉えられていた。(6)

戦後保守思想は，このリバタリアニズムの自覚的な運動として始まる。その際に大きな役割を果たしたのは，計画経済は必ず独裁に至ることを説いた経済学者 F.A. ハイエクの著書『隷従への道』(1944年)だった。同書そのものというより，その要約を掲載し，配本システムを通じて同書を100万部売ったとされる『リーダーズ・ダイジェスト』誌が大きな役割を果たした。要約をつくるなど中心となったのは，社会主義からリバタリアン保守に転向し同誌編集者を務めていた著述家マックス・イーストマンだった。同時に，『隷従への道』はニューヨーク・タイムズ書評のトップで取り上げられるなどして社会現象化した。この思想書がベストセラーになった背景には，ニューディールと戦時経済の下での「大きな政府」による規制から逃れ，自由な企業活動を取り戻そうとしていた産業界が，大量に買い込んで配布したことも影響したといわれる。(7)

次に勃興したのは「伝統主義者」と呼ばれる保守系知識人集団で，その勃興を促したのは保守思想家ラッセル・カーク『保守主義の精神』(1953年)の出版だ。同書は，エドマンド・バークに始まる近代保守主義の伝統がアメリカの思想史にも脈々と流れていることをはじめて詳細に跡づけ，ルイス・ハーツの著書とは逆にアメリカにも欧州的な保守主義の水脈があると主張した。同書もニューヨーク・タイムズなど主流派メディアが大きくとりあげて評価したことで，社会現象化した。

こうして動き出した２つの思想潮流と，冷戦期の反共産主義の流れが合流して戦後保守思想の当初の骨格が出来上がる。これらを統合する大きな役割を果たしたのは当時30歳のウィリアム・バックリー・ジュニアが1955年に創刊したオピニオン雑誌『ナショナル・レビュー』であった。統合にあたって難しかったのは，極端な自由主義を求めるリバタリアニズムと，信仰や伝統的価値観に重きを置く伝統主義という肌合いの違う思想集団をまとめることであった。そうした作業を行いながら，冷戦期を通じて同誌が「保守」の範囲を決めていった面がある。バックリーは反共闘士の上院議員ジョセフ・マッカーシーは支持したが，極右団体ジョン・バーチ・ソサエティなどは排除し，戦後アメリカの保守主義の極端な右ぶれによる逸脱を防ぐのに腐心した。人種問題の扱いも難題であった。[(8)]『ナショナル・レビュー』は冷戦期を通じて，長く保守論壇の中心的地位を占め，ハイエクやカークのほか，数多くの大物保守論客が寄稿した。

1950年代半ばに『ナショナル・レビュー』誌を中心にまとまったリバタリアン，伝統主義者，反共産主義者らは共和党内での影響力増大による同党の保守政党化を図っていく。1960年，ニューヨーク郊外のバックリー邸に集まった学生らによって「自由のための米国青年(YAF)」が組織され，64年大統領選でバリー・ゴールドウォーター上院議員を共和党大統領候補に押し出す運動を繰り広げた。同上院議員は穏健派ネルソン・ロックフェラー上院議員を予備選挙で破って共和党候補となるが，本番の大統領選では民主党の現職ジョンソン大統領に大敗を喫した。しかし，投票日が迫る中で応援演説をしたロナルド・レーガンが保守派の旗手として一躍注目され，16年後に戦後保守主義運動の総決算のようにして大統領に当選し，冷戦終結への道筋をつけることになる。

ニューヨーク・タイムズ，ワシントン・ポストなど東部の主要新聞やテレビの３大ネットワークなど主流派メディアが進歩派の論調をとるなかで，戦後保守思想(知識人)運動は『ナショナル・レビュー』を主舞台に主張を繰り広げた。1960年代にベトナム戦争をめぐって国論が分裂し，カウンターカルチャーによる文化的混迷が起きると，新たに有力な保守論壇誌が生まれてくる。さらに70年代に入ると，保守系論壇人が主流派メディアとされる新聞やテレビネットワークで活躍し，良質の保守言論が広く受け入れられていく素地もできる一方で，主にラジオのトークショー番組を通じて，扇動的な右派言説が急速に広まる現象も起きた。ともにレーガン政権誕生とそれ以降の保守言論の発展へとつながっていく。

主流派メディアに入り込んでいった保守言論人の代表的な例としては，進歩的な公共テレビ PBS で1971年から約30年続いた討論番組「ファイアリング・ライン」でホストを務めたバックリー，1970年代半ばに『ナショナル・レビュー』編集者からワシントン・ポストの保守系コラムニストに転じたジョージ・ウィル，同じ頃にニクソン大統領のスピーチライターから転じてニューヨーク・タイムズのコラムニストになったウィリアム・サファイアなどの例がある。

4　保守系メディアの拡大

『ナショナル・レビュー』誌が創刊されるまでは，全米に広く購読者を持ち，一般に認知され，影響力を行使する保守系メディアはほとんど存在しなかった。アメリカで始まったキリスト教原理主義運動の雑誌や，第2節で紹介した白人市民評議会の機関誌のような雑誌がせいぜい数千部程度発行され，関係者に読まれるだけであった。『ナショナル・レビュー』以前に保守系論壇誌として比較的広く知られ，言論界に一定の影響力があったのはリバタリアン系オピニオン誌『フリーマン』(1950年創刊）ぐらいだ。その『フリーマン』にして最盛時の発行部数は2万部程度だったが，[(9)]『ナショナル・レビュー』は，7500部で始まって，1990年代末には17万5000部に達している。論壇誌としては異例の発行部数だ。[(10)] 世界的な外交論壇誌『フォーリン・アフェアーズ』の購読用発行部数が現在，約19万部とされている。[(11)]『ナショナル・レビュー』の読者はそれほど国際的ではないことを考慮すると，同誌は米国内において1990年代にはかなりの影響力を持っていたと想定される。

ゴールドウォーターが大統領選挙で惨敗した後，1960年代半ば以降になるとベトナム戦争介入の長期化と反戦運動，黒人解放運動と都市暴動，学生運動とカウンターカルチャーの興隆などを受け，米政治と社会は混迷の様相を見せた。民主党が左派に引きずられ，その声が大きくなる中で，一部の民主党リベラル派知識人は保守派へと転向していった。彼らは民主党リベラルから侮蔑的に「ネオコンサーバティブ(新保守主義者)」と呼ばれた(さらに後には「ネオコン」と省略形で呼ばれることになる)。

当時のネオコン運動の旗手は評論家アーヴィング・クリストルと文芸評論家兼編集者ノーマン・ポドレッツであった。当初にネオコンが提起した問題は，人種・犯罪・福祉など政策と産業化社会の諸問題(オートメーションなど)，さらに左傾化していく文化状況への批判であった。こうした問題において過激な理想主義を排し，バーク的な慎重な姿勢で臨むことを目指したといえる。初期ネオコンの思想形成と，その伝播に大きな役割を果たしたのは『パブリック・インタレスト』(1965年創刊)と『コメンタリー』(1945年創刊)である。前者は人種・犯罪・福祉など社会問題に特化して，論壇や政財界，学会に向けて極めて高度な論争や政策提案を仕掛けていった。初代共同編集長は社会学者ダニエル・ベルとクリストルだ。

『コメンタリー』は米国ユダヤ人委員会によって創刊された雑誌で，アメリカ社会におけるユダヤ人の問題を幅広く扱うことを目指したが，まさに発行地ニューヨークでアメリカのメディア文化の中心にいたのはユダヤ系知識人だったから，総合文化雑誌となった。リベラルな雑誌だったが，1960年代にポドレッツが編集長に就き，その後はポドレッツの思想的変容に合わせて雑誌も変貌した。ポドレッツ本人は当初はリベラルで，やがて新左翼の台頭に対し反発し右旋回していった。『コメンタリー』に登場した主要な論客は，ベルやクリストルをはじめ戦後アメリカを代表する知識人らだが，『パブリック・インタレスト』創刊以前は彼らも転向以前の左翼時代から『コメンタリー』を拠点にしていた。『パブリック・インタレスト』が内政問題に特化した論壇誌となったのは，初期ネオコンの間でベトナム戦争をめぐっての立場が割れていたためだという[(12)]。

戦後保守思想運動にネオコンという新しい知識人集団が加わることで，同運動の総決算となる1980年大統領選挙でのレーガン当選へと向かっていく態勢が整ったことになる。もちろん，ゴールドウォーター大敗直後の当時は，そんなことは見通せなかった。有力な保守論壇誌としては60年代後半から70年代にかけては，右派学生運動から生まれた『アメリカン・スペクテーター』(1967年創刊)や，本格的保守系シンクタンクとして1974年に発足しレーガン政権に大きな影響を与えることになる「ヘリテージ財団」の機関誌『ポリシー・レビュー』(1977年創刊)などが生まれ，アメリカにおける保守言論は幅と奥行きを増していった。

こうして保守論壇が確立し，広く知識人に行き渡り，政界にも影響を与えるようになると，すでに述べたように主流派メディアも保守言論人を自社専属のコラムニストとして採用し，リベラルな視点だけでなく，保守的な視点を常時読者に提供するようになったのは，すでに指摘した。中でも特筆すべきは，ウォールストリート・ジャーナルにおけるロバート・バートリーの果たした役割だろう。1972年に34歳で同紙の論説主幹になって，社説の論調を主にネオコン路線に沿って保守化させていった。編集局長時代も含め30年間にわたりウォールストリート・ジャーナルの社論をリードし，ネオコン系としての同紙の位置付けを確立した。(13)

バートリーが大きく注目されたのは，2人の新古典派経済学者と協働して，ウォールストリート・ジャーナルを通じ「サプライサイド経済学」をレーガン政権政策に採用させるのに力をふるったことだ。有力日刊紙ウォールストリート・ジャーナルの社論とオピニオン記事の保守化(報道紙面は中立客観報道路線を維持)は，アメリカ世論全体への影響も大きかったといえる。さらに1980年代に入ると，リベラルな論調のワシントン・ポストによる1紙占有状態になっていた首都ワシントンで保守系新聞ワシントン・タイムズ(1982年創刊)が登場した。韓国の世界基督教統一神霊教会系のメディア企業が所有する新聞だが，安全保障問題などでは優れた記者を抱えるようになり，反共産主義の論調で影響力を持った。

レーガン・ブッシュ Sr. 両大統領と続いた12年にわたる共和党政権は，戦後保守思想運動の思想的枠組みの中で展開した。その最終局面で欧州正面における冷戦体制が終わり，ソ連邦が崩壊した(1991年)。保守派は「冷戦勝利」を導いたとして，米政界で優位に立ち，続く民主党のクリントン政権も連邦議会における共和党の圧倒的優位の中で保守派寄りの政治を継続していくことになる。冷戦終結とその後の「アメリカ一極」ともいわれた時代に，保守勢力の中で他を圧していったのは，外交・安保政策に強いネオコンであった。リバタリアンや伝統保守派は基本的に孤立主義的傾向を持ち，経済(リバタリアン)や文化(伝統保守)を得意としたが，外交・安保分野では1970年代後半から新しいネオコン集団が台頭し，メディアやシンクタンクで反共産主義・民主主義拡大路線の論調をリードしていった。

そうした流れの中で，内政専門の『パブリック・インタレスト』の兄弟誌として，クリストルを編集長に1985年に創刊されたのが外交・安保専門誌『ナショナル・インタレスト』だ。超党派の建前だが進歩派傾向がある外交安保専門誌『フォーリン・アフェアーズ』に対し，ネオコン系外交誌が対峙する構造が生まれた（ただし，寄稿者の重なりは相当あった）。1947年の『フォーリン・アフェアーズ』にジョージ・ケナンの匿名X論文「ソビエトの行動の源泉」が出て冷戦の始まりと「封じ込め」政策の意味を米知識社会が理解したように，1989年に『ナショナル・インタレスト』にフランシス・フクヤマの論文「歴史の終わりか？」（のち『歴史の終わり』として書籍化）が出て，冷戦終結の意味について解釈が示され，その後十数年続くネオコン優位の米外交・安保政策の理論的支柱になったことは，興味深い。

1990年代半ばには，初期ネオコンから1世代を経て，アーヴィング・クリストルの息子ウィリアム（ビル）・クリストルを編集長とする，新しいネオコン論壇誌『ウィークリー・スタンダード』が創刊された（1996年）。同誌は，2001年の9/11テロ事件からアフガニスタン・イラク戦争へといたる過程で，アメリカの強硬路線を主導するとともに，世論の支持を形成するうえで強い影響力を発揮した。

5　影響力の構図

「はじめに」でケインズを引用して，実践的人間（政治家や企業人）が，正しいにせよ誤っているにせよ，過去の経済学者や思想の影響を受けてモノを考え，実行しているとの見方を示した。イギリスの社会主義知識人組織フェビアン協会の中心人物で政治家として実践も行ったシドニー・ウェッブは「イギリスにおいては，知的で実践的な少数の階層の同意なしでは，何も進まない。その数は2000に満たない」と述べたことがある。フェビアン協会はその2000人を動かすために論壇誌『ニューステーツマン』をつくり，ロンドン・スクール・オブ・エコノミクス（LSE）を創設した[14]。

アメリカの保守系誌，特にネオコン系の高級な論壇誌が狙ったのは，いわばこの「2000人」であった。『パブリック・インタレスト』誌は創刊からちょうど40年の2005年に「使命を終えた」として廃刊となるが，最盛時で1万部程度の発行部数で，首都ワシントンを中心とした政策決定関係者や彼らに影響を与える知的な力を持った専門職や公共知識人らを念頭におけば，それで十分と考えていた。

保守思想運動の影響力をどう考えたらよいか。『ウィークリー・スタンダード』や『ナショナル・レビュー』の編集者を務め，自ら著述にも当たってきた論客マシュー・コンティネッティは保守言論について次のような構図で影響力を説明する。まず，政党としての共和党は本格的な保守政党になったのは最近のことで，所属する政治家や党支持者にはリベラルな思想を持つ者もおり，多様性のある集団である。今後も変貌を続けていくだろう。共和党が保守化した第１の重要な要因として，党を突き動かす保守大衆運動がある。主に1970年代から単一争点運動として始まった。妊娠中絶，銃砲規制反対，減税……などを求めて，政治家に選挙で圧力を掛けてきた。

第２の要因として保守思想(知識人)運動がある。評論家や学者や政策集団などが，主として「考え方(ideas＝思想)」を提示する。提示した思想はうまくすると実際の公共政策になる。ただ，どの思想がどのように政策になっていくかは，予測しがたく，偶然性にも左右される。政策に発展する思想運動にかかわる者はせいぜい数にして大型旅客船の乗客ぐらいの数だ，とコンティネッティはいう。戦後保守思想運動はすぐれた著作を生んできたが，具体的に政治の世界で動いた主なものとしては７つが挙げられる。①司法における始原主義(オリジナリズム)，②サプライサイド経済学，③福祉改革，④1980～90年代の犯罪政策，⑤学校選択の自由などの教育改革，⑥レーガン・ドクトリンとして結実した保守思想家ジェームズ・バーナムの反共産主義戦略，⑦イラク戦争における対ゲリラ戦での米軍緊急増派――である。これらが政策として実行されるにいたるまでは，これまで挙げてきたような保守系論壇誌だけでなく，リベラル系も含めて，激しい論戦が繰り広げられた。[15]

アメリカの保守主義運動においては政治的か思想的かにかかわらず「思想が重要」「思想が結果を生み出す」ということが強調される。実際にウェッブやコンティネッティが言うように，せいぜい2000人程度の知的な実践者(政治家・官僚・公共知識人)が重要で，それに影響を及ぼすという考え方で，新たな論壇誌が創刊される。

前述の思想が政策として実現した７つのうち，福祉改革や犯罪政策は『パブリック・インタレスト』が創刊以来提言してきたものだった。同誌は2005年で廃刊となるが，廃刊にあたり初代編集長だったアーヴィング・クリストルらは「使命を果たした」と満足を表明し，発行部数こそ１万部程度だったがニューヨーク・タイムズは米国内政策に与えた影響は「群を抜いて大きかった」と評価した。[16] 前述のようにサプライサイド経済政策の実行はウォールストリート・ジャーナルのバートレー論説主幹が同紙紙面でつくった論調に負うところが大きいが，そのバートリーも若い頃から『パブリック・インタレスト』誌を読んで紹介記事などを書き，編集主幹となると同誌を反映する論調を張るようになった。クリストルの回想によると，それまで保守知識層はウォールストリート・ジャーナルなどビジネス紙とみて読まなかったのが，バートリーの登場で変わったという。[17]

6　保守大衆運動とメディア

冒頭に掲げたような政党支持者間，とくにそのうちのリベラル派と保守派の対立と「逆さまの世界」のようなメディア環境の違いは，直接的にはコンティネッティが保守化の第１の要因として挙げた「保守大衆運動」に起因するところが大きい。前節で見たような思想は高度な論壇メディアを通じて政治家（と側近ら）に働きかけている場合もあれば，大衆運動指導者らに働きかけて，大衆運動を通じた政治圧力（「票の力」）として政策を実現に持ち込もうとする場合がある。後者は，単一争点運動となるのが普通だ。

戦後初期のアメリカを見た場合，メディアの分裂を巻き込んで激しい世論の対立を見せた争点は第２節で論じた通り，人種差別撤廃（公民権）である。これも単一争点問題と考えられる。南部のメディアは北部の主流派メディアを中心に形成されたのとは真逆のメディア環境を形成し，大多数の南部白人たちはその中でフィルターバブルの中にいる状態となった。

次に，今日に通じる形で激しく分断し対立するメディア環境が形成されたのは，1970年代に主に妊娠中絶をめぐって宗教右派運動が興隆したのをきっかけに，保守派の単一争点運動が活発化した時である。外形的には第２節で論じた「白人市民評議会」のような組織が生まれ，そこに保守派の政治家やメディア関係者らが入って，保守派市民らを動員して運動を起こすと同時に，保守的言論を広げていった。保守的市民らはそうしたメディアの言説にだけさらされる一方，逆に進歩派市民は主流派メディアの言説にのみ耳を傾けて，保守派メディアは拒絶するという，今日に近い状況が生まれた。

1964年大統領選挙で共和党は，はじめて本格的保守候補としてゴールドウォーター上院議員を立てたが惨敗した。そのときつくり上げた支持者リストを基礎に，ダイレクトメール(これもメディアの一種である)で保守的有権者らを結ぶネットワークをつくりあげたのが「ニューライト」と呼ばれる保守大衆運動のリーダーの1人となるリチャード・ヴィゲリーだった。ヴィゲリーは，保守派の政策立案能力を高めるためシンクタンク「ヘリテージ財団」を創設したポール・ワイリッチ，保守系選挙参謀となる人材育成を組織的に行っていたモートン・ブラックウェルと図って，1981年に「国民政策評議会(Council on National Policy：CNP)」を立ち上げる。[18]

そのメンバーは数百人とされるが非公開，会合スケジュールも外部には秘匿されている組織だ。レーガン政権誕生というかたちで成功した保守政治運動の一層の組織化を図り，効果的かつ永続的に動かす目的で結成された団体だ。1973年の中絶容認最高裁判決(ロウ対ウェイド事件判決)以来興隆する宗教右派運動や，銃砲保持の権利を擁護する全米ライフル協会(NRA)など単一争点運動やロビー団体の幹部，政治運動やシンクタンクに財源を提供する保守系財団の幹部など，保守系有力者を糾合した。ヴィゲリー，ワイリッチ，ブラックウェルは，ニクソン大統領が辞任した1974年に「保守政治活動委員会(Conservative Political Action Committee：CPAC)」を開催，現在では年1度アメリカ全土から保守政治家や政治活動家数千人が集まる巨大な行事に発展している。これも3人の保守勢力組織化活動の一環だった。

ワイリッチは1977年に次のように述べている。「保守的な人々は思想(知識人)運動によって導かれてきたが，彼らを動員する実際的な運動はこれまでなかった」。つまり，CPAC や CNP 創設でワイリッチらが目指したのは，バックリーやクリストルが進めてきた保守思想運動と保守的市民とを結びつけ政治運動化させて，思想を政策として実現する仕組みであった。大衆的政治運動を巻き起こして行くにあたって重要な役割を担うのは，大衆的メディアとしてのラジオだった。CNP には保守的なラジオ局ネットワークであるセーラム・メディア・グループ，ボット・ラジオ・ネットワーク，アメリカン・ファミリー・ラジオなどの幹部が参加し，そのネットワークで結ばれた全米数千のラジオ局が CNP の政治目的(agenda)に沿った番組を流す仕組みができあがっていった。

約2400ものラジオ局をつなぐセーラム・メディアは，福音派の大学として知られるボブ・ジョーンズ大学出身の２人が1973年にロサンゼルス郊外で始めた小さな FM 局から始まった。AM 波では冷遇されていた礼拝番組を，キリスト教原理主義な主張に沿った内容で放送し，折からの宗教右派の興隆の波に乗って成長した。メガチャーチと呼ばれる巨大教会の発展と軌を一にした成長だった。セーラム系のラジオでは宗教右派の主張に沿って同性愛，妊娠中絶，さらには女性の権利拡大運動に反対の立場をとり，やがて創業者らは CNP に参加，保守派大衆運動と協調するメディアの中核となった。セーラムの発展の要因としては，米連邦通信委員会(FCC)が戦後まもなく制定した，放送におけるフェアネス・ドクトリン(公平性原則)が1987年に廃止され，政治的公平性に煩わされることなくキリスト原理主義的主張を打ち出せるようになったことも大きい。

メディア調査で知られるニールセンによれば，アメリカ人にとってラジオはもっとも身近なメディアである。自動車で移動することが普通なので，現在でもテレビ，スマホ，パソコンに比して利用度が高い。しかも移動や仕事中にも利用されたりするから，終日接する。SNS 発達以前は大衆動員に利用するのに最も便利な媒体だったといえよう。もともと地方では，地元の身近なことを伝える新聞以上にローカルなメディアとして利用されてきた。そのラジオの人気番組分類でキリスト教会系番組はベストテンに入っている。[(19)]

こうしたローカル・ラジオのネットワークを保守派が牛耳り，宗教右派のテレビ伝道師らのラジオ向け番組を全米各地のラジオ局が流すシステムが出来上がった。たとえば，宗教右派組織「モラル・マジョリティ」創設者ジェリー・ファルウェルが地元バージニア州リンチバーグのメガチャーチで行う「オールド・タイム・ゴスペル・アワー」という伝導番組は全米 400 のテレビ局だけでなく，500 のラジオ局でも放送された。ファルウェル自身も CNP のメンバーだった。

この保守系ラジオ局のネットワーク化による世論・メディア環境の分断が進んだ大きな背景には，新聞の衰退がある。アメリカで新聞の購読率がほぼ１世帯１部に達したのは1970～90年で，それから衰退期に入った。家族経営で発展した新聞が成長して株式会社化し，衰退期に入ると新聞チェーンに売却され，新聞チェーンはコスト削減のため儲からない新聞は廃刊にするといったサイクルが始まる。インターネットの興隆による新聞の広告収入源や読者の新聞離れも，そうした過程に大きく影響した。その中で，新聞社のない地方都市が生まれてくる。地方政治の監視機能がなくなると問題となってきたが，その空白の中でローカル・ラジオ局の力が増した。そのラジオ局が宗教右派をはじめとする保守組織の影響下に入ることで，アメリカの農村部や過疎化したラスト・ベルト（錆びついた工業地帯）などは，大手新聞が残って活躍を続けている大西洋・太平洋沿岸部とは違ったメディア環境の中に置かれることになった[20]。

7　おわりに

今日，主として大西洋・太平洋沿岸部で海に開いた大都市を持つ「青い州」（民主党支持が強い州）と内陸部の「赤い州」（共和党支持が強い州）はアメリカの政治的分断の典型的イメージとなっている。その原因は産業構造の変化や歴史・文化を含めて様々であろう。原因の１つに前述のようなメディア環境の分断がある。赤い州と青い州では世論も分断し，思想傾向も分かれている。その状況は第２節で論じた，1950年代の南部・北部の世論・メディア環境の分断とよく似ている。当時は新聞が主たるメディアだったが，南部の地方紙のほとんどはブラウン判決に続く公民権運動の高まりにもかかわらず，ジム・クロウ法による黒人差別体制をとり続けるのは当然という論調だった。

ただ，当時の南部には全体状況や歴史の流れを見通すジャーナリストたちがいて，北部の主流派メディアのジャーナリストたちと協力し，差別撤廃の方向に世論を変えていった。その当時は，伸び盛りであった新聞ジャーナリズム，勃興期のテレビニュース報道，通信社，ローカル新聞の間で有機的に働くメディアの「エコシステム」が存在した。地元紙の報道が AP や UPI を通じて全国に伝わり，主流派メディアが動き出し，今度は主流派メディアから特派された記者の報道が地元紙や３大ネットワークの報道をリードする。公民権運動はそうした「エコシステム」に支えられ発展していった。活発なジャーナリズムにより，南部のフィルターバブルを形成したメディア環境と人々の意識も変わっていった。

しかし，保守メディア興隆の時代は，報道の中核にあった新聞が衰退して行く時期と重なった。特に古くからアメリカの地方に根付く民主主義を象徴する「トゥーデーリー・タウン（新聞が２紙ある町）」は次々と消え，２紙どころか１紙もない地域が増えている[(21)]。代わって，そうした地域で庶民のメディア環境は保守系団体，特に宗教右派の影響下にあるラジオに支配された。アメリカ民主主義を維持してきた，かつてのようなメディアの「エコシステム」はローカル紙の不在で維持できなくなってきた。

近年，インターネットと SNS の発展によって世論とメディア環境の分裂が激しくなる以前に，それをもたらす状況が新聞メディアの衰退と保守勢力の長期にわたる組織的な台頭により準備されていたといえるだろう。

コラム　ローカル紙の危機

「トゥー・デイリー・タウン（two-daily town）」。地元の日刊紙２紙が競い合っている町のことだ。かつてテキサス州ヒューストンにはヒューストン・クロニクルとヒューストン・ポスト，コロラド州デンバーにはロッキー・マウンテン・ニューズとデンバー・ポスト……のように，これらほどの大都市でなくても２紙があって，互いに長い伝統を誇り，取材で競い合っていた。健全な地域ジャーナリズムこそ，アメリカの民主主義の基礎であるという。小さな自治体（タウンシップ）の民主主義を原点にして発展した国だからこそ，そうなのだ。

その健全な地域ジャーナリズムを長期にわたり担保していたのが，わが町に最低でも２紙を持つという仕組みだった。しかし，いまではそれは望むべくもないぜいたくになった。新聞はどんどんと消えている。2004年以降だけでも日刊・週刊新聞併せて約1800紙がなくなった。全米約3000の郡（county）のうち 200 には地元新聞が全くない。1450 の郡には１紙だけで，それもほとんどが週刊だ。日刊新聞がない郡は 2000 に及ぶという（ノースカロライナ大学2019年報告）。また2008年から2018年にかけ全米の記者の総数は47％減った。

地元新聞がなくなるとジャーナリズムの監視機能の中核が失われ，ローカル政治が腐敗する。投票率も下がり，市民の政治参加意欲が衰える。弊害はそれだけない。地元新聞が記者減らしをすると，地元首長の選挙に立候補者が少なくなり，現職無投票当選が増えるという調査結果も出ている。さらに地方紙のなくなったところでは，政治運動体のオンラインメディアなどが情報提供者になり，党派対立が深まるという傾向もある。また地元政治の現実が分からず，テレビなどだけを通じてワシントン政治の報道ばかりを見聞きしていると，人々の意識の分断傾向に拍車がかかるという分析もある。

NPO によるネット新聞など，地元紙に代わる様々な試みがなされているが，「トゥー・デイリー・タウン」のような力はなかなか取り戻せない。その間に，極端に党派制を帯びた言説が，政治団体が操るネットやラジオを通じ蔓延する。メディアとともに発展してきたアメリカの民主主義は迷路に入ってしまったようだ。

注

(1)　Mark Jurkowitz et al., “U.S. Media Polarization and the 2020 Elections: A Nation Divided,” *Pew Research Center*, January 24, 2020.

(2)　Ronald Inglehart and Pippa Norris “Trump and the Populist Authoritarian Parties: The Silent Revolution in Reverse” Perspectives on Politics Vol. 15 No. 2, June 2017 によれば，1970～80年代を境に先進民主主義国の政治的争点は経済問題から非経済問題すなわち文化的問題へと比重が移っている。

(3)　本稿で「主流派メディア」というのは，W. Lance Bennett, Regina G. Lawrence and Steven Livingston *When the Press Fails* (University of Chicago Press, 2007), pp. 57-59 で “the mainstream press” として定義されているものとほぼ同じ。ニューヨーク・タイムズ，ワシントン・ポスト，ウォールストリート・ジャーナルなど主要紙を頂点に３大ネットワークのニュース番組や AP 通信の報道の流れを参照として動いていく，多くの地方紙も含めた報道機関。

(4)　白人市民評議会の発足の地であるミシシッピ州では当時のロス・バーネット知事自身が会員となっていた。同州からは州予算から評議会への支援金が出ていた。

(5)　以下，1950～60年代の公民権運動に関するメディアの具体的動きは，当時を記録した Gene Roberts and Hank Kribanoff *The Race Beat: The Press, the Civil Rights Struggle and the Awakening of a Nation* (Vintage, 2007) に負った。

(6)　南北戦争後，リバタリアニズム（この名称が明示的に使われるようになるのは第２次世界大戦後である）以外の保守主義が全くなかったわけではない。代表的なものとしては1900年前後にハーバード大学を中心に起きた「ニュー・ヒューマニズム」，1930年代にテネシー州を中心に起きた南部農本主義運動などがあるが，限定的動きだった。

(7) George H. Nash *The Conservative Intellectual Movement in America Since 1945*(Intercollegiate Studies Institute, 1998), Chapter One.

(8) ブラウン判決に対するＮＲ誌の立場は，実施を回避して構わないというものだったが(州権論的立場)，黒人を白人より劣等と示唆する右派は拒絶した。Ronald Lora and William Henry Longton, ed., *The Conservative Press in Twentieth Century America*(Greenwood Press, 1999) p. 519.

(9) Ibid., p. 325.

(10) Ibid., p. 523.

(11) 『フォーリン・アフェアーズ』の発行部数は以下で公表されている。
https://www.foreignaffairs.com/circulation, accessed on August 28, 2020

(12) 『パブリック・インタレスト』がなぜ外交を扱わなかったかについては，以下の同誌最終号での初期編集長経験者２人の回想参照。Irving Kristol "Forty good years", Nathan Glazer "Neoconservative from the start" *The Public Interest*, No. 159, Spring 2005.

(13) Robert Novak "Who is Robert Bartley?" *Wall Street Journal*, Jan. 14, 2003.

(14) John Mickleswatt and Adrian Wooldridge *The Right Nation: Conservative Power in America*(The Penguin Press, 2004) pp. 151-152.

(15) Matthew Continetti "Making Sense of the New American Right" *National Review*, June 1, 2019, accessed on Aug. 28, 2020. 7項目の中に明らかにネオコンが主導した「イラク戦争開戦」が入っていないのは，コンティネッティがネオコンの中核クリストル父子の親族だからと推測できる。

(16) Edward Rothstein "Mission Accomplished, a Journal Folds", *The New York Times*, May 9, 2009, accessed on August 28, 2020.

(17) Irving Kristol *Neoconservatism: Selected Essays 1949-1995*, p. 32.

(18) 以下ヴィゲリーらの活動については，主として Anne Nelson *Shadow Network: Media, Money, and the Secret Hub of the Radical Right*(Bloomsbury, 2019)を参照。

(19) "Audio Today 2019: How America Listens" *Nielsen Company*(*US*), June 2019.

(20) *Shadow Network*, p. 52.

(21) 「コラム」参照。

推薦図書

Gene Roberts and Hank Kribanoff *The Race Beat: The Press, the Civil Rights Struggle and the Awakening of a Nation*(Vintage, 2007)

Anne Nelson *Shadow Network: Media, Money, and the Secret Hub of the Radical Right*(Bloomsbury, 2019)

George H. Nash *The Conservative Intellectual Movement in America Since 1945*(In-

tercollegiate Studies Institute, 1998）
会田弘継『増補改訂版　追跡アメリカの思想家たち』（中央公論新社，2016年）

第４章

政治とメディアの分極化進む現代アメリカ
——存在感増すソーシャルメディア

アメリカにおいて，多くの日本人が住んでいるのは，ニューヨーク，ワシントンといった東海岸，そしてロサンゼルス，サンフランシスコといった西海岸の大都市である。だが，そこに住んでいても，本当のアメリカは見えてこない，といわれる。

大統領選挙の開票時のテレビ報道で，共和党が勝利した州は赤く表示され，民主党が勝利した州は青く表示されるのを見たことがあるかもしれない。アメリカの真ん中あたりはほとんど赤く染まり，東海岸や西海岸の多くの州が青になっていることがわかる。

こうした共和党優勢の州を red states，民主党優勢の州を blue states という。赤か青かがはっきりしない州を，purple states（紫色の州）といったりもする。はっきりしない州は多くはない。大統領選は，こうした数少ない purple states（swing states という言い方もある）をどちらの陣営が取るかという勝負である。

アメリカには地域によって，あるいは人種によって，もともと分断傾向があるが，分断は，2015年トランプが大統領選の共和党候補に名乗りを上げ，翌年大統領に当選を果たして以来，ますます激しくなった。2020年大統領選挙では，民主党のバイデン元副大統領が当選したが，トランプが得た票数は2016年を大幅に上回り，分断が緩和する兆しは見えない。

筆者（山脇）は，2000年～03年と，2013年～17年と２度にわたりワシントンに駐在し，クリントン政権からブッシュ Jr. 政権，オバマ政権からトランプ政権という２度の選挙，民主党から共和党政権への交代劇を取材した。2000年ごろの雰囲気は，党派対立はあったとはいえ，今よりもずっと融和的であった。

2016年の選挙中，トランプは，主要テレビ局や，ニューヨーク・タイムズなどを「米国民の敵」とまで呼び，徹底攻撃した影響もあって，特に共和党支持

図4-1　マスメディアの信頼度(支持政党別)

(注)https://news.gallup.com/poll/267047/americans-trust-mass-media-edges-down.aspx
(出所)ギャラップ社の図表を基に筆者作成

層でメディアを信頼する人の割合は急落，2019年のギャラップ社の調査では「メディアを信頼する」と答えた人は15%に過ぎない。一方で，民主党支持者の間でのメディアの信頼度は，70%前後と高い。つまり，共和党支持者はメディアを信じないが，民主党支持者はメディアを信頼し，喝采するという「二極化」がますます進んでいるのである[(1)](図**4-1**)。

政治とは本来，違った考えの層をまとめ，妥協点を探りながら進めていくものであろう。その意味で，世論やメディアが激しく分断され，多様性の尊重という次元を超えて，相互に憎悪を募らせるような状況は，政治における妥協を難しくし，好ましいとはいえないだろう。

トランプの登場で，政治やメディアの分断が注目を浴びるようになったが，分断には長い歴史がある。

本章では，まず，この世論とメディアが分裂していく歴史や因果関係について探る。さらに，フェイクニュースの広がり，フェイスブック，ツイッターなどのソーシャルメディアの責任や課題について考察する。

図4－2　有権者が大統領選のニュース取得に利用した主な情報源

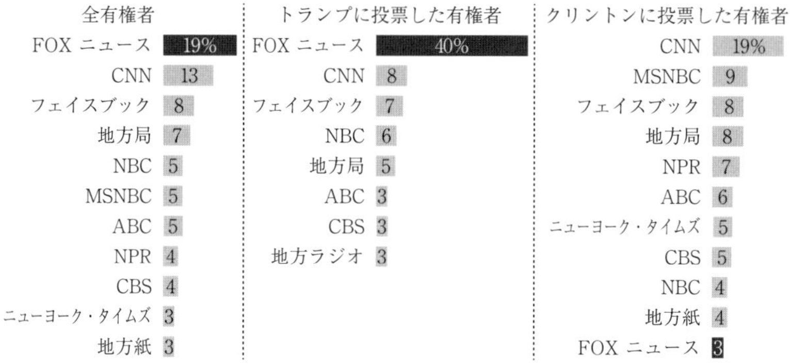

全有権者	
FOX ニュース	19%
CNN	13
フェイスブック	8
地方局	7
NBC	5
MSNBC	5
ABC	5
NPR	4
CBS	4
ニューヨーク・タイムズ	3
地方紙	3

トランプに投票した有権者	
FOX ニュース	40%
CNN	8
フェイスブック	7
NBC	6
地方局	5
ABC	3
CBS	3
地方ラジオ	3

クリントンに投票した有権者	
CNN	19%
MSNBC	9
フェイスブック	8
地方局	8
NPR	7
ABC	6
ニューヨーク・タイムズ	5
CBS	5
NBC	4
地方紙	4
FOX ニュース	3

（注）Mitchell, A., Gottfried, J. and Barthel, M. "Trump, Clinton Voters Divided in Their Main Source for Election News-Fox Was the Main Source for 40% of Trump voters," Pew Research Center, Jan. 18, 2017.

（出所）ピュー・リサーチ・センターの図表を基に筆者作成

1　世論とメディアの分裂

(1)　選挙における情報源の偏在

米調査機関，ピュー・リサーチ・センターは，2016年の大統領選後，有権者が主な情報源としたメディアがどこなのか調査した[(2)]（図4－2）。

最も多かったのはケーブル放送の FOX ニュースで，全投票者の19％を占め，そのほとんどはトランプに投票していた。トランプに投票した有権者の中で，FOX ニュースを「主な情報源」とした人の割合は4割もいた。これに対し，ヒラリー・クリントンに投票した有権者の中では，3％にすぎない。FOX ニュースは1996年，メディア王ルパート・マードックが会長のニューズ・コーポレーションによって設立された，保守層に支持されているメディアである。

2位は，やはりケーブル放送の CNN。もともとは中立的な放送で知られていたが，FOX が共和党に傾斜していることもあって，保守層からは民主党寄りだと批判されることが多い。CNN を情報源にした人は，クリントンに投票した人のほうが多かった。

3位は，ソーシャルメディアのフェイスブックである。伝統的なメディアではないが，全体の8％が主な情報源だと回答した。

かつては大きな影響力を持っていた3大ネットワークの ABC，CBS，NBC などは，選挙の情報源という観点からすると，FOX や CNN をはるかに下回る。

ベスト10でみると，新聞では唯一，10位にニューヨーク・タイムズが入った。リベラル色の強い同紙を情報源にしている人のほとんどがヒラリーに投票した。

ピュー・リサーチ・センターは，また，社会保障，環境，外交，移民など10種類の政治的価値に関し，1994年から2017年まで7回にわたり調査を行ってきた。2017年の調査では，共和党支持者と民主党支持者の見解の相違は，ほとんど全ての問題領域において，この調査が行われた過去のどの時点よりも大きくなっている。アメリカの政治的な分極化は記録的な状況といってよい[(3)]。

1994年には民主党支持者と共和党支持者はかなりの部分で重なっているが，2017年には重なる部分が大幅に減少し，中心付近ではなく両極に位置する人々の割合が大きく増加している。両党の中央値も大きく離れている。ラクダにたとえれば，2004年調査までは「ひとこぶラクダ」だったのが，2017年には「ふたこぶラクダ」化していることがチャートから見て取れる(図**4-3**)。

(2)　世論の分極化はメディアのせいか

このような政治的分極化の原因の1つとして指摘されるのがメディアの分極化である。

かつてはアメリカ人が午後6時にテレビを付けた時の選択肢は「イブニングニュース」しかなく，そこに一家の団欒があった。ABC，CBS，NBC の3大ネットワークとも，基本的に内容もフォーマットも大きな差はなかった。

現在は何百もの選択肢が存在する多チャンネル時代になり，ニュースだけに絞っても，主要ネットワーク，ケーブルニュース，オンラインニュースなど，多種多様な選択肢がある。

メディアの分極化が国民の分極化を招いたのか，それとも，国民の分極化が先に起きてその後，メディアが分極化したのか。つまり，どちらが鶏でどちらが卵かについては，研究者の間でも様々な議論があるが，世論の分極化が先に

図4－3　米国民のイデオロギー的分極化

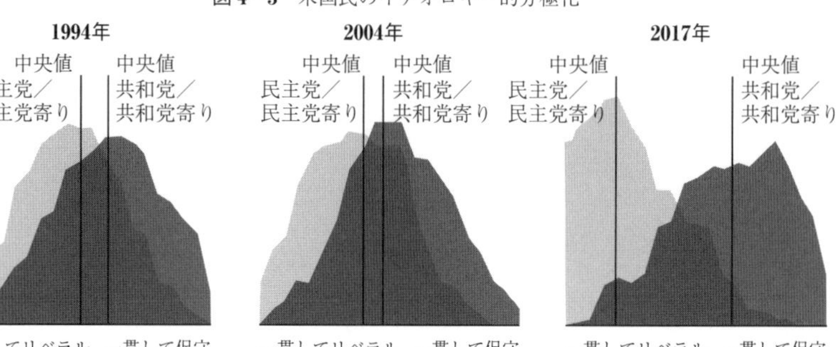

（注）"The Partisan Divide on Political Values Grows Even Wider – Sharp Shifts among Democrats on Aid to Needy, Race, Immigration," Pew Research Center, Oct. 5, 2017.
（出所）ピュー・リサーチ・センターの図表を基に筆者作成

起こり，そのニーズに応えてメディアの分極化も進んだという意見が強い。ただ，分極化したメディアが，さらに世論の分極化を進めているという見方も多い。

2018年，筆者は，ラジオ局，通信社，CNN のホワイトハウス担当やワシントン支局長などを経て，ジョージ・ワシントン大学メディア広報学部長を務めるフランク・セズノにインタビューをした。

セズノはメディアと世論の分裂のどちらが先かについては，「世論だ」と明確だった。ニクソンが大統領に当選した1968年を注目すべき年だとした。当時，ベトナム反戦運動や公民権運動が大きなうねりとなっていたが，リベラルな文化になじめず，自分の意見を聞いてもらっていないと感じていた「サイレント・マジョリティー」をニクソンはターゲットにした。1990年代になって保守派を代弁するメディアとして，ケーブルテレビの FOX ニュースが登場し，さらにドラッジリポートやブライトバートといった新しいオンラインメディアがニッチな層に響くようになったと説明した。

そうした保守派のメディアの隆盛によって，「社会の分裂が広がった」という見方だった。分断の背景には，FCC のフェアネス・ドクトリンの廃止の影響もあったとセズノは見る。

2　フェアネス・ドクトリンの廃止とその影響

(1)　フェアネス・ドクトリンとは

「フェアネス・ドクトリン」とは，米政府の独立行政委員会である米連邦通信委員会(Federal Communications Commission：FCC)が放送の公平性を保証するために1949年，地上波を対象に制定した指針である。1987年に廃止されるまで，40年近く，この指針は有効だった。

FCC の役割は，放送免許の付与や没収，免許更新の審査，放送周波数の割り当てなどの電波監理と，放送や通信に関する規則の制定や改正，紛争の調停，罰金等の制裁など多岐にわたる。放送規制が可能なのは，主として「電波の希少性」と「社会的影響力」の観点からである。

1949年，FCC が権限を行使する際には公共の利益を考慮するようにという連邦議会からの指示を受け，FCC はフェアネス・ドクトリンを定めた。

フェアネス・ドクトリンには，2つの基本要件がある。まず，放送免許事業者は，公共の重要性を持ち論議の的となっている問題の議論と考察のために，放送時間の合理的な部分(reasonable portion)を割り当てなければならない。そして，その際には公平(fair)でなければならない。

この指針ならびにそこから派生したルールによって，放送事業者は，応答や反論を目的として放送時間を要求する者に対して時間を与えるだけでなく，論議の的になっている問題に関する適切な反対意見は何なのか，その反対意見の提示に最適な人物は誰なのかについて決定しなければならなくなった。応答・反論のための時間がスポンサー提供番組の中で取れなければ，放送事業者が自費で番組を提供しなければならない。

フェアネス・ドクトリンを遵守しなければ，免許没収に至ったり免許更新の審査で不利になることもあり得た。多くの放送事業者にとって，フェアネス・ドクトリンの遵守は大きな負担だった。

アメリカ合衆国憲法修正第1条は，言論の自由の権利を定めている。修正第1条の柱となる考え方は「uninhibited marketplace of ideas(自由な意見交換の場)」という言葉に象徴されるように，異なる見解を自由に表出できることに民主主義の基本があるとする。

フェアネス・ドクトリンによって放送事業者に枠をはめることは，この修正第１条に違反するのではないかとの見方は当初からあったが，1970年代ごろまでは，フェアネスドクトリンの意義を認める世論は強く，司法もそれを支持してきた。

だが，1980年代には，フェアネス・ドクトリンが創設された1949年に比べてラジオ局の数が約４倍，テレビ局の数が約20倍と大幅に増加した。また，ケーブルテレビや衛星放送が普及し，メディア環境が大きく変化するにつれ，廃止への圧力は増した。

1981年，小さな政府と規制緩和を掲げる共和党レーガン政権が誕生し，共和党が上院の多数を占める中，1987年，FCC は，フェアネス・ドクトリンを廃止する決議を行った。フェアネス・ドクトリンの廃止は，放送業界，共和党の廃止賛成派には歓迎された一方，公民権団体，消費者団体，民主党やリベラル陣営を中心とした廃止反対派には，懸念が広がった。その後も，研究者や議員の間では，フェアネス・ドクトリンの有効性，合憲性，復活の是非に関する議論が続き，復活させる法案も民主党側から提出されてきたが，不成立に終わっている。

(2)　トークラジオの伸張

フェアネス・ドクトリンの廃止後，注目すべき変化は，政治トークラジオの急成長だ。廃止によって，イデオロギー色の強い独断的な番組も放送できるなど，内容の自由度が大幅に高まった。

1980年代後半から1990年代前半にかけてラジオ情報番組が急増し，政治トークラジオというジャンルが作られていった。保守的なトークラジオ番組が増加し，膨大な保守的意見が公共の電波を通して流れるようになった。

トークラジオは，ラジオ業界で最も成功を収めているフォーマットである。１人か２人のホストが，ニュースや激しい対立の生じている政治問題について意見を述べ，リスナーからの電話を受けて対話する。挑発的で，過激な発言が多いのが特徴である。リスナー参加型の番組構成の人気は高い。

日本でもラジオには根強い人気をもつ番組があるが，車社会の米国では，ラジオの影響力は，日本よりもはるかに大きい。特に地方では，車が唯一の移動手段であることも多く，車の中でラジオを聞いて過ごす人は多い。東海岸や西海岸の大都市は民主党が圧倒的に強く，地方では共和党が強いのがアメリカ政治の現状だが，そういう意味では，ラジオ番組は特に保守層との親和性が高い。

ピュー・リサーチセンターの2013年のレポートによれば，トークラジオのホストの週間リスナー数で，首位のラッシュ・リンボウは1475万人，2位のショーン・ハニティは1400万人と多数のリスナーから人気を博している。

保守的なトークラジオの急増と軌を一にして影響力を増してきたのが，FOX ニュースに代表される保守的なケーブルニュース番組である。

政治トークラジオと，ケーブルニュースには共通点がある。討論中心の番組構成や，極端な見方をする議員の見解を頻繁に引用することなどだ。

2012年のピュー・リサーチ・センターの調査では，ケーブルニュースの内容のうち意見に基づく報道の割合は CNN で46%，FOX で55%，MSNBC で85%に達している。解説と意見は放送の63%を占め，事実の報道(37%)よりもはるかに多かった。ケーブルテレビが視聴率を稼ぐために，「事実」よりも「意見」を重視していることがわかる。また，近年，人気のトークラジオホストがケーブルニュースで番組を持つケースが増えている。

ちなみに，日本にもアメリカのフェアネスドクトリンに類似した法律がある。

終戦後まもない1950年に制定された日本の放送法4条は，「政治的な公平」や「多様な視点の確保」などを求めている。

2016年，高市早苗総務相(当時)は，放送局が政治的な公平性を欠く報道を繰り返したと政府が判断した場合，放送法4条違反で電波停止を命じる可能性に言及，議論を呼び起こした。2018年には，政府内に放送法4条の廃止論が一時強まったが，放送界などの反対で頓挫している。

アメリカの分極化の高まりをみると，筆者自身は，極端な思想性を帯びた放送局が登場する懸念などから，放送法4条を維持する意義は当面あると考えているが，インターネットを通じた情報の流通が増えるにつれ，日本においても放送法4条の「効力」が薄れているのは確かである。

3　デジタル戦略とフェイクニュース

(1)　異なったデジタル戦略，選挙への介入も

2016年の大統領選では，トランプ陣営，クリントン陣営のデジタル戦略の違いが際だった。クリントンはテレビを重視したが，トランプはデジタルに軸足を置いた。選挙戦の後半，テレビ広告への投資でみると，クリントンが２億ドル以上をかけたのに対し，トランプは１億ドル以下。一方，選挙戦最後の数週間で，デジタル広告には，クリントンは約3000万ドルをかけたが，トランプの３分の１にすぎなかった[(4)]。

デジタルプラットフォームによって，膨大なメッセージテストと，マイクロターゲティングも可能になった。定期的に少しずつ内容を変えた広告をフェイスブック上で試し，インターネット上の操作を自動で行うプログラムであるA／B テストなどを行うことによって，フェイスブック上のユーザーに広告が表示される確率を高めた。

ソーシャルメディアの有効な利用が，トランプの勝因の一つだったわけだが，ソーシャルメディアは，ロシアによる選挙介入の温床にもなった。

アメリカ議会上院は2018年末，オックスフォード大学やソーシャルメディア分析企業による研究報告書を公表した。報告書によれば，ロシアは主要なソーシャルメディアすべてを利用したという。それを主導したのは，ロシアのIRA（Internet Research Agency）という組織だった。

2015年から17年に IRA が行ったフェイスブック上の書き込みは，3000万回以上シェアされ，3882万件の「いいね！」がついたという。IRA は特に，アメリカの保守層をターゲットとしつつ，リベラル層の有権者の投票率を低下させることも狙っていた。IRA の戦略は長期的なものだが，2015年から16年の活動は，トランプに利益をもたらすようにデザインされていたという。

また，イギリスの政治コンサルティング会社のケンブリッジ・アナリティカが，フェイスブックの個人情報を不正に入手したことも，2018年のニューヨーク・タイムズなどのメディア報道で明らかになった。流出した個人情報は，8700万人にものぼった。

フェイスブックは，データが売却されたことに気づき，データの廃棄を要求したものの，ケンブリッジ・アナリティカは，実際には消去しなかった。同社は，2016年の大統領選で，トランプ陣営の勝利に結びつけるため，そのデータを利用したという。

(2) フェイクニュースの広がり

2016年の大統領選の大きな特徴は，「フェイクニュース」の広がりだった。投票日が近付くにつれ，主要メディアの流す情報より，偽のニュースがソーシャルメディアを通じて拡散し，有権者に浸透していったことが大統領選後の調査で明らかになっている。

オンラインメディアの「バズフィード」は，トランプとクリントンに関する主要メディアのトップ記事20本と，「フェイクニュース」トップ記事20本を取り上げて，フェイスブック上でどれほど「シェア」や「いいね！」「コメント書き込み」などのユーザー反応を呼んだかを分析した。それによると，2016年２－４月は，主要メディアの記事のほうに約1200万回超，フェイクニュースのほうに約300万回弱の反応があり，大きな差があった。しかし，投開票日前にかけてフェイクニュースの反応が急上昇し，投開票日直前の３ヵ月でみると，フェイクニュースに約870万回，主要メディアの記事への反応が約730万回と逆転していたことがわかった。

フェイクニュースの中で最も反響があったのは，「フランシスコ・ローマ法王がトランプを支持した」という偽情報だった。

フェイクニュースが実際の事件に発展した例もある。選挙の投票日の直前，クリントン夫妻が，ワシントン郊外の「コメット・ピンポン」というピザ屋の裏部屋で，誘拐してきた児童を虐待し，人身売買する「児童性愛パーティー」の常連だという記事が，トランプの支援者でトークラジオの司会者でもあるアレックス・ジョーンズが運営する「インフォウォーズ」などに流れた。「コメット・ピンポン」には脅迫のコメントが寄せられるなど嫌がらせが相次ぎ，従業員２人は辞めた。さらに選挙後，この情報を信じていた男性がライフル銃を持って店で発砲する事件まで起きた。

伝統メディアは，こうしたフェイクニュースの広がりに手をこまねいていたわけではない。独自の調査報道も展開した。

とくにニューヨーク・タイムズとワシントン・ポストは，トランプの過去を追及し，その記事は大きな注目を集めた。もっとも大きな反響を呼んだのが，ワシントン・ポストが2016年10月上旬にスクープしたトランプの女性に対する侮辱的な発言だ。この報道をきっかけに，過去にトランプ氏に「胸を触られた」「スカートの下に手を入れられた」と告発する女性が10人以上現れてその体験を語った。

政治とメディアの関係に詳しいマシュー・ジョーダン・ペンシルベニア州立大学教授は「(調査報道が)遅すぎた。選挙戦の序盤，ケーブルテレビがトランプの演説などを長時間流したりしたことなどで，トランプは自らの基盤を確立してしまった」と話す。

ジョーダンは特にテレビに対して批判的で「番組で，どのようにインタビューを行うのか，どのように虚偽の情報に対応するのかについて，自己省察が必要だと思う。人々は虚偽の情報でも，何度も聞いていくと，それを真実だと思うからだ」と筆者のインタビューに答えている。

(3)　否定的な報道の増加とメディアへの低評価

様々な課題が浮き彫りになった2016年大統領選だったが，有権者のメディア報道への評価は低かった。ピュー・リサーチ・センターが，AからDと，F(失格)の5段階で評価を求めたところ，2016年の選挙は，Fが38%にものぼり，Dをあわせると5割超えた。これは，1988年の調査開始以来，初めてのことである。特に，トランプの支持者でみると，Fが6割にものぼり，メディアへの不満がきわめて強かったことを示している[(5)]。

認知心理学によれば，人間はネガティブ(否定的)な情報には長時間注意を払うことが知られている。つまり否定的な報道のほうが視聴者に対する訴求力をもつことが知られており，テレビやオンラインメディアが，視聴率やクリック数を上げるために否定的な報道を増やしたとみられる。

ハーバード大学ショーレンセンセンターの調査結果では，2016年選挙の報道をテーマ別にみたときに，どちらが勝つかという「ホースレース」が4割を超し，政策については1割しかなかった。また，トランプについては77%が否定的報道で，肯定的な報道は23%。クリントンは64%が否定的報道で，36%が肯定的な報道だった。歴史的にみると，肯定的な報道は下落傾向にあり，否定的な報道は上昇傾向にある。1960年時点では，肯定的な報道は76%で，否定的な報道は24%。今とは，肯定と否定が入れ替わっているような数字である。(6)

アメリカの政治とメディアの関係を分析している『Mass Media and American Politics』は，こうした否定的な報道，中傷報道について，警鐘を鳴らしている。(7) 1970年代後半以降を，「猛犬ジャーナリズムの時代」と定義したバージニア大学教授のラリー・サバトの主張を紹介。サバトは，中傷を目的とした熱狂をあおるような報道がなされている理由として，メディア間の熾烈な競争と，24時間態勢のラジオやテレビ番組を埋めるべく人間の感情に訴えるような「餌」が必要とされるため，と分析する。こうした攻撃的なジャーナリズムは，公人のプライバシー侵害の問題があるほか，国民が政治や政治家に対して皮肉な見方をし，報道関係者に対する尊敬も低下する効果があるという。

報道機関の激しい競争によって，政治ニュースの質の低下とメディアのプロ意識が低下する。その結果，国民は質が低いニュースやメディア批判に接することが多くなる。そうすると，メディアに対する不信感が強まり，より党派的に偏向したニュースを求めるようになる。それがさらなるメディア不信や，偏向した情報を求めることにつながる。「政治不信」と「メディア不信」の悪循環といえるだろう。

4　トランプ政権とメディアとの対立

(1)　ボストン・グローブの試み

2017年1月のトランプ政権の誕生後，メディアとの対立はさらに深まっていった。

最初の大きな「事件」は，トランプが大統領に就任した2017年1月20日に起きた。ロイター通信が，就任式終了直後に配信した2枚の写真がソーシャルメディアで槍玉に上がった。写真は，トランプの就任式就任式会場の様子を，ワシントン・モニュメントから撮影し，2009年のオバマが就任した際の写真と比べたものだ。

ニューヨーク・タイムズなどは，聴衆の数の違いを写真つきで報道した。8年前に180万人を集めたオバマ前大統領の時と比べて「3分の1ほど」と報じられると，トランプは「150万人いるように見えた」と反論した。ホワイトハウスのスパイサー報道官も「過去最多の聴衆だった」と主張した。

しかし，スパイサーが根拠としてあげた地下鉄の乗車人数などはいずれも事実と異なっていた。その点を批判されると，コンウェイ大統領顧問がテレビ番組で「オルタナティブ・ファクト（代替の事実，もう1つの事実）を提示している」と話した。政府高官が，事実のほかにも事実があると話したことは，大きな話題になった。

2018年夏には，老舗新聞ボストン・グローブとの対立が話題になった。同紙の論説委員室は，全米の新聞などに対し，トランプのメディアへの対応に反論する社説・論説を掲載することを呼び掛けた。これに全国紙や地方紙など合計350紙超が応じた。

8月15日のボストン・グローブの社説「ジャーナリストは，敵ではない」が引用したのは，米国民の意識調査だった。「不品行なメディアは，大統領が廃業させる権限を持つべきか（The president should have the authority to close news outlets engaged in bad behavior）」という質問に対し，アメリカ成人の26％が「同意する」と答えた。メディアはアメリカ人の敵だと思うかという質問に対して，共和党支持者の49％が同意した。

ボストン・グローブは，建国の父の1人，ジョン・アダムスなどの発言を引用しつつ，報道の自由を擁護した。米上院は16日，「報道機関は国民の敵ではない」などとする決議を，全会一致で採択した。一方，トランプは「フェイクニュースのメディアは野党だ。我々の偉大な国にとってとても良くない」などとツイッターで攻撃した。

2018年11月の中間選挙後には，CNN のホワイトハウス担当記者，ジム・アコスタが記者証を取り上げられる事件も起きた。アコスタは，アメリカ・メキシコ国境に当時向かっていた移民キャラバンを巡る質問をトランプに打ち切られたが，なおも質問を続けた。ホワイトハウススタッフがマイクを奪おうとしたのも拒否したのに対し，トランプは，「無礼でひどい人間だ」と個人攻撃。ホワイトハウスはこの直後，アコスタの入館記者証を取り上げた。

CNN は，報道の自由を保証する合衆国憲法違反だとして，トランプ政権を提訴。AP 通信，USA トゥデー，ワシントン・ポスト，ブルームバーク，ニューヨーク・タイムズなどや，トランプ政権に好意的な報道をしている FOX ニュースまで，CNN とアコスタへの支持を表明した。ワシントンの連邦地裁の判事は，記者証取り消しの決定について「謎に包まれている」と指摘，許可証をアコスタに返すよう命じた。ホワイトハウスは地裁の判断に従い，アコスタ記者の許可証を返却した。

わかりやすいこのような対立より注目すべきなのは，政権内外での「陰謀史観」の広がりかもしれない。ロシア疑惑の捜査などに不満を募らせる保守系メディアのトークショーのホストらは，リベラルなメディアが CIA や FBI などと組む形で，トランプをおとしめようという罠だとみる。そうした捜査機関や一部の政府高官，金融関係者，リベラルメディアなどからなる「ディープ・ステイト」があり，トランプ政権を追い詰めようしているという構図が語られるようになり，トランプ自身や周辺もそのような見方を広めた。「Qアノン」と呼ばれる，陰謀史観を信じるトランプ支持者も増えており，数百万人規模になっているとの見方もある。

(2)　ツイッターとの対立

トランプが大統領選で，強力な「武器」として使ったのが，ソーシャルメディアのツイッターだ。これによって，メディアのフィルターを通さず，有権者に直接，自分の主張を訴え続けることが可能になった。「ジェブ・ブッシュ（元フロリダ州知事）はコミュニケーション能力ゼロ」「クルーズは究極の偽善者」「ヒラリーには，強さもスタミナもない」など，きりがない。

トランプは，ツイッターのフォロワー数を2016年春以降，毎月ほぼ100万人という驚くべきペースで拡大させていった。選挙が終わった11月中旬で，トランプは1550万人となった。トランプの当選は，「ツイッター大統領の誕生」とも言われたものだ。

ソーシャルメディアを大統領選で最初にうまく活用したのは，バラク・オバマである。オバマは2008年の大統領選で，ソーシャルメディアを活用し，12年の再選の時も，フェイスブックやツイッターを巧みに使った。過去に投票所には行かなかった若者やアフリカ系やヒスパニック系の有権者を惹きつけた。

トランプのソーシャルメディアの使い方は，オバマとはかなり違っていた。オバマの選挙陣営は主に寄付金の応募，ボランティアの募集，政策の伝達，そして写真のシェアなどに使っていた。しかし，トランプは，自己の主張，メディアから来る批判への反論，そしてクリントンをはじめ自分に批判的な人物の攻撃手段として徹底的に利用した。その内容は，個人的な推測をはじめ，根拠のない嘘もたくさん混ざっていた。

当選後もその姿勢は変わりなく，重要な内政や外交の発表にもツイッターは使われた。そうしたこともあって，フォロワーは増え続けた。

攻撃や虚偽のツイートも多い中，ツイッター社は，発言の場を提供しているという立場で基本的に干渉しない方針だったが，2019年６月，政府関係者や政治家で10万人を超えるフォロワーがいる人物が同社の規約に違反する不適切な内容をツイートした場合，警告を出すと発表。その後も投稿内容の監視が不十分だとして批判を受けてきたが，2020年春，方針を転換する。

2020年５月下旬，トランプ大統領が「(選挙で)郵便投票が不正の温床になる」とツイートしたのに対して，ツイッター社は，「fact-checking warning(要事実確認)」との警告を出した。さらに，トランプは，白人警官の暴行によって黒人が窒息死させられたことで全米各地で盛り上がった「Black Lives Matter(黒人の命も大切だ)運動」について「略奪が始まれば，銃撃も始まる」とツイート。このツイートに対してツイッター社が，暴力の賛美にあたるとして非表示(クリックしないと表示されない)扱いにしたことで，対立は深刻化した。

トランプは，ツイッター社の対応に激怒。ソーシャルメディア企業は，利用者が投稿した内容について，幅広い免責を受けるが，その根拠となる通信品位法を見直す大統領令に署名した。これに対して，ツイッター社は「オンライン上の言論とインターネットの自由を脅かす試みだ」と非難した。

さらに，2020年10月，大統領選まで１カ月を切る中，ツイッター社は，投稿を転載する「リツイート」をする際に，利用者自身がコメントを書き込む画面を表示するようにした。10月20日から，少なくとも大統領選挙（11月３日）の週まで，選挙に関する誤情報が急速に拡散するのを避けるためだという。

「リツイート」ボタンを押した際に，いきなり転載ができず，「引用ツイート」の画面が現れることで，利用者が拡散の理由を考えるよう促した。

11月の大統領選では，民主党のバイデン元副大統領がトランプを下して当選したが，トランプも2016年選挙を大幅に上回る得票数を記録した。トランプは，2020年大統領選が不正な選挙だと主張，「選挙は盗まれた」として，敗北を認めない態度をとり続けた。トランプ陣営の法廷闘争は，裁判所によってことごとく退けられたが，根拠のない陰謀論は，ソーシャルメディアなどで大量にばらまかれ，多くのトランプ支持者の怒りは増幅された。

そんな中，バイデンの大統領就任式を目前にした2021年１月６日，トランプ支持者が米連邦議会議事堂を襲撃，５人の死者を出す大事件が起きた。米下院は，トランプが支持者をあおり，議会議事堂を襲撃させた「反乱の扇動」の責任を問い，弾劾訴追決議案を可決した。

ツイッター社は１月８日，その時点で約8900万人のフォロワーがいたトランプのアカウントを「永久凍結」する措置を取った。投稿を分析した結果「暴力をさらに扇動するリスクがある」とし，利用規約に違反すると判断した。

また，ツイッター社は，「Ｑアノン」についても８日以降，７万以上のアカウントを停止。多くの支持者が使っていた保守系ソーシャルメディアの「パーラー」についても，アマゾン・ドット・コムが管理サービスを打ち切ったため，利用者はパーラーのサイトに接続できなくなった。アップルやグーグルもアプリ配信サービスから「パーラー」を排除した。

こうした IT 大手企業の動きについては，「表現の自由」を制限しているという批判も強まっている。

偽情報や暴力を賛美するような投稿への規制はどうあるべきか。規制は強化するとしても，大手 IT 企業が，個人や組織を「追放」することが正当化されるのか。アカウントの停止をするのであれば，その基準はどうあるべきか。議論は，大きな広がりを見せている。

(3)　フェイスブックの混乱

世界で20億人以上の利用者を誇るソーシャルメディア最大手のフェイスブックは，「Black Lives Matter」運動に関連して，ツイッター社とは異なる対応を取った。トランプは，フェイスブックにも，ツイッターと同様に「略奪が始まれば銃撃が始まる」と書き込んだ。ツイッター社は上記のように警告を表示したのに対して，フェイスブックは黙認した。

黒人差別に抗議する人権保護団体などは，以前から，フェイスブックが差別を助長するような書き込みを放置していることを問題視してきた。こうした団体は，企業に対して，フェイスブックに広告を出さないように求めた。要望も受けて，フェイスブックへの広告を停止した企業は多数にのぼった。

フェイスブック社内でも，ザッカーバーク CEO への対応に抗議して，社員が辞めるなど，動揺が広がった。2020年６月末になって，フェイスブックは，規定に違反するような内容の投稿は，政治家も除外することなく，警告のラベルをつけると発表，ツイッターの対応に追随した。

フェイスブックは，2016年の大統領選の最中から，フェイクニュースの拡散に対して手を打たなかったことへの批判が高まっていた。多くの専門家の予想を覆してトランプが大統領に当選し，フェイスブックへの逆風は増した。

しかし，ザッカーバーク CEOは，投票日直後，フェイスブック上のフェイクニュースが選挙結果に影響を与えたという批判に対して，「すごくクレイジーなアイデアだ」と一蹴，このため批判はさらに強まった。

その後，問題を次第に認めるようになり，2016年末には，ユーザーがフェイクニュースと思った場合の通報をしやすくしたり，フェイクニュースサイトへの広告配信を停止する，といった対策を打ち出した。

さらに上記のケンブリッジ・アナリティカに8700万人もの個人情報が渡っていた問題では，米議会上院で「私の失敗だ」と陳謝もした。

フェイスブックはセキュリティのための人員や投資を増やし，個人情報保護やフェイクニュース対策を強化した，としている。しかし，ロシア，イラン，中国などがかかわる虚偽アカウントや虚偽情報も跡をたたず，虚偽情報やフェイク広告との「いたちごっこ」は続いている。フェイスブックは，トランプ支持者による米連邦議会議事堂の襲撃事件の直後の2021年１月７日，アカウントを無期限で凍結する措置を取った。１月21日には，この決定の是非について，有識者で構成する同社の「監督委員会」に諮問すると発表した。2020年に発足し，学者や弁護士，ジャーナリストなど20人で構成される「監督委員会」は，90日以内に対応を決定するという。

5　エコーチェンバーをどう乗り越えるか

これまで見てきたように，アメリカでは保守とリベラル，トランプ支持と反トランプの間に，大きな断裂が広がってきている。

その断裂は，テレビや新聞といった伝統的なメディアの分裂だけでなく，フェイスブックやツイッターといったソーシャルメディアによっても加速されているという見方が強い。

ソーシャルメディアを使うと，自分の考え方と合うような友人の意見に触れることが多くなるからである。

こうした現象を説明する際，「エコーチェンバー(echo chamber)」や「フィルターバブル(filter bubble)」という言葉が使われることがある。

「エコーチェンバー」はもとはミュージシャンが使う音響室という意味だが，閉じられた空間の中で，同じような意見ばかりに囲まれ，特定の思想や意見が増幅されて影響力を持つ現象を指す。

また，「フィルターバブル」は，ソーシャルメディアやグーグルなどの検索エンジンを使う際などに，コンピューターのアルゴリズム(何を優先して画面に表示するかを決める仕組み)によって，「自分の見たい情報しか見えない」ような現象に陥る状況を指す。

ユーザーがよくクリックする情報が記憶され，その人に「最適化」されたニュースや情報が表示されるようになる結果，ユーザーに入る情報がますます狭くなる。ユーザーは，「バブル(泡)」のような閉じた空間にとらわれている状況になるため，「フィルターバブル」と言われる。この言葉は，市民運動家のイーライ・パリサーが2011年の著書で生み出した。

それでは，「エコーチェンバー」を脱するには，自分と違った意見に無理矢理触れたほうがよいのか。行動経済学者によれば，自ら好むエコーチェンバーにいてニュースを読む場合と，自らの志向とは関係ないニュースをランダムに読んだ場合を比較する実験を行った結果，後者のほうが，自分の好みとは異なる切り口のニュースを読まされた結果，より極端な意見になったという研究もある。[(8)]

一概にはいえないところが難しいが，自分が同じような意見の中ばかりに囲まれて，違う視点で物事を見られなくなっていないか，常に健全な意味で疑うクリティカルシンキング(批判的思考力)の力は，今後，ますます重要になってくるだろう。

メディア，ソーシャルメディアを問わず，小中学生の時代から，スマートフォンなどを通じて，莫大な情報に接する現代，クリティカルシンキングの力を養うような「メディアリテラシー教育」を充実させていくことは，1つの鍵になるように思われる。

コラム　トランプ大統領をめぐる「人格障害」論争

トランプ大統領については，元政権幹部，ジャーナリストなどによる，いわゆる「暴露本」が多い。もともと，テレビ番組のホストで有名人であることに加え，その人格が特異であることから，「読み物」として面白くもなるのだろう。フィクションならばいいのだが，世界最強の国のリーダーなのであることから，冷や汗が出るような思いにもなる。

2020年に最も話題を呼んだ暴露本は，ジョン・ボルトン元大統領補佐官が執筆した『ジョン・ボルトン回顧録』と，トランプの姪のメアリー・トランプの『Too Much and Never Enough』であろう。両方とも，トランプの衝動性や，自らの利益のために不正もいとわない姿を描き出している。

筆者は，トランプ大統領が当選した2016年の大統領選を現地でカバーした。選挙戦中からトランプの内政・外交政策について懸念を持ったが，もっとも恐ろしいと思ったのは「気質」であった。並外れて嘘が多く，精神的に不安定である。他人に批判されると激高して反撃するのを常とし，反省することはまずない。

2016年秋，政治家の発言の真偽をチェックしているウエブサイト「Politifact」のアンジー・ホラン編集長にインタビューしたが，トランプの重要な発言の7割が虚偽もしくは虚偽に近いと話した。ホランによれば，ヒラリーの演説にも虚偽または虚偽に近い内容が26%で，これは政治家の平均的な数字だというが，トランプの虚偽発言の多さは，調査開始以来最高のレベルだった。

トランプは，単なる嘘の多い人物，あるいは通常のナルシシストの範囲なのか，「サイコパス」「ソシオパス」と言われるような人格障害なのだろうか。

結論からいえば，専門家による診察がない限り，永遠にわからない。また「人格障害」は，いわゆる精神疾患ではなく，いわば「人格の癖」のようなものであり，基本的には治るものではないと多くの専門家は言う。

米精神医学会(American Psychiatric Association)の倫理委員会が，1973年に定めた医学倫理規程がある。1964年の共和党の大統領候補だったバリー・ゴールドウオーターにちなんで，通称「ゴールドウォーター・ルール」といわれる。

政治家などについて，精神科医自身が実際に検査を行い，適切な認可を与えられていない限り，専門家としての意見を表明するのは非倫理的だと規定したものだ。

当初から，トランプを形容する言葉として，米メディアは，ナルシシストという表現を頻繁に使っていたが，一部の精神科医は，ゴールドウォーター・ルールを一種の「言論統制法」だと批判し，表だっての警告に踏み出した。

2017年秋には，27人のメンタルヘルス専門家の論考をまとめた『The Dangerous Case of Donald Trump: 27 Psychiatrists and Mental Health Experts Assess a President』(邦訳は『ドナルド・トランプの危険な兆候　精神科医たちは敢えて告発する』岩波書店)という本が出版され，話題を呼んだ。

上記の本の筆者の１人でもあるジョン・ガートナーは，筆者のインタビューに答え，トランプは「加虐性，偏執性なども含まれる「悪性ナルシシズム」を持つ初のアメリカ大統領で，極めて危険だ」と警鐘を鳴らした。

「悪性ナルシシズム」は，ナチスドイツから逃れてアメリカに移住した社会心理学者，エーリッヒ・フロムが作った用語であり，ナルシシズム，反社会性人格(パーソナリティ)障害，攻撃性，サディズムの混合からなる心理学的症候群を指す。一般用語でいう「サイコパス」や「ソシオパス」もここに含まれるという。

ガートナーが適用すべきだと主張したのは，合衆国憲法修正第25条４項だ。大統領が，職務遂行能力に欠けると判断された場合，副大統領と閣僚の過半数の賛成があれば，副大統領が大統領の職務を代行することができるという規定である。過去に一度も発動されたことがないが，ガートナーは大統領交代を求め，専門家を対象に署名活動を始めたところ，２週間で２万人以上，最終的には約７万人が署名した。

ゴールドウォーター・ルールは米精神医学会に所属する精神科医に適用されるもので，ジャーナリストをしばるものではない。それでも多くのジャーナリストは，トランプ大統領について「精神障害だ」と推測・断定するような書き方には注意を払ってきた。ただ，トランプを「嘘つき(liar)」と露骨に表現するようなメディアの報道は次第に増え，トランプ政権は当然ながら反発した。ここでも「分極化」の加速傾向は見て取れる。

注

(1) https://news.gallup.com/poll/267047/americans-trust-mass-media-edges-down.aspx
(2) "Trump, Clinton Voters Divided in Their Main Source for Election News-Fox News was the main source for 40% of Trump voters", *Pew Research Center*, Jan 18, 2017, http://www.journalism.org/2017/01/18/trump-clinton-voters-divided-in-their-main-source-for-election-news/
(3) "The Partisan Divide on Political Values Grows Even Wider - Sharp shifts among Democrats on aid to needy, race, immigration", *Pew Research Center*, October 5, 2017, http://www.people-press.org/2017/10/05/the-partisan-divide-on-political-values-grows-even-wider/
(4) Doris A. Graber and Johanna Dunaway, *Mass Media and American Politics* (Tenth Edition). CQ Press, 2018, p. 386-389.
(5) "Low Marks for Major Players in 2016 Election-Including the Winner", *Pew Research Center*, Nov 21, 2016, http://www.people-press.org/2016/11/21/voters-evaluations-of-the-campaign/
(6) "News Coverage of the 2016 General Election: How the Press Failed the Voters", *Harvard Kennedy School Shorenstein Center*, Dec 7, 2016, https://shorensteincenter.org/news-coverage-2016-general-election/
(7) Doris A. Graber and Johanna Dunaway, *Mass Media and American Politics* (Tenth Edition), CQ Press, 2018, p. 427-455.
(8) Doghee Jo, "Better the Devil You Know: Selective Exposure Alleviates Polarization in an Online Field Experiment" *Journal of Public Economics, 2020.*

推薦図書

Eli Pariser, *The Filter Bubble: What the Internet is Hiding from You* (Penguin Press, 2011), イーライ・パリサー（井口耕二訳，2016年）『フィルターバブル』早川書房

J. D. Vance, *Hillbilly Elegy: A Memoir of a Family and Culture in Crisis* (Harper, 2016), J. D. ヴァンス（関根光宏・山田文訳，2017年）『ヒルビリー・エレジー――アメリカの繁栄から取り残された白人たち』光文社

Bob Woodward, *Fear: Trump in the White House* (Simon &Schuster, 2018), ボブ・ウッドワード（伏見威蕃訳，2018年）『FEAR 恐怖の男――トランプ政権の真実』日本経済新聞出版社

久保文明・金成隆一『アメリカ大統領選』（岩波書店，2020年）

朝日新聞アメリカ大統領選取材班『トランプのアメリカ――漂流する大国の行方』（朝日新聞出版，2017年）

第Ⅱ部

日　本

左から：中曽根康弘(任期 1982-1987)，小泉純一郎(任期 2001-2006)，安倍晋三(任期 2012-2020)。
(出所)首相官邸 HP

第5章

総論：日本における政治コミュニケーションの射程と変容

1　はじめに

「コミュニケーション論」は，社会と個人との関係のあり方に深く関わる学問領域であり，対人関係，対面会話，そして演説から新聞，テレビ，インターネットのような情報伝達メディアに到るまで，幅広い文脈において起こる各分野の諸現象を研究対象としている。例えば，急速に発達してきたテクノロジーは，社会や個人の相互作用による連続的な変動を引き起こし，国家及び社会システムばかりでなく，個々人のコミュニケーション・スタイル，生活スタイルや行動に大きな影響を与えている。それは，我々が日々経験しているものだが，情報の送り手がどのようなメッセージを送り，受け手がそれをどのように受け止めるのか，また，そのコミュニケーション内容は，知的相互理解や意思疎通を目的としたものなのか，それとも情緒的な伝播を狙ったものなのか――様々な切り口が想定される。第Ⅱ部では，コミュニケーション論の視点から，戦後日本の政治コミュニケーションの変容過程を辿り，現在，日本政治とメディアが置かれている実情について，分析・解説する。

19世紀「知の巨人」――哲学者ゲオルク・ヘーゲル(独)が新聞の閲読を「早朝の礼拝」と日記に綴り，思想家カール・マルクス(独)が新聞の啓蒙的機能を信じたように，新聞に代表される「活字の機能と市民を教化する役割」は，第1次世界大戦の勃発まで啓蒙的オプティミズムに彩られていた。

社会学者ガブリエル・タルド(仏)が『世論と群衆』(1901)の中で，小さなコミュニケーション空間で発生する「群衆」は新聞を媒介にして無限に広がる精神的な集合体「公衆」に変身すると言い切ったのは，20世紀初頭だった。

しかし，組織的宣伝戦を伴う総力戦となった第1次世界大戦の経験を通じて知的エリートたちは，自身の啓蒙的なメディア観を一変させる。1920年代，

『世論』を世に問うたジャーナリストのウォルター・リップマン(米)は，大量の情報が飛び交う社会の中で新聞にのみ情報を依存する状況を批判。さらに言えば，人々がニュースの「ステレオタイプ」思考に陥れば，権力エリートのシンボル操作による世論形成を容易にすると警鐘を鳴らし，ラジオ時代におけるメディア論を展開した。

2　ニューメディアとオールドメディアの競合

第1次世界大戦，戦間期，第2次世界大戦のマス・コミュニケーション研究では，マスコミは武器・兵器などよりも人の心に入り込み思想や態度までをも変えてしまう影響力を有するという「魔法の弾丸理論」が研究パラダイムとして生まれた。

では，その間，日本のメディア論はどのような展開をしてきたか。ひと言で言えば，日本では，とりわけメディアによる国民統合が強く求められた総力戦体制下において，非活字メディアであるラジオと映画の影響力が中心的に論じられた。

第2次大戦後，「パクス・アメリカーナ」の下でアメリカ流マス・コミュニケーション論が全世界に輸出されたが，占領下の日本に浸透するのに，さほど時間はかからなかった。「国民」をこぞって戦争に駆り立てた苦い戦争体験を持つ日本では，啓蒙的オプティミズムに根差した「新聞＝社会の木鐸論」が優位な地位を占めていく。一方，戦時動員体制下の宣伝研究で用いられた「輿論(人々の議論あるいは議論に基づいた意見)」の表記は「世論(国民の感情あるいは感情に基づいた意見)」に変更され，情報は産業化され，宣伝は商業化された(佐藤卓己『現代メディア史』)。

すなわち，新聞・総合月刊誌など活字メディアは戦後デモクラシーを支える権力監視機能として揺るぎないポジションを勝ち取るが，高度経済成長期になると，テレビの保有台数が顕著な増加を示し，消費者の凝集性を高める広告・宣伝のツールとしてパワーを蓄積，政治メディアとしての潜在力を拡張していったのである。

こうした中，コミュニケーション分野において，政治とマスメディアが公然と対立の火花を散らしたのが，1972年，総理大臣佐藤栄作が退陣する際の最後の記者会見であった。その10年後，中曽根康弘が政治コミュニケーションにおけるテレビ・メディアの重要性に目を向けた。さらに冷戦終結後，細川護熙が政治改革の旗を掲げ，風を切るように歩き，本格的なテレポリティックス（テレビ政治）時代のスターとして登場する。テレビ・メディアに映りの良い細川の出現は，戦後政治を画する一大転換期と位置付けられ，21世紀初頭，小泉純一郎のワンフレーズ・ポリティックスによる「小泉劇場」として絶頂期を迎える。

この間，活字メディアに伍して，テレビに続いたインターネットなどニューテクノロジーが政治諸活動のツールとして活用されるようになった。しかし，政治コミュニケーションの変容は，単純化・画一化したものにはならなかった。すなわち，活字メディアに続いて，政治コミュニケーションのツールとして駆使されるようになるテレビやインターネットなどニューメディアが登場するが，それをもって，政治の舞台において，伝統メディア（新聞・雑誌など伝統的活字メディア）は駆逐されることはなく，各種メディアが共存していくのである。

3　４つの仮説と日本的現状

情報化時代の幕開けと言われる1970年代前半，メディア研究において提起され，以後，繰り返し調査・検証が行われてきた仮説がある。以下の４つの仮説であるが，それらは，日本の政治において，それぞれどのような様相を呈してきたのだろうか。簡単に紹介する。

(1)　議題設定機能（agenda-setting function）

マスメディアは多様なニュースを優先順位をつけて報じるため，受け手である人々は，力点が置かれる度合いに応じて，問題の重要度を理解するようになるという仮説を指す。

日本の場合，新聞で言えば，トップニュースは一面の右肩に配し，準トップニュースは左肩，３番目のニュースを正面のやや下（業界用語で「へそ」部分）にそれぞれ配するといった具合いだ。また，選挙戦での争点は，マスメディアが事実上決定しており，それが，人々の認知度を左右するというのが，議題設定機能である。ここで重要なのは，メディアが政治への国民の参加や意思決定を示す役割を有しているという点である。

テレビのニュース番組も，基本的に同様の順位付けをするが，実質的に新聞報道を参考にしている。朝のワイドショー番組などは，新聞朝刊の記事を紹介するものもあり，その点，政治のニュース判断，順位付けは，経験豊かな新聞メディアが依然として主導権を握っていると言える。

(2)　培養分析(cultivation analysis)

テレビの影響力に注目したコミュニケーション学者ジョージ・ガーブナー(米)の仮説である。かつて，人々が儀式や神話，伝承を通して，社会とはどのようなものであるかを認識してきた時代があったが，現代では，テレビ・メディアによる視聴の反復性や非選択性によって，この社会においては何が現実であるのか，という共有された現実感覚が「培養」されるというのである。

しかも，テレビは，現代では既存の社会システムに中枢機能として組み込まれたメディアであるために，既存の支配的な認識・信念・行動などを広め，維持する機能を持っている。例えば，近年のテレビ番組には，殺人をはじめとする暴力シーンがふんだんに盛り込まれている。ドラマに限らず，報道と娯楽が融合したワイドショー番組や週1回のニュースショーなどノンフィクション系の番組でも暴力シーンは数多く見られる。テレビ番組で描かれる世界が一般市民の生活とは大きく懸け離れた過激な暴力的世界だったとしたら，我々の現実感覚は麻痺し，現実認識も歪められてしまう。

今や，映像はテレビ・メディアだけではない。YouTube，ネットフリックス等々，多様なメディアが参入した。こうした中，政治コミュニケーションの分野においても，現実政治の世界とバーチャル政治の世界の混同が多く見られるようになったのである。

(3)　知識ギャップ(knowledge gap)

1970年，情報化社会が進行し，社会で流通する情報量が増大しても，社会的・経済的地位が高い者と低い者の間には情報量の獲得差があり，「知識格差／情報格差」状態は解消しないと，社会学者フィリップ・ティチェナー(米)が

表5－1　男性の安倍内閣の年代別支持率

年代	支持する	支持しない
18－29歳	63%	16%
30－39歳	58%	19%
40－49%	43%	37%
50－59歳	42%	43%
60－69歳	37%	53%
70歳以上	40%	37%
全　体	46%	37%

（出所）2018年9月　朝日新聞世論調査

唱えた仮説を指す。また，後に社会学者デニス・マクウェール(英)は，知識ギャップは知識／情報をより良く吸収・消化するスキルを持つか否かにも密接に関係しており，「高い者」と「低い者」の間における知識及び情報の格差は，質的にも拡大すると主張した。

近年，この知識ギャップは，パーソナル・コンピューター(PC)，スマートフォンなどが「高き」にも「低き」にも行き渡ったことから，誰でも平等に均一な情報が獲得可能となるインターネットを通じて解消されるとの声が広がった。しかし，現実はそうはなっていない。情報格差は縮まるどころか，ネット時代に突入しても拡大していると言わざるを得ない。

情報は，むしろ，検索サイトのアルゴリズムによってユーザーの嗜好を読み込んでそれに合わせる情報を優先的に表示するフィルター機能を通じて，そのユーザーが見たくない情報が遮断されるなど受け手の視野と情報範囲が狭められる。それが「フィルターバブル」と呼ばれるものだが，その結果，情報の受け手の嗜好，価値観，行動様式は一段と強化され，固定化，あるいは現代社会の基本理念たる“共有・共通性・通有性”という領域から遠ざかっていく。

政治コミュニケーションにおいて，この価値観と行動様式に対する上記の傾向は重大な意味を有する。日本政治における現象の中で一例を挙げれば，2017年の総選挙に関する朝日新聞の世論調査結果と分析に見られる「世代間ギャップと情報の取得源の関係」がある(**表5－1**)。

女性の安倍内閣支持率は，在任期間を通じて総体的に支持率が低いのが特徴だったが，男性を世代別で見ると，特筆すべき特色が出ていた。18－29歳の若い世代は63%，30－39歳も58%が安倍内閣を強く支持したが，40歳代，50歳代，そして70歳以上の世代は40%台に止まり，60－69歳の世代にいたっては30%台に低迷した。

朝日新聞の分析によると，「鍵を握っているのは，これら極端に安倍内閣支持率の低い層が，どのような方法で情報を得ているか」である。すなわち，

「情報を得る方法として，インターネットにアクセスして常に情報をアップデートしているネット世代と，テレビしか見ない，もしくはメジャーな新聞への権威がまだ残っている年齢層で大きく安倍支持率が変わって」いるという。

(4)　沈黙の螺旋(spiral of silence)

マスメディアが，特に選挙などの特定の争点について，方向性を示した見解を報じると，異なる見解を有する人々の沈黙を生み出す，そして，その沈黙がメディアの言説の正当性を裏付ける一方で，社会的孤立を恐れる人々は，その見解に飛びつくという，政治学者エリザベス・ノエル＝ノイマン(独)の仮説だ。

この仮説は，孤立への恐怖が人々の行動を動機づける要因であることを前提にすると，孤立化するのを恐れる人々は，雪崩を打って勝ち馬に乗るという「バンドワゴン効果」説などの初期の選挙研究や社会心理学の成果を再構成したものだが，高度情報化社会の到来に伴って一歩踏み込んだ仮説として進化した。この仮説は，メディアを媒介として自身の置かれた環境を知覚した場合(リップマンの「疑似環境」)，メディアの言説に合わせて意見が形成されるという立場に立つが，活字メディア，テレポリティックス，ネット政治情報が錯綜する現代においては，ますます重要な視点として，政治コミュニケーションの射程に捉えるべきだろう。

4　結　び

メディアが密接に絡む政治の世界には，段階的発展説という概念は成り立たないように思われる。戦後日本の政治を振り返っただけでも，活字メディアが一時の勢いを喪失し，テレポリティックスが春爛漫の季節を迎えても，インターネットが天空の昇龍になっても，こうしたニューメディアが古いメディアを放逐することはできなかった。

その点を理解するのに，興味深い格好の出来事が2020年夏に起きた。それは，総理大臣安倍晋三が突然，退陣を表明したのを受けて，菅義偉新政権が誕生した時の決定的な局面，わずか５日間で事実上決着した政変劇(第６章で詳述)だった。現代日本における政治コミュニケーションは，新旧各種メディアはそれぞれの強み弱みを保持しながら共存，情報の発信元となる生身の人間(政治家)を中心にした相互補完的な体系の中で，総合装置をベースにして成り立っているのである。

以下，第Ⅱ部では，プレーヤーとしての政治メディア・政治ジャーナリスト(第6章)，インターネット世論と政治(第7章)，メディアの分断と政治の分断(第8章)をテーマに，日本における政治コミュニケーション論が展開される。

参考文献

佐藤卓己『現代メディア史　新版』(岩波書店，2018年)

推薦図書

佐藤卓己『現代メディア史』(岩波書店，2018年)
ウォルター・リップマン『世論』(岩波書店，1987年)
E. ノエル＝ノイマン『沈黙の螺旋理論［改訂復刻版］――世論形成過程の社会心理学』(北大路書房，2013年)
エドワード・バーネイズ『プロパガンダ［新版］』(成甲書房，2010年)
水越伸『21世紀メディア論［改訂版］』(放送大学教育振興会，2014年)

第6章

プレーヤーとしての政治メディア・政治ジャーナリスト
——首相とメディアの関係性の変遷から

1 はじめに

新聞報道が政治に大きな影響を与えていた頃,「新聞は社会の木鐸たれ」という言葉が盛んに使われた。「木鐸」とは,古代中国で法令を世に知らしめるために鳴らした,木の舌が付いた大きな鈴のことで,転じて,世の人を教え導く人=社会の指導者の意味で使われるようになった。一時期,「報道の自由/表現の自由」の窒息死を体験した日本では,第2次世界大戦後,国家再興の背骨となった民主主義化の流れの中で,マスメディアの役割が重視された。権力の暴走を監視するジャーナリズムの機能を念頭に,新聞や月刊総合誌に強い期待が寄せられたのである。

しかし,1980年代後半以降,政治的コミュニケーションの有力なツールとしてテレビメディアが注目されるようになり,政治とマスメディアの関係は大きな転換期を迎える。転換期とは,主に政治の動静を伝えていたテレビ報道の時代とは違って,テレビメディアが政局を動かす仕掛けのツールとして機能し始めた時代の到来,本章では,その新たな政治現象を「テレポリティックス」と呼ぶ。その意味で,1960年,米大統領選でジョン・F・ケネディ(民主)とリチャード・ニクソン(共和)の史上初のテレビ討論(9月26日)が行われ,テレビメディアを通じて国民に自身をどう見せるかという「演出」が政治家の意識に急速に広がった点を考えれば,アメリカ政治では,60年代に「テレポリティックス」が始動していたと言える。これに対して,55年体制下の日本では,〈市井の臣(庶民)〉の生活とは黒塀で隔絶された料亭が政治の舞台の中心になっており,ほぼ四半世紀遅れで政治においてテレビメディアの影響力を積極的に活用しようとする政治家が現われるようになったと言える。

冷戦構造が崩壊した90年代初頭,日本でも〈テレポリティックス現象〉が政治の表舞台を席巻，「視えない政治＝絶対悪」「視える政治＝絶対善」という二項対立の構図の中で，政治家と国民の相互連動が政局にダイナミズムを加えるようになった。

そして21世紀，コンピューターによる通信ネットワークがコミュニケーション手段の主流となった社会の到来と共に，デジタル化した多種多様な視覚及び映像メディアが市民生活の隅々にまで入り込んだ。また，メディア環境の激変に伴い，政治家ばかりでなく彼らをウォッチするジャーナリストの側の意識や行動も劇的に変容した。

こうした時代変化の中で，60年代，70年代，80年代を主導した「新聞＝社会の木鐸論」も今や博物館行きの古びた言説と化した感がある。この章では，戦後日本において政治とテレビメディアがどのような関係性を築き，相互に影響を及ぼしてきたか，また，職業としてのジャーナリズムにどのような変化を与えたかについて，具体的なエピソードを踏まえて，その構造的変化を分析する。

2　新聞メディアとの対立――佐藤栄作

まず「新聞＝社会の木鐸論」が，なお息づいていた頃のエピソードから始めたい。

1972年６月17日午後零時半――総理大臣佐藤栄作最後の記者会見が予定されていた。会見室には既に，多くの記者団が着席し，生中継するNHKのテレビカメラも会見室後方に設定されていた。が，照明の当たる正面の佐藤からは見えにくい。

「テレビカメラはどこにいるのか。NHK はどこにいるッ……」。

佐藤は入って来るなり声を張り上げた。次いで畳みかけるように声のトーンを上げた。

「新聞記者の諸君とは話さないことにしてるんだ。直接国民に話したいんだ。文字になると（私の真意と）違うから，偏向的な新聞は大嫌いだ。直接国民に話したいんだ。やり直そうよ。帰ってください」。

座席のテーブルを叩くと，総理執務室に引き上げてしまったのである。

総理大臣と「社会の木鐸」を自負する報道陣との軋轢。前代未聞のひと幕だったが，政府とマスメディアの対立劇はこれで結末とはならなかった。直ぐに第２幕が上がった。

執務室に引き上げた佐藤は，秘書官から事情を聞かされ，再び記者会見室に姿を現したが，今度は内閣記者会側が噛みついた。「先ほどの新聞批判は許されないッ」。佐藤が開き直って「それなら立って下さい」と言い返すと，記者団全員が出て行った。かくして会見室は空っぽになった。ガランとした中で，佐藤がひとり，テレビカメラ相手に淡々と退陣の弁を読み上げた。

この奇妙な“１人記者会見”の光景には，佐藤の素朴なメディア観が映し出された。新聞メディアを介在させなければ，テレビは自身の姿を「ありのまま国民に伝えてくれる」というナイーブなまでの思い込みがそれだった。この権力者の願望と奢りは，安倍政権にまで連綿とつながっていく。

が，テレビメディアには，政治コミュニケーションのツールとして潜在的に底知れぬ威力を秘めている――この点を，佐藤はまだ理解していなかった。

テレビの世界は，“言葉の垂れ流し”に本質的機能があるのではなく，映像を通したイメージ及び情報伝達にこそ本領があることを，佐藤は見逃していた。また，政治家を使おうとするテレビ側に視聴率狙いの意図があれば，それを分かっていながらテレビに出演する政治家もいるし，テレビメディアを積極的に政治のツールとして使おうとする政治家もいる。そして，カメラが捉えた政治家の表情，手の動きの一つひとつが，政治的情報として拡散することになる。

3 「テレポリティックス」序章――中曽根康弘

それから10年余。テレビの影響力に目を付け，政権戦略の中にテレビメディアを位置付けた総理大臣が現われた。第71代首相中曽根康弘である。

1982年10月，永田町政治に地殻変動が生じつつあった。鈴木善幸から中曽根へという政権交代の流れが加速し始めた時のことだ。鈴木が突然，退陣を表明する２日前，中曽根は自身が近々政権を担う時を早くも想定して，「新政権」の戦略的構図を詳細にメモにしていた。

そこには，５つの政策綱領と18にわたる具体的な政策，そして，時代認識と政権運営をするに当たっての政治姿勢及び推進手段等々が明記されていた。

その中に「NHK テレビ活用」というメモ書きがあった。

政治のリーダーは重大な問題が起きた時に機敏に対応しなければならない。今や「テレビが政治を左右する時代」になった――首相たる政治家は，「すぐテレビに出て国民に直接訴える」俊敏さを身につけなければならないと中曽根は考えたのである。

佐藤の時代もそうだったが，中曽根の時代記者会見は，一段高い檀上に長テーブルを置いて，着席した首相に，記者団が質問するスタイルだった。永田町政治に〈視覚的要素の重要性〉を持ち込もうとした中曽根は，政治的リーダーシップを際立たせ，国民の目を引こうとした。それにはまず，記者会見を着席方式に代え，アメリカ大統領のように，立ったままで行う，スタンディング方式にしようとしたのだ。事実，中曽根は，内閣記者会にスタンディング方式での記者会見を提起したものの，内閣記者会側は拒否した。ところが，このスタンディング方式は，90年代になると，政治改革の風に押されて誕生した細川護熙政権になって，あっさり実現する。

非自民党８会派が結集して誕生した細川政権は，1980年代後半から90年代にかけて劇的に変わったメディア環境と密接に連動したものだった。

新聞が政治ジャーナリズムを主導し，権力の監視機能の中心的役割を担ってきた伝統メディア(新聞・月刊総合誌など活字メディア)の隆盛期は去り，終焉期を迎えようとしていた。代わって，新たな“政治メディア”としてテレビが注目されるようになったのである。

その切っ掛けとなったのは，1985年10月，テレビ朝日が22時台の新設した大型ニュースショー番組『ニュースステーション』だった。メインキャスターに起用されたのは記者経験のない一介の元 TBS アナウンサー久米宏。この報道系生番組は当初，海のものとも山のものとも分からなかったが，やがて報道ジャーナリズム界に旋風を巻き起こす。久米は〈普通人〉の目線で〈視えない政治〉に辛口のコメントを連発，そのフランクな司会ぶりが話題となった。停滞する自民党政治に不満を持つ〈市井の民〉から絶大な支持を受けたのだ。

新種の〈政治メディアプレーヤー〉，久米の人気に刺激されて，以後，民間放送には個性あるキャスターを起用した報道系番組が相次いで生まれる。久米の出現は，政治メディアの主役が新聞からテレビへと移る潮目ともなった。深夜から未明時間帯に設定された田原総一朗の政治関連討論番組『朝まで生テレビ』(テレビ朝日，1987年)，そして23時台の『筑紫哲也　ニュース23』(TBS，1989年)のほか，日曜朝の時間帯には，関口宏司会のワイドショー番組『サンデー・モーニング』(TBS，1987年)，さらに政治家同士が本音で議論する島田紳助司会の政治討論番組『サンデープロジェクト』(テレビ朝日・朝日放送，1989年)が登場，いずれも高視聴率をたたき出した。NHK も戦後初期から続く伝統の政治討論番組(現在『日曜討論』)を録画から生放送に切り替え，出遅れたフジテレビも政治討論の生番組『報道 2001』(1992年)で追随した。

4 「テレポリティックス」の申し子――細川護熙

〈視えない政治〉によって倫理観を喪失した80年代から90年代初頭の政治は，派閥の爛熟期だった。第40回総選挙が実施された1993年は，政治とテレビの関係において，歴史に残る転機の年となった。

その第1に，派閥を基礎単位として動く〈視えない政治〉が爛熟期に入ったのを背景に，映像の威力を見せつけたという意味で，政治を取り巻くメディアの構造が大きく変わった。当時，佐川急便から金丸信(前自民党副総裁)への5億円ヤミ献金・巨額脱税事件によって「政治とカネ」の問題が世論に火をつけた。政治改革関連法案成立の是非が国民の大きな関心事となった。

5月，テレビ朝日放送の『総理と語る』に首相宮澤喜一が出演，〈政治メディアプレーヤー〉の実力派，田原総一朗は「政治とカネ」の問題を取り上げ，執拗に攻め立てた。これに対して宮澤は「(今国会中に衆院選挙制度改革を)やります。やるんです」と大見得を切ったものの，結局，自民党内をまとめ切れず，法案は次国会に先送りされた。

この間，宮澤発言のあったインタビュー映像が繰り返し流された。宮澤自民党は政治改革を阻む守旧派勢力とのイメージが，テレビによって定着してしまう。野党は日本社会党・公明党・民社党が共同で内閣不信任案を提出した。同案は，過半数を占める自民党によって否決されると見られたが，自民党内から造反が続出，よもやの事態が発生した。結局，内閣不信任案は可決され，総選挙が実施される運びとなった。

この総選挙は，マスメディアによって「嘘つき解散」と命名された。テレビ各局は連日，報道番組やワイドショーで取り上げた。結果は，自民党が単独過半数を維持できず，保守合同(1955年)後，38年間続いていた一党支配体制がついに崩壊した。まさに，テレビメディア主導で初めてつくられた政変となった。

ここに，新聞など伝統の活字メディアとは別次元の影響力を視野に，テレビメディアが重視される〈テレポリティックス〉の時代が，日本でも本格的に幕を開けた。時代の流れは大きなうねりとなって改革の潮流を形成し始めたと言えよう。

第２に，93年は，テレビの政治報道自体にとっても大きな節目の年となった。民放テレビは，全国の各系列局を動員し，衆院選挙で初めて本格的な「出口調査」を実施，選挙報道特別番組が定着する契機となった。

テレポリティックスという〈視える政治〉の展開は，透明性のない派閥政治を絶対悪(守旧派)と見なす国民世論を増幅した。加えて，透明性こそ良き政治の絶対的指標と位置づける改革派を生み出した。改革を託すに足る政治上のアクターの存在が不可欠となった。

激動期の中，ひとり「日本新党」(1992年)を立ち上げた細川護煕(前熊本県知事)は，テレポリティックス時代にふさわしいアクターであった。冷戦終結後のマスデモクラシーに適応するための時代感覚と政治的直感，そして，肥後細川家第18代当主という毛並みに加えて改革派政治家として振る舞う演技力やスキルを十二分に備えていた。派閥政治に染まっていない改革派の旗手として細川は，自民党派閥政治に倦んだ無党派層の心をつかんだのである。

〈視える政治〉の展開には，相応の舞台をきちんと整え，主役のアクターたる自身が輝くためのパフォーマンスが必要だが，細川はその手法を熟知していた。

93年８月９日，細川が官邸入りして，まず，首相執務室の内装を変え，執務室の応接セットを取り換え，部屋の明かりは間接照明に，壁の色はアイボリー・カラーにするように指示した。古色蒼然とした“田舎の校長室”の雰囲気がガラリと変わった。

翌10日，首相就任後初の記者会見では，米大統領張りのパフォーマンスによって，55年体制の政治スタイルに慣れ親しんできた政治記者を驚かせた。

まず，中曽根が要望して叶わなかったスタンディング方式。通常左襟に付ける議員バッジを外し，ノーバッジ姿で記者会見に臨んだ。ニュースキャスターから政界に転進した小池百合子(当時日本新党・参院議員，現東京都知事)の助言で，アメリカの〈テレポリティックス〉には付き物のプロンプターを持ち込み，記者会見場で背にするカーテンを「知性を表わし」「安心感を与える」色とされるブルーに変えた。そして，〈視える政治〉を意識して颯爽と風を切るように歩いた。

冒頭発言は手短かにし，長々と官僚調で答弁することを意識的に避けた。記者団との質疑応答に移ると，国民に語りかけるように短かいフレーズで，明快さを心がけた。政治に透明性を求める国民の欲求に応え，歯切れ良い答弁に終始。右手に持ったボールペンで質問者を指名した。これまで，内閣記者会の幹事社が進行を取り仕切っていた記者会見を，首相主導で仕切る方式に変えたのだった。

細川は，「多数決原理」を盾に議論より結果偏重に堕した永田町政治との訣別を宣言し，不透明なプロセスに批判が集中していた〈視えない政治〉を打破，新風を吹き込んだ。〈視えない政治〉から〈視える政治〉へ。そのために，細川は，政治の主要ツールに論理・筋立てをベースにした活字メディア(新聞・総合月刊誌)ではなく，情緒が深く入り込んで往々にして人智を掻き乱す映像メディア(テレビ)を政治の武器に選んだ。

5 「テレポリティックス」2000年の変

「テレポリティックス」は20世紀末，森喜朗政権の下で，新たな深まりを見せる。首相・小渕恵三が脳梗塞で倒れ，「視えない政治」の不透明な手続きによって森が小渕後継の座に就いたのが切っ掛けとなった。

(1) 小沢一郎の変身

2000年6月，第42回衆院選挙——。田中角栄を政治の師と仰いだ小沢一郎(元自民党幹事長，93年離党)は，金丸信—竹下登と連携した政治の舞台回しで，所謂「視えない政治」の権化のように見られてきた。ところが，自由党党首として臨んだこの衆院選では大胆な選挙戦術を採用，世間をアッと言わせた。小沢自らが党のキャンペーンビデオであるテレビ CM に出演，雑踏の中を歩き，殴られて喝を入れられるシーンがお茶の間に流れ，話題をさらったのである。

米ハリウッドをビジネス拠点とする演出家や特撮技術(SFX)・CG(コンピューター・グラフィック)の専門家の協力を得て制作された主役小沢一郎の自由党テレビ CM「日本一新」篇。訥弁，強面，裏舞台——のイメージが付きまとう小沢が変身した瞬間だった。

冷戦終結と共に自社55年体制の限界を見抜き，雑多な非自民党8会派をまとめあげて，改革派・細川政権を樹立した立役者，その裏舞台での手腕は誰もが認めたが，細川政権は短命に終わった。その後，小沢は，自民党と連立，後に公明党が加わる形で自自公連立政権に参画したが，1年4ヵ月で破綻した。それから約2カ月。小沢が乾坤一擲，〈視える政治〉の武器＝テレビを通じて，「真の改革者小沢一郎」のイメージを国民に刻み付けようとしたのが，このテレビ CM だった。

CM はわずか15秒。東京・港区芝の CM 総合研究所の CM 好感度調査の結果，小沢の CM スポットは，「企業・公共・他」CM 部門のトップにランクされた。

自民党との連立破綻でじり貧の危機に陥った小沢だが，〈視える政治〉への参入によって，この局面での永田町のサバイバルゲームに生き残った。一方，自民党はまたも単独過半数に届かず，首相森の求心力は一段と低下した。活字主導から映像主導へ——メディアの大転換期にあって，小沢の変身は「視える政治」の進化を求める国民の期待に応えようとした劇的な変化だった。

(2) 加藤紘一の挫折

〈視えない政治〉の構図の中で首相(自民党総裁)に就任した森喜朗は，衆議院選に敗北，支持率は低迷し続けた。党内には，森政権への不満・批判が広がった。2000年秋，もう1つの「変」，加藤紘一の乱が起ころうとしていた。

11月10日，加藤は自身のインターネット・ホームページに「加藤紘一からの緊急メッセージ」を掲載，国民に対して「決起の決意」を発信した。加藤は，政治のツールとしてのインターネットにいち早く着目した政治家で，テレビメディアとインターネットを併用して駆使，既成概念を打ち破る政変を目論んでいた。

東京・南青山の自宅前，毎朝のように行われた報道陣のぶら下がりインタビューに応じる加藤。テレビカメラを前に自信満々，時には余裕の笑みさえ浮かべて，歯切れよく質問に答えた。〈視える政治〉におけるパフォーマンスが冴えわたる。日々の一幕一幕が，昼のニュース，午後のワイドショー，夕刻のニュース，夜の報道番組を通じて，お茶の間に届けられた。日々高まる加藤の高揚感。自身のホームページへのアクセス数が日を追うごとに増加した。加藤の感情の高ぶりは，テレビの画面を通じてもはっきり見て取れた。曰く，「1日に2万件から3万件のアクセス数がある」。双方向通信メディア「インターネット」と，映像メディアのチャンピオン――「テレビ」との併用。森政権打倒に向けて新たな政治的武器を手に入れたと感じた加藤が「世論の支持は我にあり」と思い込んだのも無理はなかった。

「テレポリティックス・加藤の乱」は，ネット・メディアに後押しされて，衆院本会議の前日，最大のクライマックスを迎える。19日午前，テレビ朝日放送の「サンデープロジェクト」。舌鋒鋭く政治家に斬り込むことで知られる〈政治メディアプレーヤー〉田原総一朗の仕切りの術が凄みを増す。加藤に対しては，内閣不信任案に賛成せず，補正予算の成立を促し，自民党幹事長野中広務には，そうした加藤の譲歩と引き換えに，森退陣を視野に入れた総裁選の前倒しを迫った。田原の迫力に，野中が押し込まれた。一方の加藤はと言えば，恐る恐る「駆け引きの土俵」に足を踏み入れた。その瞬間，田原が声を張り上げた。「野中さん，加藤さん，今晩，2人で会うことにして下さい」。「テレポリティックス」のメイン・プレーヤー，田原を介して，「加藤政局」は妥協の道が開かれたかに見えた。

しかし，森サイドが激しく反発した。「サンプロ」終了後，政調会長亀井静香と密談した野中は待ち構えていたテレビカメラの前で，平然と「総裁選前倒し」発言を修正した。「手続きのことを言ったまで」「(何よりも加藤が)内閣不信任案に反対するのが先決だ」――。

加藤にとって「森首相退陣」への道が切り開かれるはずだった野中との会談は，このひと言で雲散霧消した。

加藤は，「テレビ＋インターネット」の融合を先取りし，「政変劇」を演出したものの，それはアイデア倒れに終わった。その敗因は，加藤自身のメディア政局自体への無理解と胆力の不足にあった。

第1に，加藤自身の〈錯覚〉。それは，双方向通信のインターネットを通じた「支持者の匿名性」に起因する。大量のアクセスによって「国民の支持は我にあり」と力んだ加藤だが，テレビとインターネットでの反響を過信したのだ。

第2は，加藤のパフォーマンスの〈自己矛盾〉に起因する。加藤の戦いが「国民世論」を味方にして踏み切ったテレポリティックスだというのであるならば，その論理的帰結は，やはり「離党」，即ち野党提出の内閣不信任案に賛成し，「除名」処分されるなら受け入れる覚悟が不可欠だった。だが，加藤にその考えはなかった。論拠としては，自民党が分裂の危機に瀕した大平派対福田派の「四十日抗争」(1979)などを例に，「かつて，内閣不信任に賛同ないし欠席して除名されたことはない」――と。しかし，「視える政治」「見せるための政治」「魅せる政治」の中でパフォーマンスを展開した以上，熱狂する“観客”にとっては「玉虫色」という結末はなかったのである。

それは，加藤自身が「国民と同じ高さに目線を下げて」と言いながら，決定的な局面になると「視えない政治」に逃げ込み，妥協・取り引きという「永田町の論理」に嵌まり込んだ結果だと言える。

第3は，テレポリティックスで最も陥りやすい〈映像の陥穽〉だった。国民世論を背景にした「視える政治」の本質は，安易な「妥協」や「取り引き」，「曖昧性」を排するところにこそある。それらを排することが〈視える政治〉の真骨頂なのだ。「善か悪か」「白か黒か」の二項対立の世界が，細川が政権運営に持ち込んだテレポリティックスの原理である。そこには，グレイゾーンや曖昧性に踏み込む余地はない。〈視える政治〉の舞台において，「取り引き」の一部始終を「見せて」しまえば，「妥協点」に到達するまでのプロセスに，硬直的な姿勢や思惑含みの様々な考え方が入り込んで来るのは，目に見えている。

とすれば，加藤は，正念場で出演した「サンプロ」の舞台で，「森退陣」を含みとした田原の「党大会前倒し」提案をきっぱりと拒否するパフォーマンスに徹するべきであった。「妥協へのゲーム」に乗りかかった加藤の心根は，ブラウン管を通して〈市井の臣(庶民)〉に見透かされてしまったのだと言えよう。

6 〈視える政治〉の絶頂——小泉劇場

佐藤栄作の退陣会見以来，中曽根，細川各政権を経て，政治を取り巻くメディア環境は激変した。

時々刻々の首相ウォッチを任務に課せられた通信社(時事・共同)をはじめ，「社会の木鐸」を自負する主要新聞社(朝日・毎日・読売・日経・産経・東京)が中心になって最高権力者をウォッチしていた時代は，1980年代後半を境に，テレビ主導の時代へと移行しつつあった。それまでは，NHKを除けば，テレビ各社は，政局の平時には専任の首相番記者は置いていなかった。だが，〈視える政治〉の展開の中で，鋭角的なパフォーマンスを繰り広げる細川の登場によって，番記者事情も激変した。その後，〈視える政治〉と〈視えない政治〉がせめぎ合う10年近くの過渡期を経て，首相小泉純一郎の出現によって，「テレポリティックス」は全盛期を迎えたのである。

「自民党をぶっ壊す」——。自民党議員でありながら，こう発信し続けた小泉の「ワンフレーズ・ポリティックス」によってテレビは「小泉劇場」と化した。2001年４月，政界に新たに登場した「テレポリティックスのカリスマ」に多くの国民が喝采を送り，テレビのワイドショーは連日“大入り満員”を重ねた。内閣支持率はうなぎ登りに跳ね上がった。

小泉政権が誕生して以来，永田町・首相官邸から発せられるメッセージの形式，内容，また発信方法は大きく変わった。それまでは，内閣記者会に所属する報道主要各社の番記者が首相を四六時中追いかけ，官邸や国会議事堂の廊下で歩きながら質疑応答をするのが慣習となっていた。

だが，こうした方式には，常々，問題点が指摘されていた。

第１に歩きながらの質疑応答は，首相動静の僅かな移動時間を利用して行われるもので，時に首相の真意やニュアンスをくみ取ることができず，ちょっとした誤解が誤報を生む恐れがあった。首相を挟んで両脇の記者が優先的に質問できるが，筆者の経験でも，肝心の首相の答えは少し離れた記者たちには聞こえない。映像も録音もしない申し合わせになっているため，首相の肉声をはっきり聞いた記者１人か２人が，やり取りの記憶を掘り起こす。そして，他の番記者に伝える，この仕組みは，番記者が若手ということもあって，首相サイドからは，事あるごとに見直しが求められていた。しかし，取材機会をなるべく多く維持するという伝統的メディアの既得権は，伝統メディアのサンクチュアリ(聖域)として守られてきた。

そうした中にあって，テクノロジーの急激な進化と合わせて，統治される側の意識や生活様式，社会的行動の変容を直観的に見抜いた小泉とその腹心飯島勲が動いた。「小泉劇場」は守旧派メディアの慣習に風穴を空けた。

その仕掛けはどうなっていたのか。小泉の秘書として30年余，一切のメディア対応を引き受けてきた飯島の役回りを抜きには語れない。

「小泉劇場」開演に到るまでには，主役小泉の存在に加えて，優れたアクターを生かせるプロデューサー，演出家，シナリオライターが不可欠だった。それら3つを兼務したのが，飯島だった。

小泉は，いったんテレビカメラの前に立てば，自然体で風を切って歩ける一級品の役者なのだが，実生活では極めて無口，〈視えない政治〉における派閥の効用を知り尽くす政治家だ。当時，飯島からこんな話を聞いたことがある。

「取材にあたって小泉は他の政治家とは違う。本人が具体的な質問内容を知ることはない。すべて，私が事前に取材内容を事細かく聞く……が，小泉には教えない。テレビ取材でカメラが入る時でも，事前に聞いた取材内容を小泉に教えることはない。想定問答はなし，ぶっつけ本番だから，小泉の表情も笑いも，何もかも一切，作り物ではない」

この自然体の“演技力”が最大限の威力を発揮したのが，3度目のチャレンジで最高権力者の座を獲得した時とそれ以降の小泉時代だった。

小泉時代の〈視える政治〉に深く関わる第2の要素は，田中角栄の長女として生まれ，歯に衣着せぬ物言いで絶大な人気を誇った田中眞紀子の存在だ。〈視える政治〉を意識した眞紀子のセンス，大衆をひきつけるパワーは凄まじかった。98年自民党総裁選の際，眞紀子は「凡人・軍人・変人（小渕恵三・梶山静六・小泉）の戦い」と呼んで極めて分かりやすい発信をして，国民の政治関心を高めた。ここで「変人」扱いされた小泉だが，2001年のポスト森選びでは眞紀子と組んで，最大派閥に推された橋本龍太郎(元首相)に勝利したのだ。この時の眞紀子の支持なしには，「小泉劇場」開演には至らなかったかもしれない。

「テレポリティックス」において，より強力なパワーを発揮するには，政治メディアの変化に適応するルールづくりや取材する側を巻き込んだ舞台設定も重要になる。長年の付き合いで各種マスコミの特性を知り尽くしていた飯島は，発信力の才に長けた小泉の「役者」としての資質をどう生かすか，そのメッセージを国民に直接届けるにはどうすれば効果的かを考えた。

そこで考え出したのが，「テレビカメラのマイクをオンにした首相ぶら下がり」だった。歩きながら，映像なし／録音なしのぶら下がりには，小泉のメッセージにメディアの「解釈」が入ってしまう。映像なしではインパクトが弱くなる。

小泉という現代政治にマッチした“素材”を生かすため，飯島は内閣記者会に積極的に働きかけた。そして，話し合いの結果，新聞メディア主導で慣習的に行われてきた「歩きながらのぶら下がり取材」を改革するのに成功する。当初，渋った内閣記者会だが，合意事項に，①首相は原則として１日１回，立ち止まってテレビカメラをオンにしたぶら下がり取材に応じる，②首相の日程に応じて，回数は柔軟にする――という点に加えて，③ただし，これまでの歩きながらのぶら下がり取材も妨げない――という点を付記して折り合った。

内閣記者会には１世紀もの歴史があり，新聞メディア主導で築いてきた取材の既得権を切り崩すのは難しい。慣習的に行われている「歩きながらのぶら下がり」を廃止することはできず，小泉の負担は増える。だが，飯島はテレビを通じて国民に直接発信する「カメラ・オンのぶら下がり」に拘わった。メディアの取材活動を最大限尊重する飯島は，内閣記者会の逆提案を受け入れた。最優先すべき課題は，官僚主導でつくられた政策やメッセージを，官房長官会見を通じて国民に発信するという硬直化したシステムの改革。飯島には，日々，小泉の顔と声をテレビで発信し，〈視える政治〉を拡張する狙いがあった。

この方式は，日本における「テレポリティックス」の１つの完成形を意味した。それは，政治とメディアの関係において，テレビ・ジャーナリズムが主流となったことを反映していた。小泉はその後，「カメラなし」を加え，１日２回の「ぶら下がり」に応じるようになった。

マスデモクラシーの深化に対応して，飯島がメディア対策で冴えを見せた，もう1つの仕掛けがある。それは,「活字よりテレビ,活字なら一般紙より週刊誌」に力点を置くメディア対策である。その狙いは,〈市井の民〉にも受けるよう,硬派の報道機関よりも軟派の媒体を通じてメッセージを発信,ひと手間かけて,小泉人気を大衆の裾野,無党派層にまで広げようとする戦術だった。

飯島は,テレビばかりでなく,ゴシップ欄にも紙面を割くスポーツ紙にも小泉の記事が取り上げられるような仕掛けづくりを精力的に行っていく。

政権発足から1ヵ月後の大相撲春場所千秋楽,首相小泉は,優勝者に内閣総理大臣杯を授与するため,東京・両国国技館に足を運んだ。優勝決定戦では,右ひざを亜脱臼していた横綱貴乃花が巨漢の武蔵丸を投げ飛ばし,奇跡の優勝を遂げた。表彰式で,小泉は杯と表彰状を手渡し,声を張り上げた。「痛みに耐えてよく頑張ったッ。感動した！　おめでとう」。速射砲のように言葉をつないだ小泉の声が館内に響きわたった。

このサプライズに,各種メディアが飛びついた。スポーツ紙が写真を一面にデカデカと掲載。朝・昼のワイドショー番組では,「感動した！」の肉声と併せて授与式の映像が繰り返し流された。「ワンフレーズ・ポリティックス」を象徴する一言と併せて,「小泉劇場」は大ブレークし,「テレポリティックス」の名シーンとして語り継がれている。

7　安倍流「テレポリティックス」――選別・独演・予定調和

「小泉劇場」で1つの完成形をみた「テレポリティックス」だが,首相安倍晋三とテレビメディアの関係は,細川護熙から小泉純一郎に到る「テレポリティックス」のあり様とは違った様相を見せ始めた。

安倍政権はテレビメディアの関係では,まず「NHK をメディア介入のターゲットにした」(砂川浩慶『安倍官邸とテレビ』)と言われる。例えば,経営委員に自身に近い識者を推し込み,会長ポストのキャスティング・ボートを握って,首相の意中の候補,籾井勝人会長を実現した。テレビメディアの本丸に踏み込んだのだ。

一方,民放テレビ対策はと言えば,新聞とテレビ各局が系列化されているという日本の特殊事情を突いて,安倍は実行に移した。加えて,記者クラブ制度の下で，テレビメディアは健全な競争原理を排除，「持ち回りインタビュー」という旧来の取材慣行に依存してきたが，この矛盾を突かれた側面もある。

新聞とテレビ局は，朝日新聞＝テレビ朝日系列，毎日新聞＝TBS 系列，読売新聞＝日本テレビ系列，産経新聞＝フジテレビ系列，日経新聞＝テレビ東京系列という構図で示される。この系列化は，安全保障や歴史問題に焦点が当てられるようになると，新聞報道による色分けが鮮明化，対立の図式となった。安倍政権に対する新聞メディアは，朝日・毎日が批判的，産経・読売が政権寄り，日経がニュートラルなポジション取りをしているが，それが系列テレビ各局に反映，2015年の新安保法制問題を例にとると，安倍独特の「テレポリティックス」が展開された。

安倍流「テレポリティックス」の特徴は，よく指摘されるメディア「選別」に加えて，自身の「独演好き」，質疑応答の「予定調和志向」にある。このうち，まず，厳しいメディア「選別」は政治家安倍晋三のメディア体験に起因すると思われる。

安倍のメディア体験は，自民党が野党に転落した1993年に始まる。〈視える政治〉のスーパースターとして首相細川が誕生した年だが，椿発言問題（テレビ朝日報道局長椿貞良が93年の総選挙報道を振り返って「非自民党政権誕生を意図して報道した」との趣旨の発言をしたとして批判が殺到，引責辞任に追い込まれた事件）なるセンセーショナルな事件が起きた。初出馬・初当選を果たした安倍には，テレビ報道への強い警戒感が残った。

第２のメディア体験は，森内閣の官房副長官当時，NHK・Eテレ「戦争をどう裁くか 第２回　問われる戦時性暴力」（2001年１月）に絡む。同番組の内容が，放送前から右翼陣営の攻撃に曝された時，安倍も番組内容を問題視し，番組改変に向けて圧力をかけたとされる。

そして第３のメディア体験が，第１次安倍内閣誕生の2006年だった。安倍は，小泉の「テレビカメラ・オンのぶら下がり」を踏襲したが，当意即妙に短いフレーズで応答する小泉と違って，質問に長々と話し続ける自己主張・反論型の安倍はうまく対応できなかった。安倍は，多数の聴衆を前に一方的に喋りまくる，いわゆる「パーティートーク」「独演」が得意だ。ユーモアたっぷりに話しかけ，笑いを誘って逸品のスピーチをするのだが，厳しい質問を受けるとムキになり，印象を悪くする。質疑応答方式の「テレポリティックス」の出来は不評で，支持率下落の一因となった。

以上のメディア体験を持つ安倍の「メディア選別」が露骨になり始めたのが2015年だ。特に新安保法制関連法案の国会審議が進む中，夏になると，安倍は生放送のテレビ番組に相次いで出演，国民に直接呼びかける手法に力点を置き始めた。その切っ掛けは，国論を二分した新安保法制に関して，国民の理解が進まず，内閣支持率が急落したことだった。このため，舞台設定やバトル・フィールドのルールを改変，独自の「テレポリティックス」を展開するようになった。それは，「映像のインパクト」を狙った細川から小沢を経て小泉に到る旧来の「視える政治」の手法とは大きく違った。即ち，メディア側の安倍政権への距離感に応じて「選別」を厳しくするようになったのである。

出演する番組は，NHK は別格として読売＝日本テレビ系列，産経＝フジテレビ系列に厳しく「選別」された。そして，長時間出演が可能な生番組，加えて報道番組ばかりでなく，情報番組やワイドショー仕立て・バラエティ仕立ての番組にまで幅を広げた。

その上で，安倍自らが“饒舌なコメンテーター”となって，厳しい質疑応答のない「独演」できる番組にターゲットを絞った。まず７月20日，夕方のニュース・情報番組「みんなのニュース」(フジテレビ)に１時間半にわたって出演，火事に例えた模型を駆使しながら新安保法制の必要性を国民向けに説明した。翌日には，１時間の報道番組「深層 NEWS」(BS 日本テレビ)に，８月14日には「ニュースウォッチ９」(NHK)に出演した。法案採決が近づくと，さらに「選別」を強めた。活字メディアでは，別格の産経新聞のほか，超保守系月刊誌「Will」(ワック社)のインタビューに応じ，インターネット番組「ニコニコ動画」にも出演，饒舌に自己主張(「独演」)を続けた。伝統メディアの本流を自負する報道機関はすべて袖にされた。

９月４日，首相は，同法案を審議する参院平和安全法制特別委員会が開会中にもかかわらず，大阪までわざわざ出向き，人気の情報番組「情報ライブ ミヤネ屋」とバラエティ番組「そこまで言って委員会 NP」(いずれも読売テレビ)の生放送に出演した。さすがに，「国会軽視」の声が与野党から上がった。

2015年１月から16年４月にかけて，安倍がテレビに出演したのは，NHK，日本テレビ(BS 日本テレビを含む)，読売テレビ(日本テレビ系)，フジテレビ(BS フジを含む)，関西テレビ(フジテレビ系)のみ。テレビ朝日系，TBS 系やテレビ東京系への出演は皆無だった(砂川・前掲書)。

第１次安倍内閣の退陣から５年，安倍は首相に復帰すると，定期的な「ぶら下がり取材」を拒否，自分のタイミングで設定し，一方的にコメントする方式を多用する。質疑応答形式になる記者会見も極力絞ってしまう。会見時間も，最も視聴率が高い NHK のニュース番組(午後７時〜)にも直ぐ流れるように，午後６時(稀に同５時)からの生中継約30〜40分が定番化する。20年のコロナ禍対応では，質疑応答の時間が不十分とした記者側からのクレームが出たため，時間延長したり，オンライン放送を併用するが，基本パターンは変わらなかった。

「安倍総理は，第１次内閣での失敗を教訓に，政治メディアをどうコントロールするか，いかにメディアを切り崩すか，一斉に自分の方に立ち向かって来ないように分断作戦を展開した」(BS-TBS の報道番組「1930」キャスター・松原耕二)。

テレビは，主に年長世代が好み，若い世代は見なくなったと言われるが，「テレビ＋インターネット」の融合により，〈テレポリティックス〉の幅は広がった。動画サイト(YouTube，ニコニコ動画など)の進化や，急成長する動画配信サービス企業「ネットフリックス」の映像等々が加わって，〈視える政治〉の隆盛は今後も確実に続くだろう。

だが，自身の都合を最優先する“お手盛り民主主義”には罠がある。

20年のコロナ禍対応について言えば，安倍のメッセージは国民に届かなかった。そのネックとなっていたのは，「見せる政治」の記者会見での「冒頭発言」(通例約20分間)は，プロンプターに流れる「官邸官僚」書下ろしの草稿を読み上げる方式だ。自身の実感に基づく肉声がない。問題点及びそれらの対応を落ち度なく網羅した型通りの表現で貫かれた無機質なスピーチ草稿，質疑応答に入ると，内閣広報官の仕切りで質問者が決められる。質問の事前通告制，時間も限定的，関連質問もまずなく，記者会見に深みがない。国難とも言うべき危機的状況に際して，国家のリーダーに求められる「リスク・コミュニケーション」が成り立っていなかった。20年の新型コロナ・パンデミックにおいて，徹底的に記者会見での質疑応答に応じ，自身の“肉声”で国民に語り掛けるドイツ首相メルケルとの違いが引き合いに出されたが，日本の記者会見は余りにも形式化し，さらに言えば空洞化の危機に瀕死していると言えよう。「安倍総理の記者会見は，事前に徹底して質問内容を具体的に出させ，幹事社から始めて一社一問に限定するなど，何もかもがあらかじめ設定され，作られた記者会見になっていた」(松原耕二)。言わば，安倍の記者会見は台本通りの「予定調和」を策していたというわけだ。

その産物の代表例が，20年4月にアップされた官製演出の安倍のつぶやきだった。

安倍が「友だちと会えない。飲み会もできない。ただ，皆さんのこうした行動によって多くの命が確実に救われています」とつぶやき，その際，人気歌手星野源がインスタグラムに公開した「うちで踊ろう」を歌う映像に合わせて，自宅でくつろぐ安倍の姿を投稿，掲載した。安倍が愛犬を抱き，コーヒーカップ片手に優雅なひと時を自宅で過ごす動画。外出自粛を呼びかけたものだが，それにネット市民の批判が殺到，安倍動画は大炎上し，内閣支持率は急落した。安倍の狙いは裏目に出た。

民主政治が本質的に抱える弱さは，数の原理を絶対視し，悪魔の潜む権力を政治家自身が自制する心を見失う時に，必然的に肥大化するのである。

8　ポスト安倍政権誕生とメディア

「子年には大政変が起こる」――との言い伝え通り，2020年9月，政権は安倍から菅義偉へと引き継がれた。だが，その政変劇は，テレビを軸に新旧メディアの特徴を巧みに使いこなし，政局の流れを短期間で作り上げた政治プレーヤーたちによる劇中劇のように思われた。

安倍が退陣を表明した8月28日から一夜明けた29日。土曜夜の赤坂議員宿舎の一室。夜陰に紛れるように二階俊博(自民党幹事長)は，菅義偉(官房長官)と極秘に会談した。同席したのは，二階側近の林幹雄(党幹事長代理)と菅側近の森山裕(国対委員長)の2人だけ。翌30日午前9時51分，日経新聞系列の BS テレビ東京報道番組「日曜サロン」の放映中，テロップでニュース・フラッシュが流れた。「菅官房長官が二階幹事長に出馬の意向を伝えた」。リークしたのは二階及び側近筋と言われ，テレビ東京のスクープ，昼にヤフーがキャリーした。

続いて同日午後，舞台は自民党本部に移る。幹事長室には，二階，林に加えて，二階派会長代行・河村建夫らが集まった。そして夕刻，河村が記者のぶら下がり取材に応じた。二階派として菅を支持するのかと問われて答えた。「そういう空気が生まれつつある」と。河村発言はインターネットを通じて即座に，四方八方に拡散した。

31日付朝刊各紙は一斉に「菅氏が出馬へ＝二階派支持」を一面トップに据えた。遅れを取った最大派閥の細田派をはじめ，麻生派，竹下派は，新聞報道を受けて「菅支持」を派の総意として打ち出した。翌９月１日，党の意思決定機関である総務会が開かれた。二階が主導してつくった新総裁選出の手続き案――「８日告示，14日投開票―党員投票抜きの両院議員総会開催」の日程が正式に決まった。これを受けて，岸田文雄(政調会長)，石破茂(元幹事長)が記者会見で立候補を表明した。

「一番槍」を二階に許した麻生太郎(副総理兼財務相)は，細田博之，竹下亘に急遽呼びかけ，２日午後，二階抜きの共同記者会見を開いた。が，後の祭りだった。二階がつくった政局の流れに乗ったに過ぎず，同日夕，菅が記者会見を開き，出馬を公式に表明した。これをもって，ポスト安倍の新総裁の選出問題は事実上決着したも同然。つまり「舞台の緞帳(どんちょう)が上がる前に，芝居の幕が下りてしまった」のである。

安倍退陣―菅首相誕生の政局は，新聞，テレビ，ネット等々のメディアを統合して動かした二階が“世論誘導”によって「菅政権」一点を目指した流れをつくり出し，見事に議員心理を突いて「沈黙の螺旋」説を実証して見せたと言えよう。それは，言わば，監督・演出・シナリオ：二階俊博，主演：菅義偉，助演：河村，黒子：林，森山がそれぞれの役割を演じた「菅政権誕生劇」の終幕であった。

日本では，活字メディア(政治情報の整理・編集)，テレビ(政治の可視化)，インターネット(政治情報の拡散)が併存する形で相互連動しつつ，重要局面での政治が作られて行ったと言えるだろう。

9 結 び――〈職業としての政治ジャーナリズム〉という視点

古今東西，政治権力は，マスメディアを煙たがり，いかにコントロールするかに腐心するのが常だ。それは，2009年に自民党に代わって政権を奪取した民主党も例外ではなかったが，民主党政権後に再び首相の座に就いた安倍は，第1次内閣での失敗を教訓に，独自のスタイルで「テレポリティックス」を展開してきた。

安倍が到達した「視える政治」におけるメディア対策は，煎じ詰めれば，タイミングを選んで必要最小限の記者会見やぶら下がり取材には紋切り型の発言で応じること，また，自分の立場をほぼ一方通行で発信(「独演」)できるスタイルを貫くこと，その上で，安倍は次の3点に力点を置いた「視える政治」戦略を進めたのである。

① NHK は別格として，産経，読売系列のテレビ局を重視し，長時間にわたって自己主張が可能な番組を選ぶ(活字メディアについては，経済をテーマする時の日経は別格として，保守系の新聞・雑誌の単独インタビュー重視)
② メディア側の編集機能(解説・分析)が入り込む余地を極力回避する狙いから，質問の甘い生放送番組を選ぶ
③ 若い世代をターゲットに，映像と融合したインターネット，YouTube など動画サイトも織り交ぜ，シンプルなメッセージをイメージ発信する。

感性の泉から沸き上がって来る肉声が政治家の口から魂の言葉として飛び出して来なければ，政治はますます軽薄短小の次元へと移行し，本来の政治のパワー自体が減退していく宿命にある。こうした〈視える政治〉の罠に嵌っているプレーヤーは，何も安倍1人ではない。現に，テレビ出演によって政治コメンテーター化した政治家が数多く出現し，自身の言動に責任を有する真の意味での政治家は激減した。〈視える政治〉を過剰に意識した政治家の〈饒舌〉こ

そが，民主政治に不可欠な〈平衡感覚〉を失わせていく。

では，最後に，プレーヤーとしての政治ジャーナリストはどうか。本来，政治報道の本分は，すなわち，より質の高い政治コミュニケーションの仲介役として正確な情報伝達と「知的フィルターにかけた選択肢」を提示，権力監視という大義の基に政治家と国民との意思疎通と相互理解を促進させることにある。

その視点からすれば，〈視えない政治〉において派閥担当記者が政治家と共に裏舞台で果たしてきた，見えにくいプレーヤーの政治的機能は，彼らに代わって新たなタイプの政治メディアプレーヤーが登場し，希薄となった。それは，久米宏，古舘伊知郎（テレビ朝日系「報道ステーション」），田原総一朗（テレビ東京出身），筑紫哲也（朝日新聞出身），岸井成格（毎日新聞出身，TBS系「NEWS23」）等々，それぞれ新聞記者・テレビジャーナリスト出身，アナウンサー出身のキャスターで，いずれも，自民党政権を批判するポジション取りで論陣を張った面々である。

しかし，政治ジャーナリズムには永遠の難問が付きまとう。政治の世界は魔物が棲み，「白か黒か」の二項対立の基準だけでは完了しない。最大の難問は，一時的であれ，玉虫色でなければ前に進めない世界を取材・報道する点に内包されている。

政治ジャーナリストにとっての重要な取材源は政治家であり，決定的な情報は政治家の懐に隠されている。読売新聞特別編集委員橋本五郎は，半世紀もの間，新聞記者生活を続けてきたが，常に「難問の１つは政治家との距離をいかに取るかだった」。曰く「重要な情報は政治家の内部にまで入り込まなければ得られない。共感があってこそ信頼関係も生まれる。しかし，あまりに入り込むことで一体化し，批判の目を失っては，記者としては失格である。書くべきことも書けなくなる。このバランスをどう取るかが難しいところだが，結局は「適度の距離」を保ちながら，自分の尺度で評価するしかない」（『範は歴史にあり』）

政治記者橋本の苦悩は，外部から政治家を批判する記者には実感として分からないかもしれないが，橋本は〈職業としての政治ジャーナリズム〉の王道を歩いている。

ただ，1つ付言するとしたら，政治家とジャーナリストの関係においては，「距離感」の尺度は確かに相互の「共感」の度合いにかかっているものの，それは，主観的な尺度と併せて，自ずと客観的な尺度をも包含する〈適正な距離〉というものをも強く意識する必要があるだろう。

「報道」の〈道〉には，「言う」の意味(『漢語林』『大字源』)があり，「報道」のそもそもの意味は「社会に広く知らせる専門分野」というほどのものでしかなく，「社会木鐸論＝世の人を教え導く」などとメディア側が優位にあるとの意味合いを包含していない。しかし，「人間としての礼節と心，正義を忘れず，職務を以って自身をも磨き，鍛え続ける」――これが日本伝統の「道」の真意であるならば，これは「報道」に携わるジャーナリストの心得・精神になるのではないだろうか。政治ジャーナリストも権力におもねることなく，「報道」の根幹にあるこのプリンシプルを，決して踏み外してはならないと考える。

橋本の言う記者と政治家の間に成り立つ「共感」を有する関係は，ニューヨーク・タイムズの名コラムニストだったジェームズ・レストンが言う「自然な同盟関係」にあたる。そのレストンが「自然な同盟関係」の陥りやすい弊害を指摘している。

「記者の間には，地味で分析的な発言の多い，責任感豊かな議員よりは，やたらと派手な攻撃をしかけるハッタリ屋，極端な議員にスポットライトを向けるという嘆かわしい習性がある。そうするとニュースの種になりたさに，多くの議員がハッタリに満ちた自己演出に傾く」(『政治と新聞の対決』)

これは，政治報道に関わるジャーナリストが常に拳拳服膺しなければならない指摘だが，この傾向は「テレポリティックス」において，ますます強まっている。テレビとネットが融合し，映像・動画サイトが加わった「視える政治」の世界では，政治メディアが双方向化したがゆえに，送り手と受け手の境界が極めて不明瞭になった。それは同時に，誰もが送り手となり，受け手となり得る世界を形成，プロと似非ジャーナリストの見極めを難しくした。今や，批評精神を持ち合わせた職業人としての政治ジャーナリストと，報道倫理すら意識せずに情報を拡散あるいは垂れ流すだけの伝達者や無批判に権力者の意向を代弁するコメンテーター等々が混在する玉石混交の「一億総ジャーナリスト」状態になったのである。

こうした21世紀型メディア環境の出現は，政治ジャーナリズムに新たな課題を突きつけている。ここで究極の問いとなるのは，「職業としての政治ジャーナリズム」は健全な形での生存が可能か否かという命題にある。

参考文献

岩見隆夫『再見　戦後政治』（毎日新聞社，1995年）
中曽根康弘『天地有情――五十年の戦後政治を語る』（文藝春秋，1996年）
鈴木美勝『小沢一郎はなぜ TV で殴られたか――視える政治と視えない政治』（文藝春秋，2000年）
鈴木美勝「政治における映像と活字――加藤紘一はなぜ TV に殴られたか」（『草思』2001年４月号）
上杉隆『小泉の勝利――メディアの敗北』（草思社，2006年）
砂川浩慶『安倍官邸とテレビ』（集英社，2016年）
南　彰『政治部不信――権力とメディアの関係を問い直す』（朝日新聞出版，2020年）
橋本五郎『歴史は範にあり』（藤原書店，2010年）

推薦図書

蒲島郁夫・竹下俊郎・芹川洋一『メディアと政治』（有斐閣，2010年）
久米宏『久米宏です。――ニュースステーションはザ・ベストテンだった』（世界文化社，2017年）
鈴木美勝『小沢一郎はなぜ TV で殴られたか――視える政治と視えない政治』（文藝春秋，2000年）
橋本五郎『新聞の力』（労働調査会，2020年）
渡邉恒雄『反ポピュリズム論』（新潮社，2012年）

第7章

インターネット世論と政治

——日本におけるインターネット選挙運動の解禁と近年の動向

1　はじめに

2013年の公職選挙法改正で選挙運動における広範なインターネット利用が日本でも認められてからおよそ7年の歳月が経過した。当時その解禁を強く後押ししたのは「ネット選挙が政治(投票率)や若者の政治参加を改善する」という他国の事例や制度を踏まえてみてもほとんど根拠のない，しかし声高な(ネット)世論だった。それはジャーナリスト津田大介がいうところのネットを利用した政治改革，つまり「動員の革命」を期待した世論の表出であった(津田，2012)。技術の進化は，意識する／しないにかかわらず，少なからずコミュニケーションの変化を促進する。そして世論は実態を映す鏡とは限らないのである。

最近では政治コミュニケーションの主流はマスメディアを中心にしたものから，SNS を中心にしたものへと移り変わろうとしている。他方で絶えず高すぎる理想と期待が寄せられ，それゆえの「失敗」と失望を繰り返してきた日本政治のネットを巡るコミュニケーションは今もそれほど変わっていないようにも見える。本章では，インターネット選挙運動(以下，「ネット選挙」)の解禁とその後の展開，なかでも本書執筆時点における電子投票を巡る動向はまさにそれらを象徴するものといえるだけに，それらの経緯を改めて概観するとともに，最近のネットサービスにおける脱テキスト化の潮流を踏まえた，政治と言葉の乖離，すなわちイメージ政治の加速について検討する。

「日本のインターネットの父」と呼ばれた村井純が慶應義塾大学や東京工業大学といった大学を回線で結んだのは1984年のことだったが，日本でインターネットに社会的関心が一般化し始めるのは1995年前後のことであった。直感的に操作できるユーザー・インターフェイスと，容易なインターネット接続機能を有する Windows95 が発売され，この年の新語・流行語大賞に「インターネット」がノミネートされる。もちろん普及率や回線速度は現役世代のほとんどの人がネットに接続するようになった現在と比べ物にならないが，それでもインターネットが社会に認知され，関心をもって受け止められ始めたのがこの時期だった。日本政治におけるインターネットの利用可能性がはじめて検討されたのもこの時期のことであった。

インターネットに関連する技術やサービスの設計の随所に「カリフォルニアン・イデオロギー」などと呼ばれる反体制的・自由至上主義的思考を色濃く反映した当時，エンジニア・コミュニティで支持された設計思想を採用しがちだと指摘されてきた。それはより具体的にいえば，完成度の高い製品やサービスを長いモデルライフサイクルのもとで送り出す従来型のビジネスのあり方とは異なり，さしあたり出来上がった試作品を改良し，絶えず改良を施していく「漸進的改良主義」と呼ぶことができるあり方のことである(西田，2013a)。インターネットが普及するにつれて，ますますこのような製品・サービス開発手法はビジネスや消費者のあいだでは相当程度一般化した。ただし，それらがユーザーに意識されることはむしろ稀になりつつある。新しいサービスや製品は次々に発表され，ソフトウェア・アップデートは実質的に本人に意識されないまま，定期的に(あるいは提供企業の都合で)実施されるようになっている。それらが当然視され得るようになるにつれて，IT に限らず，社会のビジネス以外の対象においても――ここでは政治や選挙についても――そのような設計思想を当然視するようになってきた。こうして「インターネットを用いることで，日本政治を劇的に変えることができる」という期待感は，定期的なサイクルで表出するようになっている。SNS 普及期などでも繰り返し確認された。

しかし，インターネット登場以前から存在する制度や政策，社会規範等は当然そのようなものを前提に設計されているわけでもなく，設計思想の衝突が生じている。また最近では AI や AI が複数接続されたネットワークを想定した「AI ネットワーク社会」が構想される中でルールメイキングや倫理的視点の重要性が再認識され始めた。AI，インターネットとそれらがもたらし得る変容が国家のあり方に影響すること，すなわち憲法問題であることも憲法学などから指摘され始めている(山本編，2018)。技術革新と社会規範や伝統的法制度のどちらが優先されるべきかは必ずしも自明ではなく，インターネット的なものがもたらす／もたらし得る変容と，既存の価値観，規範，制度のあいだには一定の緊張関係が存在する。だが，技術革新，制度設計，社会等さまざまな観点を比較衡量しながら，総合的な最適解とそのあり方を模索すべきというごく常識的な知見が参照されるようになったのは日本社会では最近のことだが，それらは決して世論の大勢を占めているとはいえない現状がある。

本章ではそのような問題意識のもと，日本におけるネット選挙の動向を概観し，現在残されている電子投票や AI の導入などに関連するネットと選挙，民主主義に関係する論点を以下のような順に検討する。加えて近年改めて期待感が高まっている電子投票や技術的トレンドである非テキスト系 SNS，AI の活用可能性といった日本のネット選挙の現状の諸課題について政治コミュニケーションの観点から概観，検討する。ソーシャルメディアが主流になり，画像や動画といった非テキストをコンテンツの中心とする SNS は，日本の政治や民主主義にどのように影響しうるのだろうか。政治コミュニケーションの視点で，インターネットと日本政治，民主主義の今後を展望してみたい。

2　インターネット選挙運動解禁以前の状況と論点

1990年代後半，インターネットが日本社会でも浸透し始め，政治の文脈での利活用も模索され始めた。だが，その出だしからして，必ずしも芳しいものとはいえなかった。1996年に当時の新党さきがけに属する国会議員が当時の自治省にインターネットが公職選挙法上の文書図画に該当するのかを問うたところ該当する旨を回答した。その結果，多くの政党，政治家，候補者らは選挙運動の手段としてのインターネットの活用可能性の探求に消極的な姿勢を示すようになったからだ。1997年に超党派の国会議員が「インターネット政治研究会」を立ち上げ，当時の新進党の島さとし，自民党の逢沢一郎らが呼びかけ人となって，その会合には超党派の国会議員数十名が出席したが，政治活動における探求の動きも含めてネット活用の機運は一部の例外を除くと，芳しいものではなかった(1)。選挙区の区割りの変更や議席数の変更，古くは90年代の選挙制度改革における政界の強い関心や反発を見てもわかるように，政治は選挙制度の変更に敏感に反応を示すのが通例である。だが，日本の政界におけるインターネットの場合は，事実上，選挙運動に用いることができなくなったことで，インターネットの政治利用はビジネスでの利用や社会全般での活用と比べて大きく遅れをとることになったのである。

もう1つ，この当時からインターネットの政治利用には根拠の乏しい，いわば過剰な期待が寄せられ始めている点は注目に値する。オンラインメディアの老舗の1つ『internet Watch』は，当時の超党派の議連「インターネット政治研究会」において次のような事項がネット選挙導入の利点として議論されたことを報じている。

① 政治家個人の政策を直接伝えることができることによって，政治・選挙が政策中心になる。
② チラシ広告などよりも安いため，金のかからない政治が可能になる。
③ 在外邦人などへの情報発信ができ政治参加が促進される。(2)

政治から有権者への直接訴求の回路の誕生に伴う政策を中心においた選挙の実現や投票率の向上，多様な無償のインターネット・サービスの存在に伴う選挙のコスト削減の実現という主張は，現在にまで残るネット選挙に関連する有力な幻想である。電子投票を含むネット選挙の導入とこれらの関連性を実証した研究は国内外問わずほとんど見当たらないにもかかわらず，ネット利用による政治革新の「神話」が当時から現在に至るまで根強く語られ，支持されていることや，複雑な選挙制度(公職選挙法)とネット・SNS をめぐる世論の乖離を見て取ることができる。

その後，自治省は2001年に政治学者の蒲島郁夫を座長とする「IT 時代の選挙運動に関する研究会」を立ち上げ，のちに『IT 時代の選挙運動に関する研究会報告書』を公開した。この報告書は当時の日本でのインターネット普及状況等の環境を概観し，すでにインターネットが選挙運動に利用されていた英米圏と日本の公職選挙法の制度上の差異を指摘した。そのうえで政治参加促進の観点から，第3者の選挙運動に関しては電話同様に規制をかけないことが望ましいとした。しかし学術的な知見に基づく指摘は政策過程においても，またネット選挙解禁を主張する世論においてはその後も十分に顧みられることなくネット選挙解禁に向けた議論は進んでいくことになった。[(3)]

2000年代前半においてネット選挙の解禁を主張していたのは主に野党であった。1998年に当時の民主党からネット選挙を認める公選法の改正案が提出され否決されている。以後，幾度か同様の動きが繰り返された。大別すると２つの文脈からこの動向をとらえることができる。１つは規制改革であり，もう１つが政治におけるマーケティング手法の積極活用である。当時の野党は地方分権や天下りの禁止，情報公開といった規制改革を主張していたことはよく知られている。ネット選挙の解禁は実務的には公選法を中心とする選挙制度改革であり，規制改革の１つとして位置づけることができる。

もう１つは政治マーケティングと政治コミュニケーションの文脈だ。やはり1990年代末頃から与野党ともに現代的なマーケティング手法の導入に積極的になった。90年代の自民党の与党下野の経験と，その後の政権によって，自民党に対する評判が悪化した。小選挙区比例代表並立制の導入で無党派層の意向が重要になるというゲームそのものの変化も生じた。このとき，頼りにされたのが現代的なマーケティング手法であった。なぜ自民党は無党派層や女性からの評判が悪いのか，人気が出ないのかという状況の分析を定量的な方法で評価し，さらに対策を実施することで評判を改善できないか模索し始めたのである。また自民党は政党改革の一環としてマーケティング手法の導入に積極的だったことが知られている(大下，2011)。

並行して野党も，与党との緊張関係が激化する中で，新しい手法の探求に関心を示し，当時，新しい政治広報の手段としてやはりマーケティング手法に関心を示していた。民主党は当時，外資系企業等の協力を得ながら，価値観分析などの手法を取り入れようとした(西田，2013b)。こうして2000年代を通して，政治の新しいコミュニケーション手法として，現代的なマーケティング手法への関心と，並んでインターネットに対する関心が高まった。そして主に野党とIT に詳しい一部の与党議員の主張として，ネット選挙解禁が主張され，公職選挙法の改正案も提出されたがいずれも審議未了・廃案となり実現には至らなかった。それはまだ期待に対して，インターネットの社会への普及が伴わず，また現代と比べると，技術やサービスの制約から，あくまでテキスト中心のコミュニケーションが主流だったことやマスメディアの影響力が強かったことなどが複合的に影響したためと考えられる。

3　インターネット選挙運動解禁の政策過程

公選法改正に伴うネット選挙解禁の現実味が増すのは2000年代半ば以後のことである。背景には，インターネット（特にブロードバンドとモバイル）の一層の日本社会への普及という情報環境の変化と，政治的には無党派層への直接訴求手段が模索される中で与党の積極姿勢への転換を指摘することができる。総務省の『情報通信白書』によると，2002年に日本のインターネット普及率が50％を突破するなど，2000年代前半にインターネットは急速に日本社会に普及していった。前後して，2000年に高度情報通信ネットワーク社会形成基本法（「IT基本法」）が成立し，IT 基本戦略が閣議決定されている。ADSL などを通した大容量の回線普及と，2001年の NTT ドコモによる「ｉモード」のサービス開始に伴う携帯電話によるインターネット接続環境の整備がこの時期の特徴である。インターネットがビジネスや社会の諸領域との融合が実質的に始まった。

経済団体などからもネット選挙解禁を主張する声があがりはじめた。経済界，労働界，有識者，自治体関係者，法曹関係者らで構成された「新しい日本をつくる国民会議」（21世紀臨調），経団連，東京商工会議所，新経連などが該当する。これらの団体は，政治参加促進，選挙のコストカット，マニフェスト選挙推進，IT ツールのいっそうの普及等を理由にしながらネット選挙の導入を主張した。「ネット的なもの」が生活とビジネスに浸透する時期のことである。

政治の文脈では2005年の衆院選，いわゆる郵政選挙は与野党のネット選挙への取り組みの分水嶺となった。小泉内閣の命運をかけた郵政選挙だが，直前に PR を専門とするプラップ・ジャパンと契約し，現代的なメディア・トレーニングを受けている。選挙結果が連立を組む自民党と公明党で300議席を超える圧勝（自民党は296）だったこともあって，政治マーケティングの導入はその後も自民党内で既定路線として推進されていくことになる。それに対して，民主党においては大敗をきっかけとしてこの間契約していた外資系 PR 企業との契約を解除することになった（大下，2011；西田，2013b）。郵政選挙以後，民主党において，組織が一丸となったインターネット・キャンペーン手法が導入された形跡はその後，解党に至るまで明確には観察できない[4]。それに対して，自民党は，ブロガーらとの交流を企画したり，ネットで支持者を募ってみたり(「自民党ネットサポーターズクラブ」)と組織としてインターネット利活用の方法を模索していくことになった。自民党は試行錯誤と創意工夫を凝らし，組織能力を継続的に改善，向上させた。インターネットが社会に普及するなかで，政党や政治家，候補者らのホームページ開設も当然のものとなり，ブログやメールマガジンを活用する政治家も登場し，この間政治とネットの距離も近づいていった。

2009年から2012年にかけての民主党政権の渦中において，鳩山政権のもとで与野党合意に達し，公選法改正が現実味を帯びた瞬間があった。当時，民主党を率いた鳩山由紀夫はその所信表明演説で「新しい公共」という言葉を用いて既得権益の解体や政治の刷新を高らかに宣言した。2009年衆院選における民主党のマニフェストには，ネット選挙について以下のように記載していた。

6．企業団体献金・世襲を禁止する

【政策目的】

○政治不信を解消する。

○多様な人材が政治家になれる環境を整備する。

【具体策】

○政治資金規正法を改正し，その3年後から企業団体の献金及びパーティー券購入を禁止する。

○当面の措置として，国や自治体と1件1億円以上の契約関係にある企業等の政治献金・パーティー券購入を禁止する。

○個人献金を普及促進するための税制改革を実施する。

○現職の国会議員の配偶者及び三親等以内の親族が，同一選挙区から連続して立候補することは，民主党のルールとして認めない。

○政治資金を取り扱う団体を親族に引き継ぐことは，法律で禁止する。

○**誹謗中傷の抑制策，「なりすまし」への罰則などを講じつつ，インターネット選挙活動を解禁する**。(『民主党の政権政策 Manifesto 2009』より引用。下線・強調は引用者による)

当時の民主党が規制改革の文脈でもネット選挙を捉えていたことが確認できる。この後，ネット選挙を認める与野党合意に達した。その内容は以下のようなものであった。

- 候補者と政党・政治団体に限り，ウェブサイトを利用した選挙運動を解禁。電子メール，第三者による利用の解禁は見送り。
- ウェブサイトでの連絡先の表示(名称，メールアドレスなど)。
- ウェブサイトの前日までの更新(ただし当日も閲覧可能な状態にできる)。
- 「なりすまし」に対する罰則規定
- ツイッターについては，法律上可能にしつつ，本人確認の方法が確立するまで「自粛」。
- 有料広告は候補者のみ解禁。

ところが普天間基地に関する発言をきっかけに政治が混乱し，鳩山総理は辞任し，公選法改正の実現には至らなかった。以来，民主党は長く主張してきたネット選挙解禁を政策的には棚上げしてしまい，以後，民主党政権化で公選法改正案が提出されることはなかった。

民主党政権下，言い換えると自民党が野党であった期間，自民党は政治広報の手段としていっそうインターネットへの関心を深めていった。自民党が下野したことで，マスメディアの自民党に対する関心が顕著に低下したことに伴う存在感低迷といった危機意識があったとされる(西田，2015)。この間，メディア環境，情報環境も大きく変化した。インターネットの人口普及率は2010年には８割に迫り，現役世代に限定すれば85％近くになった。また携帯電話でのインターネット接続環境は飛躍的な改善を遂げ，サービスは多様化した。2007年に初代 iPhone が発表され，翌年から日本でも発売が始まった。2000年代から更新を容易にし，トラックバックなどで双方向性をもたせたブログが普及したが，2000年代後半には現在まで国境を越えて利用されるソーシャルメディア，SNS が相次いで誕生した（Twitter のサービス開始が2006年，Facebook 創業が2004年)。日本でも2000年代後半にはアーリー・アダプターのあいだで使われるようになった。東日本大震災で情報入手の手段として強く関心が高まったことなどがきっかけとなって，広く日本で普及するLINEも登場しこの前後から公的機関や自治体も各種のSNSにアカウントを開設し情報発信を模索するようになった。総務省の『情報通信メディアの利用時間と情報行動に関する調査』によれば，2012年に代表的なSNS（6種類が選択肢として挙げられている）を利用していた人は調査対象の41.4％であった。リーマン・ショックでマスメディアの日本の広告費は大きく落ち込んだが，インターネット広告費は例外でプラス成長を継続した。インターネットの社会的影響力が大きくなるにつれて，政治にとってのインターネットの魅力もまた増した。インターネットに関して，それまでは既存の政治力学を変更する懸念が持たれていたが，むしろ既存の政治力学強化に貢献し得るものだとみなされるようになったともいえよう。2008年時点において，衆議院で97％，参議院で95％の議員が個人のウェブサイトを開設していたとされる（上ノ原，2008）。2012年1月時点で衆議院参議院あわせて214名の国会議員がTwitterにアカウントを開設していた（西田・小野塚，2012）。この間に政治におけるインターネット利用が進み，政治活動と選挙運動の区別がつきにくいこともあり，適切な規制の必要性もより切実さをました。

各政党も2012年の衆院選の際には温度差はあれどもネット選挙解禁を主張するようになった。以下，当時の主要政党のマニフェストにおけるネット選挙に関する記述の抜粋である。

【自民党】

ネット選挙の解禁。

- Facebook，Twitter，ブログなどの普及に鑑み，有権者の候補者情報の提供，国民の政治への参加意識向上等を図るため，インターネット等を利用した選挙運動を解禁します（J-ファイル2012 自民党総合政策集』）。

【公明党】

インターネットを使った選挙運動の解禁を実現します（『衆院選重点政策 manifest 2012』）。

【民主党】

政治改革・国会改革を断行し，国民の信頼を取り戻す。

- 企業・団体献金を禁止する。

- 国会議員関係政治団体の収支報告書をインターネットで一括掲載する。
- 国会議員の関係政治団体の収支報告書の開示期間を3年間から5年間に延長する。
- インターネット選挙運動の解禁をすすめる（『政権政策 Manifesto』）。

【日本維新の会】

ネットを利用した選挙活動の解禁（『維新八策』）。

【みんなの党】

多様な民意を政治に反映させるため，インターネット選挙を解禁。

- 選挙期間中でもインターネット（フェイスブックやツイッター等）を使った選挙運動が，候補者本人や政党，第三者でもできるよう法律を改正。候補者本人の有料広告は，法定選挙費用内で可能とする。
- 個人認証の精緻化や秘密投票の確保がなされるようになった将来には，パソコンやスマートフォンを使ったインターネット投票を実現し，その技術を世界へと売り込む（『アジェンダ 2012』）。

【社民党】

インターネットは候補者の，候補者情報の充実，速報性，多様な情報の発信，有権者への直接の情報提供，時間的・場所的制約のなさ，有権者と候補者の双方向型の政治，金のかかわらない選挙の実現に資することから，インターネットを使った選挙運動を解禁します。また，各選挙委員会のウェブサイトに，政見放送と選挙公報を掲載します。インターネット選挙解禁に当たっては，視覚障がい者の方などへの対応に万全を期します（『選挙公約』）。

【共産党】

また，戸別訪問の禁止をはじめ，選挙期間中のビラ，ポスターの配布規制，インターネットを使った選挙活動規制など「禁止・規制法」としての性格をもっている公職選挙法を根本的に改め，主権者である国民が気軽に多面的に選挙に参加できる制度に変えることを要求します（『選挙公約』）。

※日本未来の党，新党改革，みどりの風，新党大地，幸福実現党は具体的なネット選挙に関する記述なし。

2012年の衆院選は野田総理の唐突な衆議院の解散宣言を受けたものであり，各政党は政策を準備するための十分な時間を取ることはできなかった。選挙前から政権選択の選挙となることが目されていたため，選挙の主たる関心はそちらに向けられていたが，一部のインターネット関係の有識者や若者団体，インターネットを活用する政治家らのあいだではネット選挙の解禁が強く主張されるようになっていた。世論喚起において重要な役割を果たしたのが，2012年の「OneVoice Campaign」という一種の社会運動であった(5)。「One Voice 実行委員会」というソーシャルメディアを介して集まった20代，30代の IT や政治に関心を持つ若者たちを中心としたネットワーク状の組織で，オンライン上にネット選挙解禁に賛同する有識者らの動画を集約した。その他にも各政党のマニフェスト上のネット選挙に関連する項目の比較を行い，ネット選挙解禁のための独自の公選法改正案も公開した。また著名人や起業家，ネット選挙推進派と目される国会議員を集めて，繰り返しイベントを開催するといった活動を行った。政治家の中では当時の日本維新の会・代表代行，橋下徹大阪市長のネット選挙解禁を促すツイッターでの発言も注目された。橋下は2012年当時すでに90万人のフォロワーを持ち，ネット選挙解禁を促す発言を繰り返した。こうした発言を受けて，2012年12月５日には当時の藤村修官房長官が，橋下のツイッターの使い方に対して名指しで警告を行うなど，ネット選挙は認められていなかったものの，政治家のインターネット上での発言がネットの中にとどまらず，政治にも関心をもたれるまでになっていた。また各政党も選挙運動の中でインターネットを経由してどのように見られるかということに関心を持つようになっていた。自民党の当時の安倍晋三総裁と麻生太郎による投票日前日の最後の応援演説の場所に選んだのは秋葉原だった。秋葉原はサブカルチャーやネットカルチャーに関心を持つものにとっては世界的な「聖地」として知られており，そこで生じる「イベント」はインターネット上のコミュニケーションに多大な影響力を持っている。その秋葉原が応援演説のフィナーレの舞台として選ばれたことは，現場，ネット，マスメディアを問わず大きな反響を呼んだ。

この後，ネット選挙解禁を主導していったのは自民党であった。第２次安倍内閣が真っ先に手を付けた政策の１つがネット選挙の解禁であったといってもよい。2012年12月16日が衆院選投開票日だったが，12月21日には安倍がネット選挙の解禁に意欲を示した旨が報道されている[6]。12月26日の記者会見でも，改めてネット選挙解禁を推進すること，翌年の参院選での解禁を目指す旨を発言した[7]。内容も2010年の与野党合意から踏み込んで，電子メールを除くインターネットの全面解禁を主張するものだった。

翌13年1月22日には，自民党内の「インターネットを利用した選挙運動の解禁に関するプロジェクトチーム」による会合が開催されている。従来からネット選挙解禁に際して懸念されてきた，なりすましや風評被害に関する対策や罰則規定を盛り込む内容が提案される。1月31日には，2010年の与野党合意を前提に，当時のみんなの党の提案内容なども取り込みながら，候補者以外の第3者によるバナー広告利用等については留保しながら，選挙運動におけるインターネットの自由な利活用を目指す方針が自民党から提案される[8]。2月14日には自民，公明，民主をはじめ与野党11党が公選法改正に今国会で取り組み，13年参院選からの解禁の実現を目指すことに合意した[9]。首相周辺や自民党執行部の強い意向でなされたが，その後，党内や公明党などからも異論が出て，与党内の全面解禁論は低調になっていった。公選法改正案の与野党修正協議は決裂した[10]。3月1日，民主党とみんなの党は，ネット選挙解禁に向けた独自の公職選挙法改正案を国会に共同提出し，与野党協議が繰り返し行われたものの合意には至らず，最終的に自民党は与野党合意を断念し，2013年3月13日，自民党，公明党，日本維新の会は，ネット選挙解禁のための公職選挙法改正案を国会に提出し，4月19日に公選法の改正案は可決・成立した。2013年の公職選挙法改正によるネット選挙解禁は，20年近い歳月をかけて到達した成果であった。

4　解禁後の動向，課題と展望

しかし，ネット選挙に期待された「変容」の「成果」は，現在に至るまで決して芳しいものであったとは言い難い状況にある。2013年の福岡県中間市の地方選（市議選）ではじめて実施され，国政選挙では13年の参院選から導入されたものの，事前にあれだけ喧伝された投票率向上効果は特に観察されなかった。中間市の市議選の投票率は43.64％と市議選の歴史の中で過去最低だった。2013年参院選の投票率は52.61パーセントで，過去3番目に低い数字を記録し，

14年衆院選の投票率は52.66％と戦後最低の投票率となった。明るい選挙推進協会『第23回参議院議員通常選挙全国意識調査』には，選挙の情報を得るためにネットを参照したかを問う項目がある（Q. 20）。これらのうち「利用しなかった」「わからない」の合計が81.3％と，そもそも認知が十分でなかった可能性が示唆される。選挙コスト低減効果も明確にならなかった。従来の選挙運動にネット選挙が上乗せされただけだからで，ノウハウの不足からネット選挙の運用を IT 系企業や専門のコンサルタントに委ねる習慣が定着した。日本のネット選挙は，投票率，選挙費用それぞれの観点において，事前「予想」と反対の方向に歩みを見せることになったが，「SNS 神話」は今も根強く残る。

日本のネット選挙解禁によって，13年以後，政党や候補者はいっそうインターネットやソーシャルメディアの活用を推進し，その方法を試行錯誤するようになったものの，政党優位の公職選挙法の立て付けは従来どおりで，例えば一連のバラク・オバマのアメリカ大統領選挙で見られたような IT を駆使した新しい草の根の寄付や大胆な選挙運動の変革には現状至っていないといえる。それどころか政党優位の選挙運動は政党単位のネット選挙対策が自民党中心に広まったことで，いっそう強化されたといっても過言ではないはずだ。2013年７月の参院選でも，党内に IT 企業や広告代理店などと協力した「トゥルース・チーム」（以下，「T2」）という，インターネット上の――なかでも，ソーシャルメディア上の――コミュニケーションを分析し，選挙運動に反映させるチームを設置した（西田，2015；小口，2016）。

自民党は自らの組織内部に「情報収集→分析→フィード・バック→次の情報発信」を実施する体制を構築した（**図７-１**）。T2 は24時間体制で自らに関連する炎上の監視と対策を手がけ，その対象はソーシャルメディア，候補者のアカウント，掲示板などであった。炎上リスクのある投稿として認識されたのはおよそ1800件，緊急性が高いものについては候補者事務所に対策について連絡した。なりすましにはアカウントの停止依頼を出すといった対応も行った。同時に報道に対するネットの反応についての分析も実施した。自民党に対するメディアにおける発信や反応も収集，分析し，どのように対応すべきかをダッシュボードと呼ばれるタブレットと FAX を用いて各選挙対策本部に配信した。たとえば原発再稼働問題がアジェンダとして浮上した際には，安全第一で原子

図7－1　2013年の自民党のソーシャルメディア対応体制の概念図

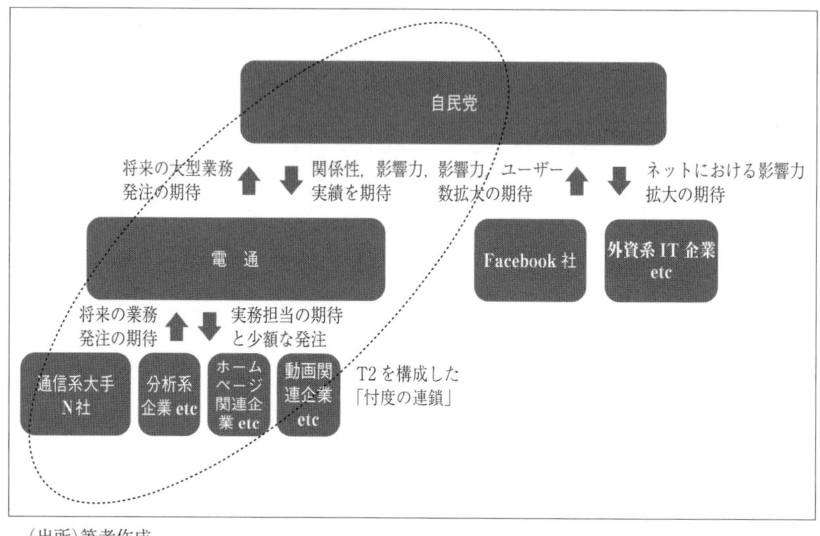

（出所）筆者作成

力規制委員会の判断を尊重することを強調するように伝えたのである（図7－2）。その後，自民党に遅れをとりながらも，各政党が同様の取り組みを開始した（西田，2018）。

ネット選挙解禁後，政党や政治家などは急速に情報環境の変化に適応しようとしている。平時の政治活動や選挙運動において，新しい情報技術を通じて得られるようになったデータを分析しその結果と知見をオンライン／オフラインの選挙運動に還元することで，主に彼らにとって有益に活用している。

関連して，どのような課題が残されているのだろうか。直近でいえば，電子投票が指摘できるかもしれない。2013年の公選法改正においても，電子投票（インターネット投票）の継続的検討が政策課題とされた。またネット選挙の黎明期から選挙運動だけではなく，投票も一体となって考えるべきということが提起されていた。それを受けるかたちで，近年，電子投票についての議論に関心が向けられるようになっている。総務省の「投票環境の向上方策等に関する研究会」では，「投票しにくい状況にある選挙人の投票環境向上及び選挙における選挙人等の負担軽減，管理執行の合理化について，ICT の利活用などによりいかなる取組ができるか検討」するとされた。同研究会は2018年8月10日に

図７－２　T2で用いた分析と対策例

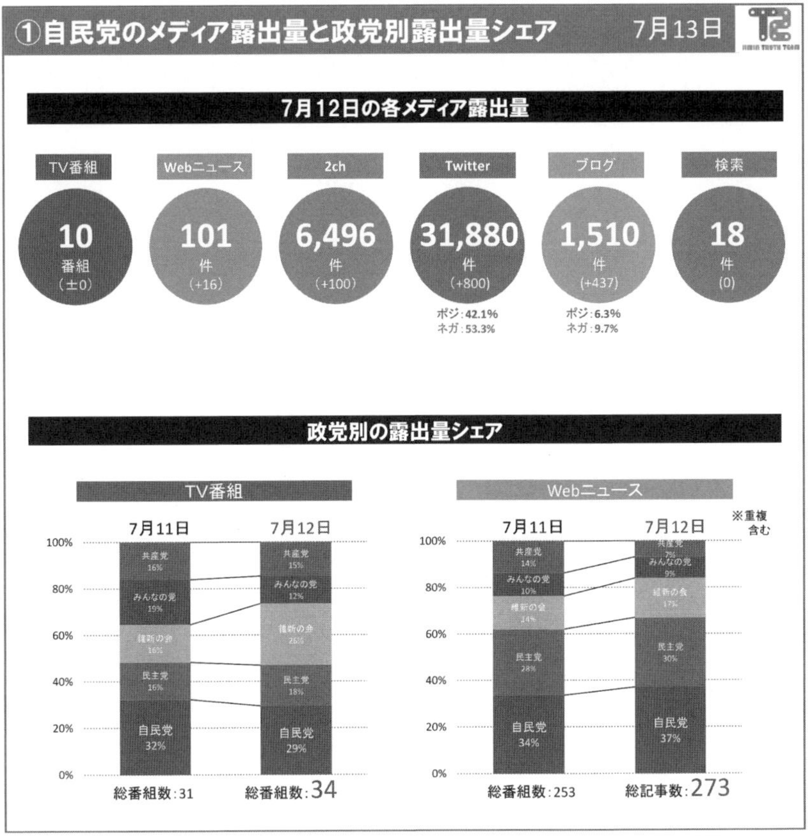

①自民党のメディア露出量と政党別露出量シェア　7月13日

T2
JIMIN TRUTH TEAM

7月12日の各メディア露出量

TV番組	Webニュース	2ch	Twitter	ブログ	検索
10 番組 (±0)	101 件 (+16)	6,496 件 (+100)	31,880 件 (+800)	1,510 件 (+437)	18 件 (0)
			ポジ：42.1% ネガ：53.3%	ポジ：6.3% ネガ：9.7%	

政党別の露出量シェア

TV番組

	7月11日	7月12日
共産党	16%	15%
みんなの党	19%	12%
維新の会	16%	26%
民主党	16%	18%
自民党	32%	29%
	総番組数：31	総番組数：34

Webニュース　※重複含む

	7月11日	7月12日
共産党	14%	7%
みんなの党	10%	9%
維新の会	14%	17%
民主党	28%	30%
自民党	34%	37%
	総番組数：253	総記事数：273

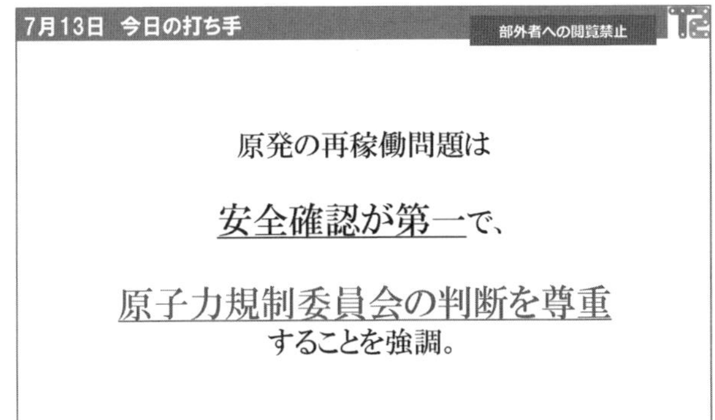

（出所）T2ホームページ

報告書を取りまとめ，これらの実現のために例外的な電子投票等の活用可能性と，その実現に必要な諸条件を取りまとめている。同報告書が「投票立会人不在の投票を特段の要件なしに広く認めること」のリスクを指摘するとおり，電子投票は人間を介した選挙不正の可能性を強力に拡大しうることに留意すべきだが，そのことは電子投票を推進する世論からはネット選挙同様欠落傾向にある。

またネット選挙／電子投票の一般化は政治データの流通増加や取得可能性向上につながり，データを活用する新しいプロパガンダ／監視の可能性を示唆する。先に見てきたような，政治の取り組みは，政治情報の発信戦略，手法の高度化を招いている。しばしば指摘されるように，政治家や政党はネットを政治コミュニケーションに使えるようになったからといって政策談義をユーザーたちと交わすわけではなかったのである。炎上を招来しやすい話題を避け，日常的な話題を中心に据えることで，「親しみの形成」に主眼を置いている。

「親しみの形成」とは，要するに好印象の獲得を巡る候補者間，政党間の競争が生じているということだが，見方を変えると，政治の実態を覆い隠し，有権者の理性的かつ冷静な判断を困難にする。筆者はこのような状況を「イメージ政治」と呼んでいる（西田，2015；2018）。イメージで政治が動いてしまうような政治コミュニケーションと社会のことである。

前述の各政党の取り組みもその傾向を示唆するし，世界的にも同種の事例が観察できる。ケンブリッジ・アナリティカ事件はその一例である。ケンブリッジ・アナリティカはイギリスに本社を置いていた選挙コンサルティング企業である（以下，「CA 社」。18年に倒産）。同社はデータ分析を武器にしながら，広告（キャンペーン）と政治（選挙）の２部門を有し事業を行っていた。米大統領選挙ではトランプ陣営につき，イギリスの欧州連合（EU）離脱の是非を問う国民投票では EU 離脱肯定派を支援した。当初，Facebook に関連する個人情報の収集目的は学術的な利用としてユーザーの同意を得たが，最大約8700万人の個人情報が流出し，それらが2016年米大統領選のプロモーションに不適切に活用された可能性があるとされている。ソーシャルメディア上での利用者のクリックやその他のエンゲージメント，書き込み，位置情報，アップロードした写真などから，対象者の嗜好傾向をかなりの精度で推測できるようになったことが知られているが，同様の手法を政治や選挙に応用しようとする例はこのようにすでに国内外で枚挙にいとまがない状況だ。

もちろん実際には投票の促進程度を越えて，インターネットやソーシャルメディアを用いた介入が選挙結果にどの程度影響したかは現時点においては明らかになっていないし，多くの考慮すべき変数があり，貢献の程度の正確な計測は困難であろう。多くの政治主体がそれらを使うようになり，使っていない候補者などとの比較が難しくなりつつあるのだが，むしろ「SNS が政治を変える」という「神話」はいっそう強くなっているようにも思われる。アメリカに対するソーシャルメディアを通じた介入については，イランや中国，北朝鮮などの事例も指摘される中で，近年，民主主義に対する攻撃として「シャープパワー」として問題視されるなど問題の深刻さも増している[11]。日本においても現実味を帯び始めた憲法改正の機会などへの介入可能性は否定できないし，ICT に加えて AI の利活用促進が既定路線となっている。様々なコンテンツを主役とするソーシャルメディアが当たり前になり，政治や選挙においても動画や Instagram など非テキスト系 SNS の利活用に関する試行錯誤も始まっている。日本でも Instagram で効果的に訴求する「インスタ映え」が注目され，観光地，商業地，商業施設等で意識した対策が実施され始めている。同アプリの日本語版登場は2014年のことで，㈱ガイアックスの調べによれば，2018年11月の国内月刊アクティブユーザーは約2900万人，海外では同約10億人にのぼる[12]。

2018年の自民党総裁選に出馬した安倍，石破両陣営はともに instagram を活用した。むろん総裁選の結果への直接的な影響は定かではないが，2019年の年始時点のフォロワー数は安倍氏が22万7000人，石破が5799人であった。投稿内容では2018年8月27日に投稿された事実上の出馬宣言の投稿は注目に値するものであった[13]。このポストは Facebook などにも転載されているが，同じく5万1172回再生され，448件のコメントが寄せられている。時間にして2分弱，効果音や字幕を活用しながら，安倍が中心に写された安倍が各国首脳と対話する場面，地方行脚しながら人々と対話する場面など，自らの抽象的な主張と実績がごく短時間に本人のナレーション下で，テンポよく次々と繰り出される。重要事項は字幕テキストでさらに強調され，スマートフォンの縦長画面に最適化されている。恐らくはプロの手で編集されたものである。

政治や行政における Instagram や非テキスト SNS 活用の最大のポテンシャルは，工夫次第で従来，政治行政がアプローチしにくく苦手としていた利用者に直接的かつ直感的にアウトリーチでき，新規読者，従来の支持者より裾野が広い，言い換えると忠誠心は乏しい若年層や女性に訴求できる可能性にある。選挙運動／政治活動／政治コミュニケーションを問わず，開拓の余地は広大だ。

しかし課題は表裏一体である。テキストを用いないコミュニケーションは，伝統的なコミュニケーションよりも有権者の政治に関する脊髄反射的反応を誘発しやすいものと考えられる。加えて，非テキスト SNS では「イメージの加工」が当然視されている。画像や動画の画角の調整，ズーム，光量，フィルタの調整等を，Instagram（だけではなく，最近の SNS 全般）では，画像や動画の加工，文脈の編集がとても簡単に行うことができるため，多くのユーザーが自らの投稿画像や動画を加工している。この世界観では，未編集投稿のほうが編集済み投稿よりイレギュラーなのだ。

先に言及した安倍の総裁選出馬の投稿も，実際演説を加工したものである。本人のナレーションの要所要所に過去の「実績」ふうの画像を挿入し，字幕と効果音を挿入するなど，さり気なく，しかし確実に手が加えられている。これらは注意してはじめて気がつくものだし，気が付きにくい加工も少なくない。有権者が「加工が当たり前になった政治情報」とどのように向き合うのか／向き合っていくのかは，未だ自明ではない。古臭い言い方かもしれないが政治は有権者と社会の理性を培うべきともいえる。非テキスト SNS が政治的意図をもって活発に利用されるイメージ政治の中で，いかに有権者中心の理性的な政治と接続，擁護していくかという古典的な問題が改めて重要性を増している。

もし電子投票が今後仮に現実味を帯びてくるのであれば，イメージの影響はネット選挙の比では済まないかもしれない。現在の選挙運動の過程のみならず，投票行動そのものと直結してくるからだ。メディア環境の変化は原状の公選法の「文書図画」規制と概念だけでは十分整合性が取れなくなってくる事態も十分想定できるし，むしろ既にそうなりつつあるともいえる。このとき，本章で概観したネット選挙解禁の政策過程で見られたような実態と乖離した言説（期待）先行の制度変更は好ましいとはいえず，公選法全体のあり方や放送法なども含めた総合的かつ緻密な議論が必要だ。さらには新しい ICT 技術や人工知能等を通じた情報収集，パーソナライズされたサービスが常態化するであろう近い将来，社会における，言論の自由と，「健全な」民主主義――そもそもこの概念自体が論争的である――を両立させることができる政治コミュニケーションを取り巻く制度，サービス，リテラシー，規範の設計のあり方が問われている。

注

(1)　岡本哲和の研究によれば，日本の国政選挙の候補者のウェブサイト開設率が50％を超えたのは2001年の参院選のときのことだという（岡本，2017）。

(2)「超党派の国会議員によるインターネット政治研究会が初会合」『Internet Watch』（http://internet.watch.impress.co.jp/www/article/970516/elect.htm）より引用。ただし，傍点は引用者による。

(3)　同様に，国会図書館は2006年に『我が国のインターネット選挙運動――その規制と改革』という調査報告書を公開している。前者は公選法の構成を解説し，インターネットの利点と課題を洗い出している。利点としてマルチメディアであること，安価であること，時間的・場所的制約を受けないことなどを指摘し，課題としてデジタル・デバイド（情報格差）の存在，誹謗中傷，費用の増加等を挙げている。

(4)　民主党の組織のなかで広報とインターネット対応は別部門として位置づけられていた。

(5)　詳細は，同団体の以下サイトを参照のこと（http://www.onevoice-campaign.jp/）。

(6)「自民総裁が『ネット選挙』解禁に前向き」『日本経済新聞』2012年12月21日。

(7)「『ネット選挙，来夏参院選までの解禁めざす』安倍首相」『日本経済新聞』2012年12月26日。

(8)「ネット選挙を全面解禁へ　自民方針，SNS も可能　参院選から」『日本経済新聞』2013年1月31日。

(9)「ネット選挙：与野党11党，解禁合意　今国会で改正　メールの運動，焦点」『毎日新聞』2013年2月14日。

(10)「『メール』折り合えず…ネット選挙，与野党決裂」『読売新聞』2013年3月1日。

(11)　2017年に全米民主主義基金（National Endowment for Democracy：NED）が，言論の自由など民主主義国固有の特徴が持つ脆弱性を逆手にとって民主主義の基盤を脅かす「シャープパワー（Sharp Power）」と呼び，その危険性を指摘したことで一躍，国際論壇の注目を集めるようになった。非民主主義国が情報技術等を活用する不正な手段で虚偽情報やフェイクニュースを大量流通させ敵対する国の選挙や政治をかく乱するといった行為が具体例として挙げられている。

(12)　ガイアックス「2018年11月更新！ 11のソーシャルメディア最新動向データまと

め」(https://gaiax-socialmedialab.jp/post-30833/)参照のこと。

⒀ https://www.instagram.com/p/Bm-6hi3Ho42/ 参照のこと。

参考文献

小口日出彦『情報参謀』(講談社，2016年)

西田亮介『ネット選挙 解禁がもたらす日本社会の変容』(東洋経済新報社，2013年，a)

――――『ネット選挙とデジタル・デモクラシー』(NHK 出版，2013年，b)

――――『メディアと自民党』(角川書店，2015年)

――――『情報武装する政治』(KADOKAWA，2018年)

西田亮介・小野塚亮「ツイッター議員の定量分析」『人間会議』26，pp. 64-9，2012年

岡本哲和『日本のネット選挙――黎明期から18歳選挙権時代まで』(法律文化社，2017年)

大下英治『権力奪取と PR 戦争』(勉誠出版，2011年)

津田大介『動員の革命――ソーシャルメディアは何を変えたのか』(中央公論新社，2012年)

上ノ原秀晃「日本におけるインターネット政治――国会議員ウェブサイトを事例として」サミュエル・ポプキン／蒲島郁夫／谷口将紀編『メディアが変える政治』東京大学出版会，pp. 207-27，2008年

山本龍彦編『AI と憲法』(日本経済新聞社，2018年)

推薦図書

ブリタニー・カイザー『告発 フェイスブックを揺るがした巨大スキャンダル』(ハーパーコリンズ・ジャパン，2019年)

平林紀子『マーケティング・デモクラシー：世論と向き合う現代米国政治の戦略技術』(春風社，2014年)

藤代裕之編『ソーシャルメディア論・改訂版 つながりを再設計する』(青弓社，2019年)

小口日出彦『情報参謀』(講談社，2016年)

西田亮介『メディアと自民党』(KADOKAWA，2015年)

西田亮介『情報武装する政治』(KADOKAWA，2018年)

第8章
メディアの分断と政治の分断
——各紙社説の実証的分析

1　はじめに

新聞の政治的立ち位置が分極化している，との指摘が近年，目立っている。憲法や安全保障，原発など国の重要課題をめぐり，産経新聞・日本経済新聞・読売新聞の「右寄り／保守」グループと，朝日新聞・毎日新聞・東京新聞の「左寄り／リベラル」グループ(以下略称「産経」「日経」「読売」「朝日」「毎日」「東京」)の主張が鋭く対立している，という理解である。このような指摘は1990年代からみられるものだが，2012年に第2次安倍晋三内閣が発足して以降，特に安全保障関連法制への賛否をめぐって生じた激しい対立が上記の構図を強く印象づけ，新聞の「二極化現象」とも呼ばれている。

だが，新聞の主張が分かれ，対立することはこれまでもみられた現象だったし，中でも憲法と安全保障は主要なテーマだった。では，いま指摘されている分極化とは，どのような特徴を持った対立なのだろうか。そしてなぜいま，それを指摘する声が大きくなっているのだろうか。本章はこれらの問いについて，「現在のメディアを歴史のなかでとらえ，相対化してみる[(1)]」メディア史研究の視点に立ち，次の3点から考えていきたい。第1に，憲法・安全保障問題をめぐる新聞社説の変遷を概観し，1990年代から現在に至る分極化現象の特徴を分析する。第2に，その特徴である，憲法や安全保障に関する大型社説を全国紙各社が相次いで発表した背景について検討する。第3に，こうした分極化が新聞社の販売戦略によっても促進されていることを指摘する。

2　分極化現象の特徴

(1)　憲法問題における新聞社説の変遷

戦争放棄・戦力不保持を定める憲法９条については，制定当初より大多数の国民から圧倒的な支持を得ていた，という見方が通説となっている。だが，憲法に関する世論調査を詳細に分析した研究は，実はこうした見方にはほとんど根拠がなく，後世の先入観に基づいた神話にすぎない，と結論づけている[(2)]。この研究によると，1950年代の一般国民にとって，自衛のための再軍備の必要性自体は当然のことであり，その法的位置づけを明確化するための改憲に対しては，一定以上の理解を示していたという。警察予備隊から保安隊，そして自衛隊と「なし崩し再軍備」が進むにつれて，「正式の軍隊を持つための改憲」への反対論は強まっていったが，それは憲法９条のもとでも一定の自衛力が確保されたという状況を踏まえてのことであり，当時の国民にとって９条改正をめぐる問題とは「９条を改正して『正々堂々と軍隊を保有する』べきか，同条をそのまま維持して『現有以上の軍備拡大に対する歯止めを設けておく』べきかという争点であった」。９条は軍事力の保有をいっさい禁止している，という憲法制定当初の解釈に立てば，前者は条文を変えて軍事力を合法化する改憲(「明文改憲」)であり，後者は９条の条文を維持したまま，その解釈を変えることによって事実上の再軍備を進める，つまり「解釈による改憲」(「解釈改憲」)に分類される。いずれも９条を厳格に解釈すれば改憲なのだが，それが当時の国民の意識だったと言えよう。

新聞論調にも，こうした世論が反映された。地方紙も含めたこの時期の憲法社説に関する研究によると，1950年代半ばまでは，改憲賛成の立場を取る新聞社が多数だった[(3)]という。天皇の元首化や戦前型家族制度の復活といった戦前の旧体制への回帰を目指す復古的な改憲論を唱える新聞もあったが，多くの改憲派新聞は，再軍備が進む実態と９条の条文とのズレを修正すべきだと主張し，全国紙のうち「毎日」と「読売」はこの後者の改憲論に立っていた。だが新聞の改憲機運は，50年代半ばから急速に退潮することになる。それは直接的には，55，56年の国政選挙の結果，衆参両院で革新勢力が改憲阻止に必要な３分の１

の議席数を占め，憲法改正の可能性が当面遠のいたことが原因だった。そのことに加え，この時期に保守勢力による憲法の全面改正構想が明らかになり，その復古的な内容に対し，改憲論に立つ新聞の多くが警戒感を強めたことも大きな理由だった。他方，改憲反対，あるいは改憲慎重論に立つ新聞も，「慎重に対処せよ」「軽々に変えるべきではない」といった現状維持的な立場からの反対だった。それは，９条が保持を禁じる「戦力」と再軍備との関係をどう説明するかという難問に直面したからであり，再軍備自体を否定するわけではないという点では改憲派と同じだった。そして改憲派が９条の改正による解決を主張したのに対し，改憲慎重派は，解決案の提示を避ける「先送り論」に止まっていた。

全国紙のうち「朝日」は一貫して「護憲」を唱えてはいたが，かといって一切の再軍備に反対する非武装論に立っていたわけでもなかった。国会で自衛隊の合憲性をめぐる論争が行われていた1953年末，朝日はそれまで，直接侵略に対処する部隊は憲法９条２項が禁じる戦力にあたり違憲，と主張していたが，社説「『憲法改正せず』の方向へ」(1953年12月16日付）で，自国の防衛に徹するなら９条を改正せずとも直接侵略に対応する「自衛力」を持てる，という「解釈改憲」の立場へと社論を転換した[(4)]。だが，現状の自衛隊を合憲と明言するわけでもなく，その規模や装備について常に合憲性に疑問を呈し，防衛費の増大や任務の拡張を批判するという態度を取り続けた。それは日米安保体制についても同様であり，批判を繰り返しながらも基本的には安保体制を容認するのが「朝日」の社論だった。そのことは，在日米軍は戦力に当たり憲法９条違反，とする1959年３月のいわゆる「伊達判決」に対して，政府が合憲とみなしてきた根本政策を違憲とすることは「きわめて異様」だとして，全国紙の中で最も厳しく批判したことに象徴的である（1959年４月２日付社説)。

こうして，憲法および安全保障問題についての新聞の主張は，日米安保体制の下で憲法９条を維持しながら自衛力漸増を図る政府方針の承認へと収斂し，60年安保改定以降も基本的には変わらなかった[(5)]。だがそれは結局のところ，「改憲・護憲両派の主張のバランスをとりつつ憲法を運用することを支持する一方，９条の是非など激しい政争につながるような厄介な議論は極力先送り[(6)]」するという態度であり，根本的な問題は未解決のままだった。それは憲法９条と，日米安保体制や国連の集団安全保障体制が整合するのかという問題であり，特に９条が集団的自衛権の行使を禁じているため海外での武力行使はできない，という政府の解釈が，冷戦後における憲法論議の大きなテーマとなるのである。

(2)　冷戦終結後の憲法社説

棚上げになっていた新聞における憲法論議が再び活発化した契機は，1990年８月にイラクがクウェートを侵攻したことに始まる湾岸危機だった。11月には国連安全保障理事会が多国籍軍によるイラクへの武力行使を認める決議を採択し，翌91年１月，湾岸戦争に発展した。日本でも，自衛隊を派遣して後方支援や輸送などで協力する「人的貢献」が模索されたが，革新勢力と世論の強い反対によって頓挫した。以上の過程では「産経」と「読売」が，現行憲法でも解釈を変えれば自衛隊の派遣は可能と主張し，他方「朝日」と「毎日」は９条の下では自衛隊の海外派兵は不可能と反対した。結局日本は総額135億ドルの資金協力を行ったが，カネだけ出す，という姿勢は関係諸国からほとんど評価されず，「湾岸戦争のトラウマ」として記憶されることになった。そしてこの経験を契機に，「国際貢献」と憲法をめぐる議論が活発になった。

世論を納得させることができなかった「読売」は，1994年11月，憲法９条を改正して自衛力を保持することや，自衛隊の国連平和維持活動(PKO)への参加を明記することを柱とした「憲法改正試案」(以下「読売改憲試案」)を１面から計８ページにわたって展開し，紙面で大々的に政策提言を行う手法を「提言報道」と名付けた。そしてその半年後の1995年５月，今度は「朝日」が「戦後50年　朝日新聞は提言します」との見出しで，１面から計４ページにわたり「国際協力と憲法」(以下「95年社説特集」)と題する社説特集を発表し，「『非軍事』こそ共生の道」「９条は改定しない」と述べて護憲の立場を改めて明確にした。同紙は2007年５月にも，21本の社説を同時に掲げる「社説21　提言・日本の新戦略」(以下「朝日07年社説特集」)を発表し，やはり９条を変えない姿勢を宣言している。発行部数１位の「読売」と２位の「朝日」による憲法提言は，新聞による憲法論議を活性化させた。「日経」は2000年５月に「憲法改革」を掲げて４面にわたり特集を組み，改憲の方向へ踏み出した。「毎日」は2000年４月から計約50回にわたる連載社説「考えよう憲法」(以下「毎日連載社説」)を掲載し，

「護憲」でも「改憲」でもない，とする「論憲」を打ち出した。「産経」は2013年4月，天皇の元首化や「軍」の明記など保守色の強い改憲草案「国民の憲法」要綱を発表している。このように，憲法や安全保障問題に関して，各紙が大型社説を大々的に展開してその立場を明確に宣言している点が，90年代以降の分極化現象の特徴の1つである。

だが，これらの大型社説の具体的な内容を検討すると，主張が分極化しているというよりも，むしろ収斂していることがわかる。例えば自衛隊のPKOへの参加について，「朝日」の「95年社説特集」は，「自衛隊の海外派兵は許されない」との立場から自衛隊とは別組織の「平和支援隊」をつくって参加することを提言した。だが，これに対しては発表直後から「日本が特殊な専門家集団を送っても，PKOの組織に組み入れられる際，国際的な規格に合わぬものは受け入れられない」などと疑問の声が上がっていた[(7)]。そしてPKO参加から10年を経た2002年9月，「朝日」は「自衛隊がPKO活動の主力を担い，それが定着してきたという事実を否定できない」(2002年9月17日付社説)として，PKOへの自衛隊の参加を容認した。これは，自衛隊の発足時から海外派遣に反対し続けてきた「朝日」の大きな社論転換だった。さらに「07年社説特集」では，当初のPKOでは武力行使に結びつきかねないとして凍結されていた停戦や武装解除の監視などにも任務を広げ，将来的には「国連や公的施設の警護などにも範囲を広げる道も探る」と踏み込んでいる。「毎日連載社説」でも，PKOの任務内容について「日本が行えるかもしれない具体的な手法が憲法自身の規定によって抑制されている印象が実感を伴って強まっている。平和の維持に駆けつけたいが，武器携帯もままならず行動は制限的でしかない」(2003年5月3日付社説「傍観癖から脱したい」)と問題提起している。これらの主張と，「産経」「日経」「読売」が支持した2015年の安保関連法制における「駆け付け警護」や武器使用基準見直しとの違いを見出すことは難しい。

また日米安保体制について「朝日」は，「95年社説特集」では「アメリカの戦争に巻き込まれる可能性をはらむ軍事同盟への参加は，憲法の理念に照らせば，過渡的，例外的な選択だった」「日米共同作戦計画など，冷戦を前提とした安保体制の運用も見直さなければならない」と提言していた。だが「07年社説特集」では，「冷戦は終わったが，脅威がなくなったわけではない。攻撃に備えて，単独で軍備を整えるには法外な費用がかかる。そこを埋めてくれるのがアメリカだ」として，「わが国の防衛のためにはアメリカに加勢してもらうし，周辺事態では後方支援で日本はアメリカに協力する」として「日米同盟を使いこなす」ことまで訴えている。これらの主張も2015年の安保関連法制で議論となった，米軍の艦船を自衛隊が守る「米艦防護」と大きく関わる内容である。ここで争点となった個別的自衛権と集団的自衛権の解釈について本章で詳論する余裕はないが，少なくともこれらの社説特集の主張が，社民党や共産党のように安保関連法制を「戦争法案」と呼んで全否定する立場ではなかったことは確かだろう。

このように，各社の「護憲」ないし「改憲」スタンスが大型の憲法社説によって強調されていること，にもかかわらずその内容は先鋭化というよりも収斂しているという，イメージと実際の主張とのギャップが，新聞分極化と言われている現象の大きな特徴だと言える。

3　新聞の言論機能への注目

(1)　政治報道に対する自己批判と改革

1990年代後半から2000年代にかけて，全国紙各社が大型の憲法社説を相次いで発表したのは，「戦後50年」や「21世紀」といった節目と重なったという背景もある。だがより重要な要因として，55年体制が崩壊する過程で，政治報道におけるテレビの存在感が急速に高まったことに対し，新聞関係者が危機感を募らせたことを指摘できる。

1993年７月の総選挙で，38年間続いた自民党の単独支配が終焉するが，この解散・総選挙・新政権樹立に至る大きな流れを作ったのは，それまで政治報道の中心と自他ともに認めてきた新聞ではなく，テレビだった。この過程では，政治家の汚職事件が相次いで明るみに出ていたことを背景に，若手政治家が生中継のニュース番組や討論番組に出演して「改革派対守旧派」の構図を訴えて注目を集め，そこでの政治家の発言を新聞が後追いすることも頻繁になった。こうした事態は，総選挙後に行われた新聞関係者とマスコミ研究者によるシンポジウムで「映像メディアに対する印刷メディアの敗北」と総括された。(8)

そして新聞関係者はその「敗因」を，55年体制における政治報道のマンネリ化に求めた。例えば「毎日」で後に政治部長や論説委員長を務めた倉重篤郎は当時，「55年体制下の社説，政治論評記事の１つのヒナ型は，自民党政権の政策を様々な観点から検証し，その矛盾点，問題点を列挙して全体を否定するものだった」とまとめ，その問題点について「よく言えば権力の行き過ぎをチェックする，悪く言えば重箱の隅をつつき難癖をつける，社会党の国会質問のような代案なき批判であった。常に『問題点』を指摘，『真剣な論議が望まれる』といっておけばそれなりにサマになった時代があったのだ」と指摘したうえで，新聞社に起きた変化を次のように解説した。「しかし，冷戦の崩壊と91年の湾岸戦争がそういった『古き良き時代の言論』に終止符を打った。社会主義的立場からの政策批判は立脚点を失ったし，何よりも安全保障の枠組みが大きく変化する中で，『国際貢献の在り方』特に『自衛隊・PKO の位置付け，その活用法』について新聞社は具体的立場の表明を迫られたからである[9]」。

当時，新聞関係者によるシンポジウムや座談会がたびたび開かれたが，そこに共通していたのは，それまでの政治報道における「代案なき批判」とそのステレオタイプ化を自己批判し，政策を示す言論機関としての役割を強化することで政治報道における優位性を取り戻すという認識だった。「朝日」「毎日」「読売」３紙の社長による鼎談では，司会者が「今や新聞の論説委員より，ニュースキャスターが世論形成の主役になっているように思える」と切り出したのに対し，「朝日」の社長は「新聞や雑誌を中心とする活字ジャーナリズムも，自身の役割を再認識すると同時に，再構築をしなくてはいけない。……必要な選択肢や対案をはっきり書いた読者参加のような双方向ジャーナリズムが求められている」と応じた[10]。

冷戦後の日本の針路が模索されていた90年代半ばに「読売」と「朝日」が相次いで発表した大型社説は，憲法および安全保障に関する両紙のスタンスの違いを明確に示すものであり，現在も「メディアの分断」の象徴的な例として認識されている。ただ「朝日」はその後，「護憲」の立場を強調する一方で，具体的な政策提言として「95年社説特集」「07年社説特集」と検討を重ねる中で，現実主義の立場に立つ「読売」の主張へと近づいていった。従って両紙のスタンスは，少なくとも「07年社説特集」の時点までは，「分断」と「収斂」の２

つの面を持っていたと理解するべきであろう。

⑵　「ニュース」と「オピニオン」の混同

一方，新聞社が自社の主張を「社論」(コラム参照)として強く打ち出していくことは，社説だけでなく一般の報道記事の方向性にも影響を与えることになった。そしてそこには，近代以降の日本ジャーナリズムが掲げてきた「不偏不党」原則と，戦後の占領期に連合国軍最高司令官総司令部(GHQ)によって導入された「客観報道」原則が同一のものとして理解されてきたという歴史的な背景が存在していた。欧米のジャーナリズムでは「ニュース」(報道)と「オピニオン」(社説・評論)を区別し，「客観報道」原則は「ニュース」に限定されるものであるのに，日本では「不偏不党」原則と同一視されることで，この区別が曖昧になってしまったのである[11]。そして新聞の言論性を高めるべきだという主張は，「不偏不党」原則からの脱却へとつながっていく。たとえば「読売」の社長兼主筆として社論を主導してきた渡邉恒雄は，1985年の主筆就任当初から「多くの新聞は，不偏不党を建て前としているから，右も悪ければ，左も悪いといった調子になる。客観的公正さを尊ぶのは正しいが，そのため主体的主張が弱められ，ついには『どの新聞を読んでも同じだ』という不評を受けるようになる」と繰り返し述べており[12]，こうした認識が，その後の「提言報道」の動機となった。

だが，「ニュース」と「オピニオン」の区別が曖昧なまま社論を強く打ち出せば，本来「オピニオン」に限定されるべき主張が「ニュース」の内容にも影響を及ぼしてしまう。そしてこの点は，「提言報道」をめぐる議論の中でたびたび指摘されていた問題だった。全国紙の論説責任者による座談会[13]で，司会を務めた藤田博司・上智大学教授は，「提言報道」を①ある社の統一した意思ないし見解に基づいて，②社説ないし論説欄以外のスペースをさいて，③組織的，大々的に行われる報道の手法，と定義し，特に②の点を提言報道固有の問題として提起した。だが，社説の主張が一般報道の方向も規定してしまうという問題は，実は日本のジャーナリズム全体が抱えている問題でもあった。座談会で藤田は，社説が示す方向性と一般ニュースのそれが異なる場合，整合性を取ろうとするのかどうかについて問いただしたが，「読売」の論説委員長は「(一般ニュースが社説の影響を受けることについて――引用者補）全然なければおかしいと思います。いうなれば，社説と表裏一体の関係にある提言ですから」とあっさり認めて特に反論せず，「朝日」の論説主幹も「雑報の場合に，暗黙のうちに社説の主張に合わすというか，それに反するものは落としたりはしなくても，例えば扱いが小さくなったりなどは事実としてあるような気がします。その辺は，社説や社論を社内でどう位置づけるかという基本的なところだと思います」と述べるのみだった。いずれもそこに客観報道主義との葛藤は存在せず，議論は深まらなかった。

こうして，各社が憲法や安全保障問題に対するスタンスを社論として大々的に打ち出していったことは，社説だけでなく，一般報道にも大きな影響を与えることになった。憲法改正への強い意欲を掲げた安倍晋三政権が発足し，さらに特定秘密保護法の制定，武器輸出三原則の転換，集団的自衛権の行使容認と，各紙の賛否が大きく分かれる政策を相次いで打ち出したことで，この傾向はいっそう顕著になっていったのである。(14)

4　経営戦略としての差別化

これまで検討した分極化イメージの拡大と言論機能強化の動きは，言論市場の中で自社の独自性を強調する経営戦略，として説明することも可能である。そしてその差別化は，「産経」と「読売」においては，戦後ジャーナリズムの中心的立場にあった「朝日」への挑戦という形を取った。

その代表的な例が，「産経」の「正論」路線である。社外の右派論客を執筆陣に揃える「正論」欄は1973年から始まり，今も同紙の大きな特色になっている。この欄を始めた当時の鹿内信隆社長の戦略について，同紙の編集局長などを歴任した青木彰・筑波大学名誉教授は次のように解説した。(15)新聞社の収入は，新聞そのものの売り上げ（販売収入）と，新聞に出稿される広告の掲載料（広告収入）を二本柱としている。当時の「産経」では，販売収入は用紙代や販売経費，発送費などで消えてしまい，紙面づくりに必要な編集経費や人件費などは広告収入に依存していた。一般的に広告収入は新聞の部数に大きく左右され，部数は系列販売店の数や営業力によって決まる。したがって「産経」のような販売店の力が弱い新聞社が販売収入や広告収入を伸ばそうとすれば，紙面内容を差異化して独自性をアピールすることで読者を獲得しなければならないわけである。社長就任直後の鹿内に対し，青木が「朝日と差別化した論調を掲げるべきだ」と提案し，「朝日」の左派的論調はコア読者であるインテリ中流階級の共感を得るための商業主義としての面もある，との見方を述べたところ，鹿内は「朝日と逆のイデオロギーをコマーシャリズムと割り切ることもあり得るわけだな」と応じたという。その４年後に始まった「正論」路線について青木は，次のように嘆息した。「わが国のインテリ層を読者にした朝日に対抗し，しかも朝日を見ならうことで同質化した日本の新聞界の中で独自の言論を構築するためには，鹿内社長のいう『正論』路線を選択するしかないのかもしれない」。「産経」の差別化戦略はその後も続き，湾岸戦争を契機に始めた各紙の社説比較もその一例と言える。この手法は他の新聞にも拡がり，社説や一般報道における各紙の違いを可視化している。

そして「朝日」への対決姿勢を最も強く打ち出してきたのは「読売」であり，同紙の渡邉恒雄主筆は，非武装中立論を唱えていた社会党と「朝日」の主張を同一に論じてその非現実性を批判する，という手法を繰り返してきた。そのライバルについて渡邉は，「ぼくは新聞人生の半分以上を朝日への対抗意識で過ごしてきた。……戦後45，６年のうち20年くらいは質量ともに完全に(「朝日」に─引用者補)負けていました。……よくするために40何年戦ってきた。朝日においつけ，追い越せとね[(16)]」と率直に述べている。発行部数と影響力という観点からみてみると，渡邉が入社した1950年当時，「読売」は東京のみの発行で，大阪や九州でも発行していた「朝日」の部数と２倍以上の開きがあった。「読売」が「朝日」の部数を抜いて20年近く経った1994年の段階でも，「朝日」「毎日」「読売」３紙の社長による前述の鼎談で司会者が「かつての言論界においては朝日と岩波が日本最高のエスタブリッシュメントで，影響力が強かった。読売は1000万部かもしれないけど，やはり出版広告は今でも朝日のほうが読売よりも効果がある。結局日本のインテリというのは朝日を信じてるということなんでしょうね」と述べたように，言論界における両紙の格差は依然として大きかったのである。「読売」は「改憲試案」を出して以降，『読売 vs. 朝日　社説対決50年』(2001年)，『読売 vs. 朝日　21世紀・社説対決』(2004年) などをグループ傘下の中央公論新社から出版し，両紙の「対立」を積極的に演出しながら，社論の正当性をアピールしている。

他方の「朝日」も，こうした「産経」「読売」の差別化路線に，半ば巻き込まれる形で対応せざるを得なくなっていった。そして旧来の護憲路線の修正と，その路線をこれまで強く支持してきたコア読者の反発との間で，微妙なかじ取りを迫られることになったのである。

2002年9月に論説主幹に就任して「闘う社説」を掲げた若宮啓文は，当時を「産経新聞が最も右寄りの論陣を張っていたほか，最大部数を誇る読売新聞も憲法改正を強く掲げるなど右傾化を進めており，平和・護憲の路線をとる朝日はともすれば守勢に回りがちだった」と振り返る[17]。そして「社説とは世論の陣地取りだ」と宣言し，歴史認識問題や国旗・国家問題などをめぐり，「産経」「読売」との論戦に積極的に応じていく。イラク戦争から4年後の2007年3月には，開戦当時の全国紙5紙の社説を並べた検証記事を掲載して各紙の論説責任者に総括を迫る一方，若宮自身も登場して「『中東は大混乱』不幸にも的中」「開戦反対の主張が正しかったことは明らか」と，自説の正当性を強調した[18]。

以上はまさに分極化現象における「対立」のイメージだが，本章第2節で検討した「収斂」の動きもまた，若宮によって主導されたものだった。若宮は以前から，「憲法9条と現実の間には乖離があり，それが自衛隊の存在や性格を曖昧にしているという議論はそれなりに説得力がある」と考えており，「朝日」が「護憲的改憲論」に踏み切ることを検討することも主張していた。これは，なし崩し的に解釈改憲を進めるよりも，9条の条文を変えることで自衛隊を規定し，その活動に歯止めをかけるべきだという主張であり，90年代半ばから広がりをみせていた。そして論説主幹に就任すると，「95年社説特集」の改定を自身の最大の課題として設定し，護憲的改憲論も視野に入れた「新たなリベラル路線」の構築を目指した。それは，「健全な保守層」にも届く主張を掲げるという，「闘う社説」路線におけるもう1つの「陣地取り」だった。

そこで主幹に就任した若宮が掲げたのが，「我々の価値観をまず疑うところから始める」という意味を込めた「柔らか頭で尖ろう」というスローガンだった。そして前述した自衛隊の海外派兵に加え，有事法制についても社論を大胆に転換した。「朝日」はそれまで有事法制に対し，「軍事的な都合を重視すれば，言論統制や国民の動員など，憲法の原理に正面から衝突することさえ，検討対象になりかねない」として慎重な態度を取り続けてきたが(1998年４月20日付社説など)，「自衛隊や警察がどういう活動を担い，首相や各省庁は何をしなければならないか。その仕組み，政府の権限とその限界をきちんと定めておくことは大事だ」(2003年４月27日付社説)と述べて支持に踏み切ったのである。若宮が「疑うところから始める」としたのが，改憲，自衛隊の海外派兵，有事法制の支持＝戦前のような戦争のできる国への回帰，といった硬直化した発想であることは明らかだろう。

だがこれらの路線転換は，「朝日のコア読者の一部や共産党，社民党支持者」など社外だけでなく，社内からも強い批判が寄せられたという。護憲的改憲論に踏み出すとなればそれ以上の強い反発や抵抗が噴き出すことは必至だったが，他方で社内には，「朝日」が現実主義に根ざした新たなリベラル路線を目指すチャンスだとみて，若宮の路線を支持したものも少なくなかった。そして若宮が「両方の空気を考え」，「ひとつの妥協点」として出した答えが，「９条を守る。同時に準憲法的な基本法で自衛隊をはっきり位置づけ，国連のもとで海外での役割拡大も探る」とした「07年社説特集」だったのである。以上の過程は，「産経」や「読売」からすれば従来の路線からの「転向」と映っただろうが，若宮がその支持の獲得を目指した「健全な保守層」と，「朝日」の「コア読者」との合意を形成しようとした試みだったとも言えよう。

なお議論の終盤では，「朝日」が改憲に踏み切るかどうか，旧知の「毎日」編集幹部が若宮に探りを入れたという。「改憲の是非も含めて憲法のありようを論じていくという『論憲』路線を続けている「毎日」としては，朝日がこれを飛び越して改憲に踏み出すとあれば安閑としていられないのだろう」と若宮は推測するが，これもまた，言論市場における差別化の一現象である。

5　おわりに

安保関連法制をめぐる国会審議が終盤となった2015年８月31日，反対派の国会デモを「朝日」「毎日」は１面に写真入りで大きく報道したが，「産経」「日経」「読売」は社会面で小さく扱った。社説以外の報道面でも，「護憲」もしくは「改憲」へのスタンスを強調した象徴的な紙面を展開したわけである。

元「朝日」記者の稲垣武はかつて，新聞で最も読まれる社会面は，不特定多数を相手にするためにバランスの取れた議論がしにくく，単純明快で情緒的な論調に流れてしまう傾向を指摘した。そして大部数の読者を論理で説得することの難しさから，「議論を尽くすより，情緒にあわせるようになってしまう……ところが新聞社というのは，経営の点から考えると部数を大幅に減らすなどはとても考えることができない」と分析し，情緒に流れる紙面づくりを「企業としての生き残り」策だと厳しく批判した[19]。近年の分極化現象は，販売部数の減少傾向に歯止めがかからない中での，読者の囲い込みという指摘も多い。だとすればこの現象は，論理よりも情緒に流れる「社会面化」現象とも言えるかもしれない。

コラム　「社論」とは何か

「社論」とは何だろうか。「読売」の論説委員長を務めた朝倉敏夫は著書『論説入門』(中央公論新社，2010年)で，「広義には，キャンペーン企画や調査報道の方向性・志向性，解説の視点，あるいはニュースの扱いの大小を含む紙面全体としての『論調』を指す」と定義する。だがこの「社論」は，客観報道の原則と緊張関係にあることに留意しなければならない。出来事の最新の記録である報道記事は，人々が社会について判断する材料になるため，事実に対する正確さと視点の公平さが求められる(早稲田大学ジャーナリズム研究所編『エンサイクロペディア　現代ジャーナリズム』早稲田大学出版部，2013年)。社説や評論など(views)と報道記事(news)を区別する，という客観報道原則には，「views でどんな主張がなされようとも，news の内容や扱いの大小に影響を与えてはならない」という理念が込められている。ところが現実には，朝倉が指摘するように，改憲が社論の「読売」は憲法改正推進に関するニュースを「朝日」に比べて相対的に大きく扱い，逆に護憲を掲げる「朝日」は，「読売」に比べて改憲反対運動を大きく扱う傾向がみられる。近年，新聞に対する「偏向報道」批判が高まっているのは，新聞記者も一会社員として社の方針に従う「企業ジャーナリズム」が新聞界全体に浸潤していることの反映とも捉えられる。

注

⑴　有山輝雄，竹山昭子編『メディア史を学ぶ人のために』(世界思想社，2004年)p. 5。

⑵　以下の記述は境家史郎『憲法と世論』(筑摩書房，2017年)第2章に依拠している。

⑶　以下の記述は梶居佳広「1950年代改憲論と新聞論説(1952-1957年)：地方紙を中心に」立命館大学法学会編『立命館法學』2012年 3-4 号，および同「岸内閣期の憲法論議――全国・主要地方紙社説をてがかりに(1957～1960年)」『メディア史研究』第44号(2018年)に依拠している。

⑷　朝日新聞取材班，上丸洋一『新聞と憲法9条』(朝日新聞出版，2016年)p. 235-240。

⑸　梶居佳広「日本国憲法をめぐる主要紙論調――憲法記念日社説を中心に(1965～1997年)」『年報　日本現代史』第24号(2019年)を参照。

⑹　梶居，前掲「岸内閣期の憲法論議」p. 167。

⑺　「社説特集『国際協力と憲法』を読んで」1995年5月5日「朝日」朝刊 p. 4。

⑻　「転換期の行方」1993年9月10日，朝日新聞，朝刊 p. 29。

⑼　倉重篤郎「新聞メディアの一連の『憲法』『安全保障』に関する提言について――今日的政治状況における提言報道の意義と節度」『法と民主主義』299号(1995年)p. 50。

⑽　中江利忠，小池唯夫，渡辺恒雄「三大新聞社長激論　第四権力に未来はあるか」『文藝春秋』1994年5月号，p. 95-96。

⑾　伊藤高史「日本のジャーナリズムと客観報道」鶴木眞編著『客観報道』(成文堂，1999年)。

⑿　一例として渡邉恒雄『ポピュリズム批判』(博文館新社，1999年)p. 16。

⒀　藤田博司，佐柄木俊郎，中村啓三，朝倉敏夫，吉田信行「座談会『提言報道』を考える」『新聞研究』599号(2001年)p. 11。

⒁　徳山喜雄『安倍官邸と新聞』(集英社，2014年)は，第2次安倍政権が発足した2012年12月から約1年半の在京6紙の社説と一般記事を分析している。

⒂　以下の記述は青木彰『新聞との約束』(NHK 出版，2000年)p. 229，p. 234，p. 287に依拠している。

⒃　「読売新聞社長・渡辺恒雄さん」1992年9月2日，朝日新聞，朝刊 p. 29。

⒄　以下の記述は若宮啓文『闘う社説　「朝日」論説委員室2000日の記録』(講談社，2008年)第1章，第8章に依拠している。

⒅　「検証イラク報道と言論　主要5紙　社説を比較」2007年3月14日，朝日新聞，朝刊 p. 15。

⒆　稲垣武「『朝日新聞血風録』をめぐって」日本経済調査協議会『世論形成とマスメディアの役割』(1994年)p. 153。

推薦図書

有山輝雄『戦後史のなかの憲法とジャーナリズム』(柏書房，1998年)
大嶽秀夫『再軍備とナショナリズム』(講談社，2005年)
佐藤卓己『輿論と世論』(新潮社，2008年)
中正樹『「客観報道」とは何か』(新泉社，2006年)
渡辺治『日本国憲法「改正」史』(日本評論社，1987年)

第Ⅲ部

国 際 関 係

写真：ベトナム戦争（1955-1975）

第９章

総論：国際関係とメディアの構図

——メディアコミュニケーションによる国際関係の視点

国際関係における政治コミュニケーション，あるいは国際関係とメディアを学ぶ場合に，大きく分けると２つのアプローチがある。１つは，ある国と他国の人々とのコミュニケーションや相手国に対する印象について焦点を当てたものであり，学問的にはメディアコミュニケーション論を主体とした社会学をベースにするものである。もう１つは国家間の政治力学のありようを，政治的なコミュニケーションからみていくという国際政治学からのアプローチである。その中で本章では主として前者のメディアコミュニケーションからのアプローチに重点を置いた見方を提示し，10章では歴史的な事例からの解説を，後者の国際政治からのアプローチについては11章と12章でみていくことにする。

１　ニュース生産のプロセスと国際報道のドメスティック性

メディアコミュニケーションからみた国際関係における政治コミュニケーションを考える場合，それは第１章での説明の応用になる。そこではメディア，受け手，情報の三者を楕円形にし，その関係を矢印で示すことで，ニュース生産のメカニズムを説明した(**図1-1**)。国際関係におけるコミュニケーションを考える場合にも基本は同じだが，大きく異なる点が１つある。それは「受け手は一体誰か」ということである。

日本語のメディアの場合は，基本的にその受け手は日本人であることが前提とされていると考えていい。もちろん日本語を理解する人は日本人以外にも存在するが，受け手の大多数は日本人であるという認識は誤りではないだろう。同様にドイツ語のメディアはドイツ人の受け手がほとんどであり，フランス語のメディアはフランス人が受け手の大半を占める。フランス語の場合は，フランスがかつて世界にいくつかの植民地を持っていたことから，海外の受け手は一定数いるものの限定的であろう。そのような意味で，受け手を考えた場合に，メディアはそのメディアの所属する国とその国の言語を話す受け手を前提としており，その点から「ドメスティック性(国内的)」があるということができる。

ただ，英語によるメディアの場合は，多少事情が異なる。英語がほぼ世界語になったことに加え，特にアメリカのメディアの場合は，アメリカが世界における超大国であるためその動向が世界中から注目されている。したがってアメリカのトップメディアの受け手はアメリカを中心としつつも，アメリカ以外の国に一定数存在する。例えば，ニューヨーク・タイムズのインターネットサイト(電子版)などは，2017年のトランプ政権の誕生以降，予測不能なトランプ政権の状況から目が離せないと考える世界の人たちからの購読希望が急増している[(1)]。その一方で紙媒体の新聞としては，ニューヨーク・タイムズはニューヨークの，米紙のもう１つの雄ワシントン・ポストはワシントン DC の地方紙としての役割もある。そのため，アメリカのメディアに関しては，基本的にドメスティック性をもちつつも，アメリカが世界の超大国であるということを認識して国家がふるまう中で，メディアも同様に自らの報道が世界から注目されていることを認識している。そのため一部にグローバルな側面もあると言える。その点で米メディアは変形だが，次章以降で後述する自国の戦争では「アメリカの正義」を掲げてドメスティックな面が前面に出ることが少なくない。また第12章で解説するが，国際政治においてアメリカは時に理想主義を掲げつつも，自国が関連する国際問題では国益第１主義をとる。そんな国家に対して，米メディアは時に政権を批判しつつも，「アメリカ」の新聞としての言論を展開する。その意味でやはりドメスティック性をもつと言える。

つまり，それぞれの国のメディアは，基本的にその受け手の興味と関心や常識を前提として報道するわけであり，それは広い意味ではそのメディアが存在する国の文化や価値観を反映するということになる。その場合，その文化や価値観は国が異なっても共通する部分もあるし，異なる部分もある。

2　自国以外のメディアの報道とパーセプションギャップ

このように，日本のメディアは日本人の受け手(日本語を母国語とする者)を想定して情報を発信するし，フランスのメディアはフランス人(フランス語を母国語とする者)を想定してニュースを提供する。したがって，それぞれの国のメディアが「国際報道」を行っても，それはそれぞれのメディアが存在する国の人々の興味と関心や常識，文化や価値観を前提とした「国際報道」であるということになる。

図9-1　メディアの受け手は誰か

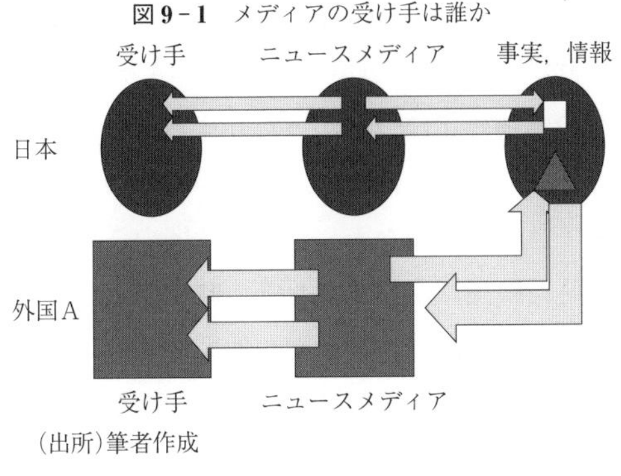

(出所)筆者作成

その際にメディアによって提供される情報は，別の国の人，あるいは別の言語を使う人を受け手として想定しておらず，国内で消費されるものとして考えられている(**図9-1**を参照)。そのため，同じテーマを別々の国のメディアが報じた場合に，時として奇異な現象が生じることがある。最も身近な事例は，オリンピックや各種スポーツの世界選手権大会などで，2つの国が対戦してどちらにもとれるような微妙な判定が下され，それが勝敗を決定づける結果になったような場合である。ここでは文化や価値観のレベルではなく，直接的な受け手の興味と関心ということであるが，その際には敗れた国のメディアは，「判定は誤り」であるという報道を行う場合が多く，勝った国のメディアは微妙な判定にはふれずに単純に勝利を祝う。同じ題材を取り上げて同じ結果を示した「国際報道」であっても，両国のメディアのトーンと内容は大きく異なるのである。(2)

それでもこの場合はスポーツであり，国際的なゲームの勝敗でナショナリズムは高まるものの，それが両国間の実際の紛争につながることは少ない(以前から両国に悪感情がある場合は，それを増幅することにはなるが)。またそうした場合に，敗れた国が勝った国のメディアでどのような報道がなされているのかを確認することは，専門家でないかぎりあまりない。

ところが両国が政治や貿易をめぐって緊張関係が高まっている際には，それぞれの国で相手国の報道の仕方を克明に紹介する場合がある。特に日本のメディアはアメリカを中心として他国のメディアの日本報道に関心が高く，その内容を自らの受け手である日本国民に頻繁に知らせる。その際に日本と他国との認識のギャップ(パーセプションギャップ)に驚いたり，それが日本国民の他国への感情悪化につながったりする場合がある。

一方，隣国の韓国は，以前から強い興味をもって日本メディアの報道をみつめてきた。そのため，日本で韓国のことがどのように報道されているのかは，即時に韓国に伝わっており，時に激しい反発を引き起こすことがある。また中国では自国の情報統制が，他国の報道によって侵害されることを嫌う。近年はテレビを中心として日本のニュースが中国で直接見られることも増えてきたため，国内で情報を統制している中国政府にとって批判的な報道がなされた場合は，一時的に放送を遮断することがある。ネットメディアの情報遮断もまた同様である。現時点ではある程度その効果はあるようだが，それが永続性をもつかどうかは今後の状況をみる必要がある。

3　国際関係とメディアとの基本的な構造

次に，国際関係においてメディアがどのような役割を負っているのかについて，いくつかの観点からみてみよう。

私たちは物事を認識する際に，全てのことを自分が直接知ることはまず不可能である。むしろ，直接知ることは極めて限られており，ほとんどが伝聞によるものである。その伝聞においてメディアが主たる役割を果たす。ただその場合，精神的にも物理的にも近くにある問題であれば，1つのメディアから入手した情報を他のメディアからの情報と対比して確認したり，あるいは事情に詳しい知り合いから改めて聞いてみることができる。さらにその事柄に興味をもち，その対象が身近にある場合は，自ら直接調べてみることもあるだろう。

しかし入手した情報が自分にとって，精神的あるいは物理的に遠くなってくると，こうした確認作業を行うことが難しくなってくる。精神的に遠い＝興味が薄いものであれば，一方的に入ってくる情報に対して，それ以上確認しようという動機は働きにくくなる。また物理的に遠い場合には，自分がメディアによって入手した事実を確認するのはほとんど不可能になる。

これこそが国際関係におけるメディアの位置づけであり，国際コミュニケーションにおける基礎として認識しておくべきポイントである。一般的に受け手にとって国内問題よりも海外の事柄に対するほうが興味は薄い。それは報じられる問題と自分との関係性の相対的な希薄さからである。また海外の情報は国内のそれに比べて少ないために，メディアによる情報をダブルチェックする機会も可能性も減少する。さらに海外の情報は基本的に外国語による発信であるから，それを自ら理解することも容易ではなくなってくる。したがって情報に対して再確認できる機会が減る一方で，外国語を理解し翻訳できる情報の提供者(メディア)に依存する度合いが格段に高まってくる。

第１章で示したようにメディアコミュニケーションの理論において，メディアが人々の印象や理解，説得にどれほどの影響と効果を与えるかということが以前から焦点になってきた。その中で，現在ではニュースメディアが重点的に報道したものを，人々が社会で重要な問題だと認識する効果があるという「議題設定機能」という考え方が主流になっていることを説明した。

さらにこのメディアの議題設定機能では，どのような条件下でそれが機能しやすいかという点から様々な分析がなされている。その中の１つに受け手にとって「疎遠な争点(issue)」ほどメディアの影響力が強いというものがある。これは，受け手にとって精神的にも物理的にも「疎遠」であるということであり，まさに国際問題についてのメディアの報道ということになる。したがって，国際関係におけるメディアの役割は，国内におけるそれと比べて相対的に大きいということになる。つまり国際関係におけるメディアコミュニケーションは主たる役割をもっていると考えなければならないのである。

4　国際コミュニケーションの担い手：報道機関の国益と客観性

では，国際情勢においてその情報流通の担い手を考えてみよう。既存メディアとして述べるならば，それは新聞とテレビ，通信社，場合よっては雑誌ということになる。ここで主なものを挙げておこう。

(1)　通信社

国際ニュースとしては主役的存在。ジャーナリズムとしての行動としては新聞・テレビなどとほぼ同様だが，自らはメディアを所有せずに取材で得た情報を，国内外のメディアや企業，政府，国際機関などに配信する。国策的に設立される組織である場合と私企業の場合とがある。

ロイター(イギリス)，AP 通信(アメリカ)，ブルームバーグ(アメリカ)，AFP 通信(フランス)，共同通信，時事通信(日本)，新華社通信(中国)など

(2) テレビ局

以前のアナログ地上波時代はテレビ局の数は限られていたが，衛星を利用した国際放送が可能になったことや放送技術が世界に広まったことから，世界的に国際ニュース局の数は増えている。

BBC ワールドニュース(イギリス)，CNN(アメリカ，ケースによっては NBC，CBS，ABC，FOX ニュースなども)，フランス 24(フランス)，CGTN(旧 CCTV，中国)，RT(ロシア)，アルジャジーラ(カタール)など。日本には NHK ワールド JAPAN がある。

(3) 新　聞

インターネット時代になり，活字メディアとして部数を減らしているところがほとんどだが，トップの新聞メディアは紙媒体は発行しているものの，事実上ネットメディアに変身しており，米英のメディアの中には国際ニュースメディアとして世界から購読者を集めて，国際的な影響力はむしろ高まっている場合もある。

ニューヨーク・タイムズ，ワシントン・ポスト，ウォールストリート・ジャーナル(以上アメリカ)，フィナンシャル・タイムズ(イギリス：日本経済新聞社の傘下)など

(4) ネットメディア

このメディアをどう定義するかだが，3つに分類することができる。①グーグルニュース，ヤフーニュースなどといったもの。ここでは一部を除いては独自の記事はなく，上記の通信社，テレビ，新聞に加えて，雑誌，他のサイトなどのニュースを取捨選択して国際ニュースを報じている。②通信社，新聞，テ

レビなどが独自にネットのサイトを立ち上げてそこから国際ニュースを発信しているもの。③独立したネットメディア。これは以前，既存メディアに所属していた人などが始めたものと，そうではないものがあり，またある国や地域に特定の知識と情報をもった個人がサイトを立ち上げて情報発信をしているものもある。この中でネットの世界に国際情報の発信者として新しく登場したものは③ということになる。また②の存在によって以前よりも多くの人が国際情報に接することが可能になった。①はこれまで既存のメディアから提供されていた情報②に③を加わえたということだ。そしてこれらがツイッターなどのソーシャルメディアで早く広く拡散するようになった。

次に国際コミュニケーションを考える中で，これら伝統的なメディアの報道が「客観的」であるかどうかということを考えてみよう。すでに見たように，メディアは自らの所属する国の受け手を想定して報道する。問題の１つは，その国のメディアが別のある国と紛争を抱えていた場合に，そのメディアがどの程度の「客観性」をもって報じるのか，あるいは「国益のため」と称して，「愛国主義的」な報道を行うのか（もちろん「客観的」な報道こそが「国益」につながるという考え方もある）。また愛国主義的な報道を国家がメディアに命じるのか，あるいはメディアが自発的に行うのか。またそれらが必ずしも明確でない場合も往々にしてある。

もう１つは，国際報道における「主導権争い」である。世界中をカバーし，受け手も世界的規模に及ぶ報道において，メディアの組織力や資金力などの点から，国際報道の中核となるメディアは限られる。かつてはイギリスの通信社ロイターが国際報道の主役であった。ロイターは現在も重要な存在であるが，その後にイギリスの BBC，アメリカでは1990年ごろから CNN が国際報道の主役に躍り出た。さらに世界規模ではないが，その後中東カタールに衛星テレビ局のアルジャジーラが現れ，2001年にアメリカで同時多発テロが起きた際には，その首謀者とされたアルカイダや中東諸国の動きについて同局が先んじて報じ，世界各国のメディアがそれを後追いするという状況も生まれた。中東のテレビ局が世界の報道をリードした初めての出来事だった。また近年では中国やロシアもその重要性を認識して，英語による国際報道に大きく進出している。

このような場合に，その国際報道はどの程度客観的なのだろうか。イギリスやアメリカのメディアが「国際報道」の中心にあることで，客観的であるはずの情報の視点が，実はイギリスやアメリカの価値観や国益を前提としたものではないと言い切れるだろうか。中国やロシアが国際報道に乗り出していることと，国家として世界の中心に踊り出ようということとの関係性をどう考えるべきだろうか(特に中国)。なぜなら，中国とロシアは国家として世界で発言力をもつためには，国益に合致する「国際報道」を行うメディアを国家が有しなければならないと考えていると思われるからだ。だとすれば，それは彼らの国益を中心とした報道であり，客観的な国際報道ではないのではないだろうか。

これらは歴史的に常に問われてきたテーマであり議論が続いているものだが(中国，ロシアの状況については第12章で改めて説明する)，ここではその問題意識を深めてもらうために，以下の事例を紹介することにする。

5　国際情勢の変化と国際情報戦の展開

国際情勢の変化は，国際メディア戦略の重要性にも大きく反映する。冷戦の時代にも東西両陣営による国際的なメディア戦は重要であった。しかしその一方で，冷戦構造にあっては，西側と東側それぞれどちらの陣営に属しているかによって敵と味方の区別は明確だったし，紛争が起きた際もその理由についてほぼ推測ができた。もちろん全てがそうであったわけではなく，60年代後半に中国とソ連とがかなりの緊張関係にあったことや，70年代末に中国とベトナムとの間に戦争が勃発したことなど，東側陣営内で紛争が生まれたこともある。しかしながら，一般的には国際関係はわかりやすく安定的だったといえる(ケネス・ウォルツによる「二極安定論」)。それは歴史的に珍しい時代だったとも言える。

ところが1989年の冷戦崩壊後に東西対立の前提がなくなり，世界各地で力の均衡が崩れる。そして民族間での地域紛争が発生する。そうした場合，民族同士が対立している事情について，いかに深刻なものであっても当事者以外は伺い知ることが容易でないことが多い。したがって，紛争当事者の善悪，すなわちどちらに正義があるのかについても不明瞭で判断できない。そこで紛争当事国にとっては自らの「正義」を国際社会に訴えて，国際世論を味方にするために戦略的な国際 PR が重要になってくるのである。

■ボスニア紛争とメディア――象徴的な事例として

それを象徴する格好の事例として広く知られるのが1990年代前半に起きたボスニア紛争である。これについては NHK『民族浄化――ユーゴ情報戦の内幕』(2000年10月29日放送)と，その番組を当時ディレクターとして担当した高木徹がノンフィクションの著作としてまとめあげた『戦争広告代理店』(講談社，2002年)によって世に広く知られることとなった。これについては他でも紹介しているが，重要な事例なのでここで同番組や同書をもとに改めて掲載する。[(3)]

かつては，６つの共和国と２つの自治州から構成される多民族国家だったユーゴスラビアは，1990年代に入ると独立が相次ぎ，セルビアとボスニア・ヘルツェゴビナ(以下ボスニアと略)の２つからなる連邦となった。そして92年３月，その中のボスニアが独立を宣言する。ボスニアは主としてイスラム系住民とセルビア人からなるが，ボスニアが独立することに対して，ミロセビッチ大統領率いるセルビアは，ボスニアのセルビア人を支援。一方，ボスニアのイスラム系住民に攻撃を加えて殺害したり，あるいは収容所に入れるというような非人道的な行為を繰り返した。

セルビアからの激しい攻撃を受ける中，ボスニアは世界からの支援を求めたが，そのためにはすでにボスニアの独立を承認していた最強国アメリカに頼ることが第１と考えた。そこで92年４月，ボスニア外相のハリス・シライジッチはワシントンに向かい，米国務省を訪ねて相談すると，アメリカ側はすぐに直接ボスニアを支援する約束はせず，それよりも「アメリカが支援する行動をとるには，ボスニアに対する国内外の世論の支持が必要」だと返答した。そこでボスニアのシライジッチは，国際世論の支援を受けるには国際メディア戦略の専門家が必要だというアドバイスをもとに，米大手国際 PR 会社のルーダー・フィン社に接触。同社はボスニア支援の仕事を引き受け，ボスニア紛争を世界に認知させた上でボスニアの正当性を主張し，セルビアを国際的に孤立させるメディア戦略を開始する。

その手段として，当の外交当事者のボスニア外相シライジッチをスポークスマンとして世界に売り込んだ。戦略的な記者会見の設定や有力テレビ番組への出演申し込み，米主要紙の論説委員へのプレゼンテーションなどがそれであった。こうした活動でメディアを早期に取り込んで，ボスニアは積極的な情報発信を積み重ねていく。その際に米国際 PR 会社のルーダー・フィン社が巧みだったのは，セルビア人がボスニアのイスラム系住民に対して行っている行為を「民族浄化(ethnic cleansing)」という言葉で表現したことであった。さらにこの紛争で，セルビア側が追い出した9万5000人のイスラム系住民を強制収容所に入れたという情報が流れると，「強制収容所(concentration camp)」もこの問題のキーワードとしてメディアに流した。立場は逆だが，この2つの言葉は第2次世界大戦中にナチス・ドイツがセルビア人に対して行った非道な行為を想起させるものであった。こうした一連の PR 戦略によって，バルカン半島のこの複雑な地域紛争を，世界のメディアに対してボスニア＝「善人」，セルビア＝「悪人」という，わかりやすい姿で印象づけることに成功したのである。

このキャンペーンで，アメリカと世界の世論はボスニア支持が大勢を占め，米政府はセルビアに対する経済制裁の実施を決定した。当初，ボスニアへの支援には慎重だったブッシュ Sr. 大統領だが，国際世論の盛り上がりから，その後，欧州安全保障協力機構(CSCE)の席でボスニア支持を明確にする。アメリカと国際世論を敵に回したセルビアは，ボスニア同様に自らの主張を世界に発信することを試みたが，後手に回ったことなどから効果的な対策を行うことは難しかった。

このようなプロセスを経て同年9月に国連総会が開かれ，セルビアを国連から追放することが大差で可決された。国際関係における国際メディア戦略が成功した象徴的な事例である。

だが1997年，その後に開かれた国際戦争犯罪法廷で，強制収容はボスニア人に対してだけでなく，セルビア人に対してボスニア側も行っていたという事実が明らかになった。またセルビアがボスニア人を入れたとされる強制収容所が本当に存在したのかどうかについても，セルビアが国連から追放される以前の時点で疑問が呈されていた。だがそうであっても，この事件はハーグでの旧ユーゴ国際戦争犯罪法廷で2017年まで審議が続けられて結審し，セルビア側が裁かれた。

このことは国際情報戦略の威力と，それによって国際的な立場が決定的になることの恐ろしさを示すと同時に，国際関係において認識される善悪の矛盾を示したものでもあった。

6　ネット社会による「革命」と混乱：アラブの春とその後

しかし，である。この紛争が2000年以降に起きていたらどのような展開を見せただろうか。ボスニア紛争ぼっ発の1992年当時，国際メディア戦略の手法を行使するべき対象として認識されたのは，国際報道の担い手である新聞とテレビ，通信社の記者たちであった。そして外交当事者たちは，彼らからいかに自分たちに有利になるような視点で報じてもらうかということが最重要課題であった。そして当時米 PR 会社がメディア側への情報発信に用いた手法は，彼らに間断なく FAX を送ることだった。ところが，この紛争から数年後には，インターネットが世界的に爆発的な普及をみせる。だとすると，その手法も違ってくるだろうし結果も変わったのかもしれない。

例えば現在，この事例を学生に示して「もしあなたが，敗れたセルビアの側に立って，そのメディア戦略担当者だとしたら，どのような戦略をとるか」と尋ねたとしたら，たぶん次のような答えが返ってくるだろう。それはボスニア側にも残虐な行為があったとされるのであれば，「その映像をすぐに YouTube にアップする」とか，同時に「そのことをツイッターで流してリツィートも含めてネット上で拡散させて反論する」などであろう。さらに，2016年あたりから広まってきたサイバー空間における嘘の情報，いわゆる「フェイクニュース」を流してボスニア側を窮地に陥れるなどという，本来なら新聞・テレビなどの既存メディアとしては，禁じ手のような手法が提案されることもあるだろう。

もちろん，それによって実際の結果との逆転現象を生むのかどうかはわからない。言えることは，ネット時代の国際情報戦はより複雑さを増して，多くの要素を含んだ「戦い」の場になったということである。そして国際社会において「正義」は見えにくくなり，「正義」をうまく見せることのできた国や勢力が勝者となって，国際社会で優位に立つことができるということである。

いずれにしても，インターネットはその使用法を急速に多様化させつつ巨大化し，冷戦後に多極化を進める国際社会とシンクロしながら新たな国際情報環境を形成している。21世紀においては，国内外の政治的な運動は，ほぼ例外なくネットと連動しながら起きていると言ってよい。それを私たちの目の前に大きく示したのが，2010年末以降の「アラブの春」であろう。

アラブの春について簡単にまとめておく。2010年12月，北アフリカのチュニジアでベン・アリ政権を中心とする支配者層が経済的な富を収奪していることなどに対して，反政府デモが始まった。それは政権転覆につながり「ジャスミン革命」と呼ばれた。政権への不満や批判をネットで共有して瞬時に広まり，大規模な反政府運動に発展するという近年みられるパターンである。それがチュニジアのみならず，その後アラブ世界の各国に波及した。翌2011年1月にはエジプトで大規模な反政府デモが発生。2月11日には30年に及んで君臨してきたムバラク政権が倒れた。リビアでも同様に長い間独裁体制にあったカダフィ大佐への退陣要求が拡大して内戦に突入した。北大西洋条約機構(NATO)軍がリビア政府軍に対して空爆を行うなど，欧米諸国は反政府勢力側に立って介入。その結果，カダフィは自国民に殺害され42年の体制の幕を閉じた。

これらが最も明確な形で長期政権が倒された事例だが，「アラブの春」の勢いは止まらず，シリアでもアサド政権に対する反体制側との内戦が泥沼化，イエメンではやはり長期政権のサレハ大統領が辞職する事態が生まれた。また最終的には政権の崩壊には至らなくても，中東の他の国々でも体制を大きく揺さぶる動きが2012年ごろまで連鎖的に起きた。

これら一連の「アラブの春」では，人々の長期独裁に対する不満が，ネットによって拡散して力が結集されたものだが，ネットによって実現した「革命」の危うさについても注意しておく必要がある。確かに，リアルタイムで発信されかつ共有されるネットによる情報には，感情を刺激し爆発力をもち，タイミングによっては旧秩序を破壊力するだけのパワーがある。その一方で，破壊された権力の後に新しい秩序が生まれるという事例を見出すことは難しい。

大統領のムバラクが倒された後のエジプトでは，エジプト軍最高評議会による暫定統治が行われ暫定政権も発足したが，軍の統治に対する反発からデモは継続した。その後2012年5月に大統領選挙が行われ，ムスリム同胞団のムハンマド・ムルシーがエジプト大統領に選出された。しかし翌2013年のクーデターにより憲法が停止。大統領権限を喪失し，結局一時的な軍政を経て民政に戻ったものの，指導者は軍政と変わらずシーシー大統領である。ネット世論の盛り上がりと民主化運動によって長期政権が倒されたとはいうものの，それがその後の民主化の確立にまで進展したと言うことはできない。他に政権が倒された国々も安定していない。それは「アラブの春」以外の世界各地でも同様に見られる現象である。

図9-2　ネットのコミュニケーション

受け手，
事実，情報
メディア(送り手)

受け手，
事実，情報
メディア(送り手)

マスメディア

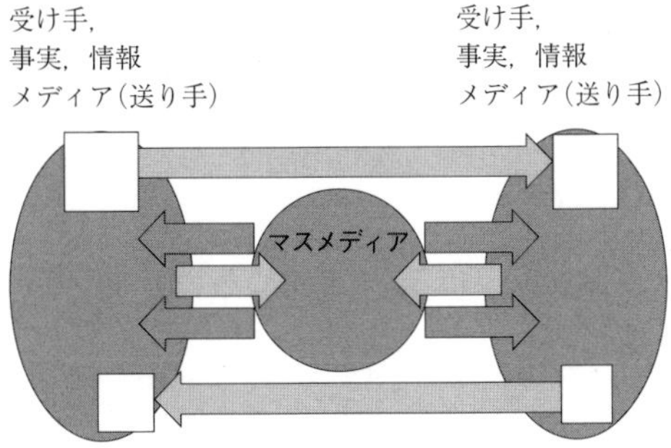

(出所)筆者作成

そこでネットのコミュニケーションをどのようにとらえるかだが，これまで示してきたような図にするのは困難な部分もある。第1章ではトランプのメディア戦略について図で示したが(**図1-2**)，一般的なものとして示すと**図9-2**のようになる。この図を端的に述べれば，受け手と情報がダイレクトにつながり，同時に受け手が送り手ともなるということである。だがそこには既存のメディアとのコミュニケーションも共存している。

このように，2020年の時点では(そしてこれからもうしばらく)はネットと既存メディアが共存する時代であろう。ただしネットを前提としたメディア環境に急速にシフトしているのはいうまでもないことであり，また前述したように既存のメディアの代表格の新聞は，特にアメリカではネットメディアと変わりはなく，リアルタイム化，アーカイブ化し，双方向性も有するものになっている。またテレビも放送の中でネットとの連動を積極的に行っており，英 BBC のように，むしろネットを中心にしようとしているところもある。したがってネットと既存メディアの共存でもあるし，既存メディアがかなりネット化しているということもできる。

ただしネットにおける情報流通は，強弱はあるものの一定程度「閉じた」空間である。ソーシャルメディアなどにそれがより明確にみられるが，限定性をもつ一方で，ツイッターなどのリツイート機能などで急速に情報が拡大する。これらの点がこれまでのメディアコミュニケーションにはない特性である。そしてこれからの国際コミュニケーションにおいては，この形態が前提となってくる。その中では変化の実態を入念に監視することが当面の対応となろう。

7　ネット世論と国際紛争の光景：情報のグローバル化と閉鎖現象

(1)　反グローバリズムとポピュリズム

1980年代以降の世界の流れは市場経済重視となり，「新自由主義」などと呼称される。それは経済のグローバル化を進展させた一方，人々の間に格差をもたらしたとされる。そこで生まれたのが「反グローバリズム」という動きである。それが最初に世界的なニュースとして注目を集めたのが，1999年に米シアトルで開催された世界貿易機関(WTO)閣僚会議に対する，大規模な反対運動であった。そしてその後，世界経済に関するこの種の多国間会議が開催されるたびに，それに反対する激しいデモが起きている。これらもソーシャルメディアによって，現状に不満をもった人々が国際会議の情報を世界中で共有し，共感する人たちをグローバルに動員することが可能になったからである。「アラブの春」のムーブメントは中東という地域に限定されていたが，トランスナショナルに情報を共有して運動として展開されるようになった明示的な現象は，この「反グローバリズム」だったと考えてよい。

そして，2010年代の半ば以降，世界に急速に広がった移民排斥に賛同する「ポピュリズム」の動きは「反グローバリズム」で見られるようになった形態を，さらに進展させたものだと考えることができる。

世界の「ポピュリズム」現象は，次のような事柄から指摘された。2016年6月，イギリスの国民投票で欧州連合(EU)離脱を承認。11月，米大統領選で「アメリカ第1主義」を掲げるドナルド・トランプが当選。2017年3月，オランダ議会選挙で極右政党は勝利しなかったものの大きく躍進。5月，フランスで極右のマリーヌ・ルペンが決戦投票に進出。9月，ドイツの連邦議会選挙で与党が得票を伸ばせず移民流入規制を掲げる野党「ドイツのための選択肢」(AfD)が第2党に躍進。以降もこれらに類する状況が世界で生まれている。

政治における移民排斥のポピュリズムはいつの時代でも存在する。自国への移民の数が人々の許容できる範囲を超えたり，雇用不安が生じる中で移民に自らの職と富を奪われるという気持ちに襲われることで，移民に対して否定的になるのはこれまでも起きていたことである。ただ，これらのポピュリズムに特徴的なのは，主として海外からの移民が国内に大量に流入する中で，その排除を主張する指導者や政党が大きく支持を集めただけでなく，白人至上主義の運動や反イスラム，反ユダヤ主義などを掲げるテロリズムにまで発展していることである(4)。さらに世界的にシンクロする形で起きていることが，今日的な「ポピュリズム」としてより不安視されるのである。

それらは，近年のネット社会だからこそ見られるようになった２つのプロセスによって，拡大される。１つのプロセスは「反移民」の気持ちを明確にもっている人も潜在的にもっている人も，ネットによって「反移民」に共鳴し増幅されることである。第１章で紹介したように，メディアコミュニケーションの限定効果論の理論に，人は自らが望む情報を得ようとし，望む情報を受け入れたいとするということを説明した。クラッパーが唱えた「選択的メカニズム」における，情報の「選択的接触」「選択的受容」である。ネットの時代になって，エコーチェンバーとして容易に実現できるようになった。ネット社会の中では「反移民」という情報のみに接触し，受容し，他の考えや他の情報を拒絶することで，自らの「反移民」は増幅されて大きな流れになった(5)。

これまでなら，それらは１つの国の中の動きとしてとどまっていた。ところがネット社会における国際コミュニケーションにおいては，世界でバラバラに起きている「反移民」の運動の状況を，世界語となった英語を介しながらトランスナショナルに共有するようになる。これがもう１つのプロセスで，それによって従来なら国家の中だけの「反移民」のムーブメントが，世界的な流れになっていくのである。

インターネットによってグローバルに情報が共有されるようになった。だが一方で，それは逆に閉鎖的な社会も生み出している。

(2)　テロリストの国際コミュニケーション

そうした「国際コミュニケーション」がつくりだした象徴的な存在が，テロリスト集団の「イスラム国(ISIS)」であり，アルカイダである。なかでもISISは，2015年半ばには中東地域でその勢力範囲を急拡大して世界を震撼させた。彼らの勢力は2019年になると急速に縮小したものの，彼らはまさにネット社会が生み出した狂信的テロリスト集団だと言ってよい。多少細かいが，具体的に彼らの手法を見てみよう。

彼らは徹底して自己宣伝をネットで展開し，世界規模でその情報を選択して受容した人間がISISに加わって勢力が大きく拡大した。ちなみに一般の検索エンジンにかかるサイトは全体の一部であり，それ以外はダークウェブサイトと呼ばれるが，ISISは次第にそちらにシフトしていった。

ISISでは勢力拡大時期には約20名からなる「アル＝ハヤート・メディア・センター」がメディア戦略を担当した。彼らは単なるテロリストの宣伝担当ではなく，完全なプロの技術者集団である。映像では子供たちと遊ぶ兵士たちの笑顔も見せる一方で，改宗を迫るような声明や暴力を含んだ圧倒的なイメージも入れ込む。彼らが人質を殺害した映像を流したことは恐怖を駆り立てたが，殺害の前後は映してもその瞬間の映像は見せないことで，映像を見続けることができるようにする仕掛けもほどこしている(6)。そのような多角的な情報発信によって人々を引き込んでいく。そして別動隊がフェイスブックで多数の名前を使い分けて普通の若者であるかのようなメッセージを発信し，そこで反応した人には，実際に会って接近してリクルートする。

彼らが公開した映像は，テレビなど既存のメディアが世界中に報じる。そのことによって興味をもった人々がISISのサイトにさらにアクセスする。そして世界で日常の生活に不満をもつ人たちが，続々とテロリストの世界に入っていくのである。ここに，彼らのきめ細かい考え尽くされたメディア利用による国際リクルーティング活動をみることができる。

本来，テロリストは殺人者集団であるが，同時に国際広報集団でもある。彼らがオリンピックなど世界の目が集まるイベントを狙ってテロ活動を行うのは，そのことによってメディアに自分たちの存在を報じさせることで注目を集め，かつ支持者や資金を引き寄せようと考えるからである。ただかつてはメディアに報じてもらうということにすぎなかった。ところが，2001年のアルカイダがアメリカで同時多発テロを行った際には，アルカイダというテロリスト集団に広報担当者が存在するという段階になった。そしてアルカイダはビデオメッセージをアメリカのテレビ局に送り付けて，それを放送させることで，自らがメディアを主導する形で自分たちの正当性を主張する国際メディア戦略を打ち立てる段階へと進んだ。ISIS の行動はこうしたテロリストの国際メディア戦略を，ネットを使ってさらに次の段階に大きく引き上げたものであったと位置付けられるものである。

ネット時代に入って国際コミュニケーションの状況は大きく変わった。次元の違うものになったと言ってもよい。したがって，国際コミュニケーション，あるいは国際関係とメディアを学ぶ場合には，歴史的なケースを理解する部分と，ネット時代とのそれとは大きく異なってくると認識して理解しなければならない。そこには時代の流れとともに変化するものと，時代が変わってもメカニズムとして共通するものとの両方があることを認識しておく必要がある。

コラム　トルコでのクーデターで明らかになったもの

2016年7月，トルコでエルドアン政権に対して，国軍の一部がクーデターを企てた際の出来事である。この時，国軍は首都アンカラやイスタンブールの一部を一時制圧。その際に国営テレビ TRT も占拠した。そこで女性アナウンサーはクーデター勢力から「トルコ軍は国の全権を掌握した」というメッセージを読むことを強要された。そして彼らは戒厳令と夜間外出禁止令の公布を宣言した。これはクーデターの際にテレビ局を掌握するという，映画のシーンにこれまでよく登場してきたお決まりのシーンであり，ゲームオーバーのはずだった。

だがこのクーデターは完結しなかった。というのは，国軍の蜂起が始まって約2時間後，米系放送局 CNN トルコを通じて，エルドアン大統領から「国民の力より強い力はない。通りに出よう。空港や広場に集まろう」というメッセージが発せられたからだ。身柄を拘束されて全権を掌握されたと思われたエルドアンだったが，滞在先のホテルを直前に脱出して，このメディア戦略で反撃を開始したのである。これはスマートフォンから電話アプリを使ってのものでだったが，ツイッターでも自らが正統な国家の指導者であり，いまだに自分は健在であると発信したのである。

この機転に呼応した支持者たちは国軍に対して激しい抵抗を行い，結局このクーデターは12時間で失敗に終わった。この事件は，情報がもはやテレビ局を占拠するだけで統制できる時代ではないことを，如実に示す出来事であった。ただ，エルドアンはネットで自らの政権への批判が展開されていたことから，意のままにならないSNSを嫌っていただけに皮肉な結末だった。

注

(1)　ニューヨーク・タイムズの電子版は，2020年9月末時点で有料読者数が460万人を超え，過去最高を記録した。同紙の紙媒体は電子版を始める前は100万部前後だったが，電子版のスマートフォン向けのアプリを加えると紙媒体を合わせて全購読者数は600万人を超えている。

(2)　石澤靖治「国際政治と報道」武市英雄，原寿雄責任編集『グローバル社会とメディア』(ミネルヴァ書房，2003年)p. 160-161。日本に関連したものとしては，2000年のシドニー五輪の柔道で日本の篠原信一選手がフランス選手に敗れて金メダルを逸したことをめぐる際の報道が挙げられる。球技では得点や反則行為の判定について国際大会では常に論争になる。

(3)　石澤靖治『テキスト現代ジャーナリズム論』(ミネルヴァ書房，2007年)p. 180-185

(4)　2019年3月のニュージーランド・クライストチャーチでのイスラム教礼拝所銃撃事件や，2019年10月のドイツ東部ザクセン＝アンハルト州ハレでのユダヤ礼拝所襲撃など。

(5)　メディアに登場している発言を発見することで，自分の意見を表明することができるようになるという，ノエル＝ノイマンの「有声化機能」という概念も参考になる。

(6)　池内恵『イスラーム国の衝撃』(文藝春秋，2015年)p. 24-25

推薦図書

武市英雄，原寿雄責任編集『グローバル社会とメディア』(ミネルヴァ書房，2003年)
高木徹『戦争広告代理店』(講談社，2002年)
水島治郎『ポピュリズムとは何か』(中央公論新社，2016年)
Robert W. McChesney. *Digital Disconnect* (The New Press, 2013)
Philip Seib. *The Future of Diplomacy* (Polity Press, 2016)

第10章
戦争とメディア
——歴史的事例からの視点

「国際コミュニケーション」について考える場合に，こんな事例を見てみよう。

アメリカ以外の英語圏の留学先としてオーストラリアとカナダの人気が高い。しかし書店に行ってみると，この2つの国について書かれた書籍は，観光案内以外ではほとんど目にすることはない。一方，中国と韓国についてはこれとは違って，両国に関する一般書から学術書まで多くの書籍が本棚を飾っている。

その理由は，単に隣国だからということではなく，日本と相手国との間に論争や摩擦があるからであろう。国際関係における国際コミュニケーション，あるいはメディア戦略も，同様に国際的(主として二国間)に摩擦や紛争が生じている際に重要性をもつ。摩擦や紛争の最たるものが戦争であるが，戦争の形態は時代とともに変わると同時に，メディア自体も変化を遂げてきた。また戦争におけるメディアの存在は，戦争の行方や戦争のあり方，国際世論への影響も変えてきた。そこで本章では，戦争とメディアとの関係と変化について，ポイントをしぼってみていくことにする。

1 日露戦争(1904-1905年)：新聞の時代に交互に入れ替わった勝者と敗者

大衆新聞によって世論は「参戦」する権利を得た，と言ってもいいかもしれない。イギリスで代表的な新聞となるタイムズは1788年に創刊されたが，アメリカでは1800年代半ばから後半にかけて，ペニーペーパーと呼ばれた大衆紙が次々に創刊され新聞の時代を迎える。

その代表的存在として，ニューヨーク・ワールドを発行するジョセフ・ピューリツァーや，ニューヨーク・ジャーナルの社主であるウィリアム・ランドルフ・ハーストを挙げることができる。だがこの2人の偉大な新聞人は，

1890年代後半，スペインの領有に反発する中米キューバの独立運動を支援し，米政府がキューバを救うべきだとしてスペインとの戦争を焚きつけた。その主張の是非は措くとして，その際に両紙は嘘や事実確認ができない話を紙面に多く盛り込んだ。スペインを悪役にすれば新聞の販売促進につながるという「読み」からである。これはいわゆる「イエロー・ジャーナリズム」と呼ばれ，アメリカの新聞史の汚点として長く語り継がれている[(1)]。このことによってアメリカは1898年，実際にスペインに対して宣戦布告を行った。これは米西戦争と呼ばれるが，両紙の報道がどの程度，米政府の開戦判断に影響したかについては議論がある（単にキューバだけではなく，アメリカはフィリピン，ハワイを獲得するなど外交上の大転換が行われた）。ただ米国民の反スペイン世論を報道によって大いに高めたことは事実であり，その意味でメディアが米外交に関与したケースであった。

ほぼ同時代，日本でも日露戦争において新聞メディアが戦争に「踊った」。日本の新聞はこの戦争を国内で煽り，大幅に部数を拡大させたことで知られる。と同時に，この戦争において，日本政府が巧みに海外メディアへの情報発信を行ったこともあれば，逆にそれを十分に認識せずに失敗もしたこともあった。海外メディアとの関係性によって，戦争当事国の日本とロシアに対する印象が浮かんだり沈んだりするなど，両国の国際的な立場に大きく影響した戦争であった。

戦争が始まって間もない時期に，アメリカをはじめとする世界の世論を大きく日本に引き付ける国際メディア戦略を行った事例として有名なのが，明治政府で様々な要職に就いていた，金子堅太郎によるアメリカにおけるメッセージの発信である。金子はかつてアメリカで学んだ際に，日露戦争時に米大統領になっていたセオドア・ルーズベルトと知己を得ていたなど，米社会に豊富な人脈をもっていた。そこでアメリカにおける国際メディア戦略を行う人物として，金子に白羽の矢が立った。

金子は開戦１ヵ月後の1904年３月にアメリカ入りしたが，それは日本が緒戦の勝利以降，大きな戦果を上げていない中，次の戦局への緊張が高まっている時期だった。そんな中で金子がアメリカで行ったのは，次のような内容の演説だった。①日本がペリーの来航によって海外に門戸を開放したとしてアメリカとの関係を強調した上で，②その際に得たアメリカ的な考えを中国と韓国に広めようとする中で，それを阻止するロシアと敵対することになったと話を展開。③日本の宣戦布告を不当だとするロシア側の主張に対してはデータに基づいて反論する一方，④緒戦でロシア海軍の名将マカロフの乗る戦艦が日本海軍の機雷に触れて爆沈したことについては，深い哀悼の意を示した。つまり①から④で，この戦争をアメリカの歴史観と価値観に沿った形で位置づけながら，日本の立場の正当性を主張したのである。アメリカ社会を熟知した金子のこのメッセージは，アメリカで広く受容され主要な新聞で高く評価された。その結果，日露戦争におけるアメリカの世論を日本支持に向けることに成功し，国際世論戦の初戦に勝利した。

しかし，1904年８月，日露両国の陸軍が初めて正面からぶつかった遼陽会戦の際には，日本はこの金子の国際メディア戦略の貯金を一気に吐き出す失敗を犯す。この会戦ではどちらも決定的な勝利をつかんだわけでなかったが，日本側が優勢だったというのが一般的な見方である。しかしながら，日本側がこの戦いにおける情報の提供に消極的だったのに対して，ロシア側はロシア満州軍総司令官のクロパトキンが，海外メディアに対して積極的な情報提供を行ったことで日本は窮地に陥った。英ロイターや英紙デーリー・テレグラフなどが「日本の作戦失敗」と「ロシアの司令官の優秀さ」を報じたために，国際市場で公債発行によって戦費を調達しようとしていた日本は追い詰められた。それに気づいた日本は，遅ればせながら外務省が各国公館で遼陽会戦の状況について熱心に情報提供を行ったことで，どうにか公債発行を軌道に乗せることができた。

その後の1905年５月，日本海海戦で日本海軍がロシアのバルチック艦隊を撃破したが，その際には英，仏，米，独の主要新聞が全て日本の大勝利を称え，ロシアはこの戦争から手を引くべきだと報道した。

しかしながら，日本はポーツマス会議で再び失敗を犯す。これについても基本的には遼陽会戦の日本とロシアの構図と同様である。日本の全権，小村寿太郎の「新聞種をつくりにポーツマスに来たわけではない」という有名な台詞に代表されるように，世界が注目するこの講和会議で日本は情報を出し渋った。一方，ロシア全権のウイッテは日本には会議の内容を秘密にするとしながらも，実は海外の記者たちに状況をリーク（ひそかに情報をもらすこと）していった。それはフェアな行為ではないが，その結果，米通信社 AP にロシア寄りの内容で報じられ，それまでは日本側に立っていたイギリスのタイムズの報道も同様の形になっていった。そしてこれらの報道を前提に，アメリカの世論も形成され，調停者のルーズベルト米大統領もその世論を引き取る形で，両者痛み分け的な形で講和をまとめていったのである。その結果，日本が掲げた数々の要求のうち得たものは少なく，日露戦争で日本は良くも悪くも国際メディア戦に踊ったのだった[(2)]。

2　第1次世界大戦（1914-1918年）：総力戦の戦争に溢れるプロパガンダと虚報

この戦争は世界史的に非常に重要であるが，ここではその背景などについては省略する。争った国としては，ドイツ，オーストリア＝ハンガリー帝国，オスマン帝国などの同盟国に対して，イギリス，フランス，ロシアなどの連合国が戦い，それに遅れてアメリカ，日本などが参戦した。そして初めて国家の総力戦となったこの戦争で，メディアもまた総力戦の様相を呈した。そしてそれはかなりの誇張や虚偽が含まれた情報戦であった。

そのパターンは，敵国がいかに残虐で不当な行為をしているかを報じることで，自国民に敵国に対する憎悪を高めさせようというものが中心だった。メディア側は「新聞が売り上げを伸ばすには『大戦争』のプラカードを掲げるだけでよい」と考えていたとされるが，草創期の新聞としては正直なものであったのだろう[(3)]。一方，国家もメディア利用を積極的かつ戦略的に行うようになる。なお当時は新聞メディアが中心だったため国内対策が主であった。

このような構造において，戦争報道に誇張や誤報が頻発した。イギリスで当時最も信頼される新聞と評判のあったタイムズは，戦争開始間もない1914年にドイツ兵が母親にしがみついた赤ん坊の両手を切断したと報道したが，その後の調査でこれは虚偽であることがわかっている。相手国のドイツのメディアも同様で，ドイツ兵の多くが目玉をくり抜かれて病院がいっぱいになったとか，指輪をはめたドイツ人の指をフランス人司祭が切り落としたなど，裏付けのとれない噂を大々的に報じている[(4)]。

事実ではあるものの，解釈の仕方によって相手に対する敵意を増幅させるような報道もあった。有名なものが「エディス・キャヴェル事件」報道と「ルシタニア号事件」報道である。前者は「負傷兵を敵味方なく看護したイギリス人女性エディス・キャヴェルをドイツ軍が殺害した」と報じたものだが，ドイツ側ではこの女性はドイツの敵であるフランスとベルギーの兵士をかくまったために銃殺したと主張している。後者は，ドイツの潜水艦であるUボートが，イギリスの軍艦ではなく，イギリスの大型客船ルシタニア号に警告なしに魚雷攻撃を行って沈没させ，アメリカ人128人を含む1198人が亡くなったという事件である。これについては，この船は単なる客船ではなくイギリスに武器を運搬する役割を担っていたと言われている。しかしながら，メディア戦でイギリスが優勢だったために，どちらもドイツの非道さとして位置づけられてドイツへの批判圧力となった。また当初は戦争に関与することには消極的だったアメリカにとって，このルシタニア号事件の報道が参戦の下地になったという見方もある[(5)]。この戦争では1851年に設立された通信社の中心的存在の英ロイターが，当時は限定的だった国際報道の分野で主導権を握っていた。イギリスは実際の戦いとともにメディア戦でも勝利を飾ったと言える。

3　第2次世界大戦(1939-1945年)：リアルなメディアとしてのラジオと対外宣伝

この戦争においても新聞の役割は大きかったが，それ以上に1920年代から家庭に普及しはじめた，当時の最新メディアであるラジオが情報戦の「武器」として力を発揮した。大衆＝マスを相手にリアルタイムで情報が届くラジオは，新たな次元のメディアだったからである。第2次大戦でも様々な国際メディア戦略が展開されたが，ここではラジオによる情報宣伝戦を中心にまとめておく。

ラジオはこの時期，世界的に普及した。そのラジオを使って，各国は自らの正当性を主張。相手国を非難するべく自国と海外に向けて情報を発信するという手段に出た。1939年の数字をみると，イギリスは延べ15時間，ドイツは延べ48時間，フランスは毎日14時間45分の短波放送を行っている。また同年，アメリカがサンフランシスコからアジア向けの放送を開始，ソ連はウクライナからチェコスロバキアに向けてチェコ語での宣伝放送と，12の放送局からドイツにむけての放送を行っている。日本も1935年から海外放送を開始し，1940年には毎日12時間，11ヵ国語で放送を行っている。(6)

(1)　ナチス・ドイツとゲッベルス

第2次大戦におけるメディア戦略ということになると，必ず名前が挙げられるのがナチス・ドイツにおけるメディア統括者のヨーゼフ・ゲッベルスである。ゲッベルスは宣伝省の創設を主張し，ヒトラー内閣でその大臣として入閣した。

ドイツの広報・宣伝の情報発信政策を自らの支配下に収め，その権力の下，さらにメディアの検閲に目を光らせると同時に，海外への情報発信政策も手にしたゲッベルスについては，多くの研究があるので詳述は避け，ラジオによる国際世論工作についてのみ簡潔に示しておく。

ゲッベルスはまず，数百の新聞を発禁とし，その一方で人間の知性よりも感性に直接訴えるものが，世論形成には有効であると考えた。そしてそのための主要なプロパガンダ媒体としてラジオに着目。その育成とコントロールを重視した。1934年に宣伝省がドイツ放送会社の資本を支配することで，そこを通じて実質的にドイツのラジオ局を統制することに成功。同時に国内で広くラジオを普及させるべく，受信機を安価で購入できるように「国民ラジオ」を開発させ，さらに補助金を投入してラジオ受信者を飛躍的に増やした。その結果，1939年にはドイツの家庭でのラジオ普及率は70%を超えるまでになった。

一方海外放送では，ドイツが各国に侵攻する前にフランス，ベルギー，デンマーク，チェコスロバキアなどにドイツの主張を流す戦略をとった。また第1次大戦からの仇敵であるイギリスに対しては，宣伝省に入ったイギリス出身のウィリアム・ジョイス(通称「ホーホー卿」)を押し立てて，イギリス向けに彼のブリティッシュ・イングリッシュで宣伝放送を行って揺さぶりをかけた。

(2)　チャーチルとBBCのイギリス，ルーズベルトとマローのアメリカ

一方のイギリスでは，政府の提案で国内ラジオメーカーの保護と販売促進を目的として設立され，その後公共事業体に転じたBBCを通じてドイツへのメッセージ攻撃を行った。BBCは，極東には香港ほか4局，オーストラリアにはメルボルンなど5局，南方アジアにはインドのカルカッタなど7局，中東

にはエルサレムなど5局，地中海にはジブラルタルなど4局と，他国にはないかつての広範な大英帝国ネットワークによって世界規模で宣伝情報を発信した。[(7)]

同時に，ラジオ時代の戦争として注目されるのは，生の声を介しての報道が戦争のリアリティを伝えるようになったことである。それは活字メディアでは浮かびあがりにくかった戦況の印象に，よりインパクトを与え，国民の戦争意識を高めた。

そのような中で何人かの有名なラジオジャーナリストが出現した。中でも米CBSのエド・マローを挙げておく必要があるだろう。第2次大戦においていくつかの重要な局面があったが，その中の1つがドイツとイギリスがイギリス本土とドーバー海峡で戦った，1940年夏から秋にかけての「バトル・オブ・ブリテン」である。ドイツはロンドンなどに激しい空爆を行ったが，その際に現地に派遣されていたマローは，ロンドン空爆の切迫感を余すことなく伝えた。彼はドイツを叩きイギリスを救うために，アメリカは欧州戦線に参戦するべきだという立場をとっていたが，それが反映された彼のメッセージによって，アメリカ国民は次第に参戦意識を高めていく（ジャーナリズムのあり方としての議論はあるが）。そんなマローの報道に対して，窮地にあった英首相チャーチルは大いに力づけられたとされている。

一方，米大統領フランクリン・ルーズベルトは，参戦して欧州戦線でイギリスを助け，アジアでは中国を支援したいと考えていた。そのため様々な仕掛けをして国内世論を参戦に向けさせるべく手を打っていた。そんな中で欧州戦線においてマローの果たした役割は小さくなかった。またアメリカが日本から真珠湾攻撃を受けた直後に，マローは他の数人とホワイトハウスに招かれていたが，政府がその事実を米国民に発表する前にルーズベルトは個別にマローを呼び，真珠湾攻撃の状況を細かく説明したという。マローに反日放送を期待したからであろう[(8)]。ただ，その直後にマローが声高に対日参戦を求めるような報道を行ったという事実は確認されていない。

4　ベトナム戦争（1960年代-70年代前半）：テレビ時代に敗れた戦争

第2次大戦後，メディアはテレビの時代に移り，戦争のあり方もテレビメディアの誕生で大きく変わった。それを最も明確に示したのが，アメリカが1960年代半ばから1970年代前半まで大きく関与したものの，勝利することなく兵を引き，初めて「敗れた」ベトナム戦争である[(9)]。だが敗れたのは敵だったホーチミンの北ベトナムからではなく，テレビによってであったとさえ言われている。

ベトナムは戦後再び支配を目論んでいたフランスを，1954年にディエンビエンフーの戦いで破る。その後ジュネーブ協定でフランスが撤退。本来は選挙を行い統一国家となるはずだったが，選挙は実施されずに1950年代半ば以降，社会主義の北のホーチミン政権と，アメリカが支援する南のゴ・ディン・ディエム政権が対立する構図が出来上がる。

そんな中，西側の盟主であるアメリカには，北ベトナムによる南ベトナムの共産化を許せば，インドシナ半島全体に共産化が広がるという危惧が広まった。「ドミノ理論」として知られるものである。そこで1961年に政権についたジョン・F・ケネディは，南ベトナムに軍事顧問団を派遣して介入に一歩踏み込んだ。それが全面的な戦争の突入するのは，次のリンドン・ジョンソン政権の時代である。1964年８月にトンキン湾で米駆逐艦が公海上で北ベトナムから不当な攻撃を受けたと議会に報告すると，議会が大統領に戦争についての全面的な権限を委ねる「トンキン湾決議」を採択する。それに基づき翌65年２月から「北爆」という名で知られた北ベトナムへの大量の爆撃が始まり，３月にはダナンに海兵隊が上陸して全面的な戦闘に入る。最大で54万人の兵力を投入し物量ではるかに勝るアメリカの攻撃に対して，北ベトナム側(ベトナム解放戦線＝ベトコン)は，ゲリラ戦で激しく抵抗した。

このベトナム戦争は戦いの模様がテレビに映し出された。リビングルームでアメリカ人家族みんなが，１つの受像機で戦争を見つめるという初めての状況であった。またその映像は世界各国でも視聴された。そのようなメディア環境の中で，戦争が激しさを増した1968年１月末から２月にかけての出来事が，テレビ時代の初めての戦争における国内外の世論に，大きな影響を与えることになる。

それは１月31日からベトコンが展開した，いわゆるテト攻勢である。テトとは旧正月の意味だが，そうした時期には攻撃がないと油断した南ベトナムと米軍に対して，ベトコンは一斉攻撃を行った。予想外の攻撃に南ベトナムと米軍は当初大きな打撃を受けた。しかしながら，その後米軍は反撃に転じて，戦い全体としてはむしろ米側が優勢だった。

にもかかわらず，この戦争がアメリカに大きなダメージとなったのは，テレビに南北ベトナムの兵士や米兵，一般市民が負傷したり殺されたりする姿が連続して映し出されたためであった。それを代表する映像として，テト攻勢直後に米ネットワークのNBCが南ベトナム側が捕らえたベトコンの若者を，サイゴンの路上で射殺したシーンがある（米通信社APのエディ・アダムズはこれを撮影してピューリツァー賞を得る）。この映像のリアリティが戦争の悲惨さを米国民の目に焼き付けたことはもちろん，アメリカが支援している南ベトナム側の残虐行為であったために，遂行している戦争の意義に大きな疑問を感じさせた。

このテト攻勢とその直後には，ベトナム戦争で民間人や兵士が血を流して死傷する悲惨なシーンが繰り返し報じられた。テト攻勢のあった時期とその直後（1968年１月31日から３月31日まで）に，米国民がテレビで，民間人が犠牲になる映像を目にしたのは週3.9回。それ以外の時期は週0.85回にすぎなかった。また兵士が死傷するテレビのシーンもこの時期には週6.8回と，戦争全体での平均の週2.4回と比較してかなり多かった。

このように悲惨な映像が多く流されて，その印象から厭戦ムードが高まっていく状況の中で，世論に大きな影響を与えるオピニオン・リーダーからのコメントも，映像とともにテレビから流された。それは「アメリカで最も信頼される男」と言われたCBSイブニングニュースのアンカーマン（キャスター）であるウォルター・クロンカイトによるものであった。テト攻勢直後にアメリカがベトナムでの戦争に関与することを考え直すべきとだとして，彼は３回にわたって反対の姿勢を示した。テレビではNBCがこれに続き，主要な新聞や雑誌メディアもこの戦争に異を唱え始める。２月から３月に行われた調査では，ベトナム戦争の先行きに悲観的になったり，武力行使に対して否定的なっていく世論調査の数字が次々に出るようになる。国民から戦争への支持を失った米ジョンソン大統領は３月31日，大統領選挙への再選出馬を見送る考えを表明。アメリカはその後戦線を縮小して撤退に向かう。そして1975年４月30日，南ベトナムの首都サイゴンが陥落して戦いは終わった。

ただアメリカ国民のベトナム戦争への支持の世論の動向について，もう少し詳しくみておくと，テト攻勢の前年の1967年ごろから実は戦争のあり方について疑問を持つ人がでてきていた。同年10月のギャラップの世論調査で，国民が「戦争は誤りである」との回答が「誤りでない」を逆転する結果が出ていたのである。つまり国民がベトナム戦争に疑問を持ち始めていたところに，テト攻勢以降に衝撃的な死傷映像が間断なく飛び込んできた結果，アメリカ国内での戦争反対が決定的なものになったと理解するべきであろう。

5　湾岸危機・戦争(1990-1991年)：活かされたテレビと殺されたリアリティ

1990年8月，サダム・フセインが指揮するイラク軍は隣国クウェートを占領した。イラク側としては，かつてその地を支配していたイギリスに，一方的に国境線が引かれてクウェートが別の国に分離されていることにもともと不満があった。またアメリカの代理戦争としてイランと8年もの間，戦い続けて財政難に陥り原油収入に頼るしかないイラクだったが，クウェートが原油の増産を続けていたことで原油価格は低下，イラク経済は大きな打撃を受けていた。

そうであっても，いきなり隣国を軍事侵攻によって支配することに対して国際的な理解は得られない。そのため国連の安全保障理事会は，直後にイラクに対して即時無条件撤退を求める安保理決議660を採択し，さらに決議661ではイラクへの全面禁輸の経済制裁を国連加盟国全てに求めた。一方アメリカは，イラクのもう1つの隣国サウジアラビアに兵を派遣する。11月になると，翌91年1月15日を期限としてイラクが撤退しない場合，武力行使を容認するという安保理決議が採択された。これは1950年の朝鮮戦争以来の決議であった。そしてそれに基づきアメリカを中心とする多国籍軍が形成され，期限を過ぎてもクウェートから撤退しないイラクに対して，1月17日(現地時間)に攻撃を開始。多国籍軍の空爆に始まったこの戦争は，クウェートを奪還してわずか43日間で多国籍軍の圧倒的な勝利に終わった。

それではメディアはどうだったか。ベトナム戦争ではテレビを通じて，家庭のリビングルームに悲惨な映像が初めて飛び込んだが，テレビ放送の技術は，その後様々な形で進化を遂げた。70年代には小型軽量のビデオカメラと VTR

などによる，テレビのエレクトロニック・ニュース・ギャザリング（ENG）の導入を経て，80年代には衛星によるサテライト・ニュース・ギャザリング（SNG）が導入されるようになった。

それは現地からのテレビ放送に大きな機動力を与えることになった。かつては現場から放送する場合には大型の放送車を準備することが必要だったが，SNG では直径2メートルほどのパラボラアンテナと小型の機材を使えば，世界のどこからでも直接ニュースを送ることができるようになった。これはライブ放送を各段に容易にさせることを意味した。こうした放送技術の飛躍的な進歩の中にあった湾岸戦争では，画期的な出来事を生んだ。それは新興テレビ局による現地からの戦争の生中継と，戦争当事者がテレビを使って，相手国首脳に向けてメッセージを発信する行為である。

ニュース専門チャンネルの米 CNN がその主役であった。同局は1976年にテッド・ターナーが元々持っていた UHF 局をスーパーステーションとして衣替えして，TBS（Turner Broadcasting System）としてスタートした一部門であり，1990年から91年にかけてのイラクと戦場からのライブ放送で，世界ブランドの国際テレビニュース局となった。

湾岸戦争では，CNN 記者のピーター・アーネットが，空爆の模様を開戦時に伝えるなど戦場からの中継を実現し，同時にイラクのフセイン大統領に単独インタビューを行い，それが世界へのメッセージの発信となった。そしてそれ以降，紛争当事国の海外の首脳たちが，CNN などの国際テレビニュース局とのインタビューを通じてメッセージを発して，間接的に相手国に対して外交交渉を行うスタイルが生まれた。

だが，この戦争で前回のベトナム戦争のように悲惨な映像が家庭に届けられて，戦争への支持が低下し，戦争の継続が難しくなったというわけではなかった。というのは，この戦争を遂行した多国籍軍の中心であるアメリカが，ベトナム戦争で悲惨な映像を人々に見せたことで，国内外の世論の支持を失ったことを繰り返さないための戦略を確立していたからである。

彼らは開戦前も開戦中も周到な国際メディア戦略を展開していた。当時のブッシュ Sr. 政権は，戦闘が始まる前からイラクのフセインがヒトラーと同様に極めて危険で残酷な独裁者である，というメッセージを広く流布させた。また毒ガス兵器をもつイラクはアメリカにとって非常に手強い相手であると宣伝した。それによってイラクとの戦いにはアメリカが力を結集して戦わなければ，彼らをクウェートから排除するのは困難であるという認識を事前に形成させたのである。そうした印象の操作は国際的にも成功した。またそれとは別に，ナイラというクウェートの少女が，イラク兵士からクウェートの人々がいかに蹂躙されたかを，米議会で涙ながらに証言するということもあった。後になってこの少女は，クウェートの人間ではなく米 PR 会社が仕込んだサウジアラビアの外交担当者の娘だったことがわかったが，この発言でアメリカで一時しぼみかけていたイラクへの憎悪は再び盛り上がった。

開戦前にそのような形で反イラク世論を形成する一方で，開戦直前にアメリカ国防総省（＝米軍，ペンタゴン）は，メディアに対して，戦場での取材は危険であるため，取材は「プール」と言われる代表取材者だけに限る方式の導入を要求してきた。これは新聞やテレビ，雑誌，カメラの中から，それぞれの代表者が軍のエスコートによって戦地に赴いて取材し，その取材結果を取材に行けなかった他の記者たちと共有するというシステムである。これは大量の取材陣が殺到すると想定された場合に，現在でも利用されているものだ。

だが戦争という最もシリアスな出来事を自由に取材することを求めるメディア側は，このプール取材システムの受け入れには強い難色を示した。だが，メディアが国防総省と交渉を繰り返す間に戦争が開始したため，メディア側は「空爆の間だけ」という条件で，時間切れのような形で最終的にプール取材方式を受け入れた。プール取材を受け入れず独自に行動したのは先のアーネットの CNN など一部に限られた。

このプール取材では，どこを取材地とするかなどは全て多国籍軍の中心である米軍側が決める形をとった。そのため，派遣された記者たちは戦闘で死傷者が散乱している場所ではなく，多国籍軍の作戦がうまく展開している場所にのみ連れて行かれることになった。そのため彼らは，ベトナム戦争のような，悲惨な映像を受け手に提供することはほとんどなかった。空爆が終了するころには，プール取材では戦場のリアリティを報じることができないとして，独自に取材を開始するところもあった。だが，そのころは戦いの最終盤であり，十分な取材を行う前に戦いは終結した。

プール取材で悲惨な映像が報じられるのを封じ込んだ一方で，米政権はこの戦いにおける死体のない「クリーンな戦争」を，さらに演出するための情報発信を行った。代表的なものとして語り継がれるのは，スマート爆弾による攻撃のビデオ映像を公開したことであった。スマート爆弾とは赤外線レーザーによって誘導されて，軍事目標だけにほぼ誤差なく着弾するという兵器である。米軍は1日2回，記者相手に行うブリーフィング(記者に対する説明。質疑もある)でその様子を示す映像を示しながら，戦況を説明した。そこでは戦争につきものの流血の惨事や死体の山などはほとんど発表されず「クリーンな戦争」が演出された。CNN が報じた多国籍軍の民間施設への爆撃も大きく広がることはなかった。[10]

最終的に，受け手は戦争には必ず生じる悲惨な状況を目の当たりにすることなく，戦闘は終了した。そして戦争を遂行したブッシュ Sr. 政権は国民から強く支持された。ベトナム戦争が戦争のリアリティを「見せて」敗れた戦争とするならば，湾岸戦争は「見せない」で勝利した戦争ということができる。

戦争が終わってからの米議会の証言で，この戦争では合計8万5000トンの爆弾が投下されたが，米軍が映像で公開したようなスマート爆弾が使われたのは10％未満で，他には通常の爆弾が用いられ，全体での命中率は約30％であるというデータが明らかになった。それをもとに計算すると7割は目標外への着弾だったことになり，民間への大きな被害が生じていたということになる。しかしそれらは人々に報じられることはなかった。

一方，後になって実際のイラク人犠牲者など戦争の様々な現実がわかってくるなかで，メディア側は政権の宣伝担当者にすぎなかったと非難された。メディアは，テクノロジーとしてはよりリアルに戦争の実態をリポートできるはずだったが，駆使する前にそれを見事なまでに封じ込まれたということである。

6　イラク戦争(2003年)：衛星，ネット時代の国際世論戦

では，その12年後の2003年に起きたイラク戦争では，政権側はどのようにメディアを管理しようとしたのだろうか。しかし実際は，湾岸戦争とは違いメディアはプール取材などで拘束されることなく自由な取材活動を行い，この戦

争は世界のメディアから広く報じられた。

その理由を解説する前に，このイラク戦争の概略を説明しておこう。湾岸戦争が終了してもなお，イラクのフセイン政権が核・生物化学兵器などの大量破壊兵器を有していること，また国際テロ組織アルカイダと密接な関係をもっていることを理由に，アメリカのブッシュ Jr. 大統領は「イラクは悪の枢軸」として攻撃を示唆した（のちにどちらの理由も誤りであることが判明）。

だが，イラクのクウェート侵攻の唐突さに世界が衝撃を受けた湾岸戦争の時と，状況は大きく違っていた。アメリカの好戦的な姿勢に対して，フランスやドイツなど，イギリスを除く欧州の国々は，アメリカの主張に強く疑問を呈した。その結果，湾岸戦争の時とは異なり，アメリカはイラクを武力攻撃するための国連決議は得られなかった。しかしながら，2003年3月19日にアメリカはイギリス，そしてオーストラリアを加えた有志連合を形成してイラクへの攻撃を開始した。一時進行が停滞したこともあったが，4月9日には首都バグダッドを攻略。そして5月1日にはブッシュ Jr. が「大規模な戦闘の終了」を宣言する。その後はイラクに新政府が樹立されるまでの間に，駐留する米軍に対するイラク国内でのゲリラ攻撃によって多くの犠牲者が出た。だが大規模な戦闘の終了までを見た場合，このイラク戦争はアメリカにとって完勝だった。

そしてこの戦争でアメリカは，従軍取材を採用して人々に戦争を「見せる」戦略をとった。戦争開始前に embedded と称する従軍取材を採用するとして，600余人が実際に兵士の戦闘に同行したのである。記者たちは兵士とともに軍用車に同乗し，また空母でともに生活した。それには湾岸戦争では取材を認められなかった海外メディアも加わった。では，なぜ湾岸戦争から方針を大転換して従軍取材を認めて，戦争を「見せる」という選択をしたのだろうか。

それはこの戦争の位置づけとして，湾岸戦争と違って「戦争の大義」について国際的なコンセンサスが得られていなかったからである。イラクに対して軍事的な攻撃を行うことに疑念がもたれる中で，湾岸戦争のように「見せない」でおくことは不可能であり，報道陣に戦争の場をオープンにした形で，世界にアメリカの行為を正々堂々と「見せる」必要があった。また湾岸戦争以降の経済制裁でイラクが疲弊していたことに加えて，イラクが制裁に違反しているとして，アメリカ，イギリスが事前にイラクの対空レーダーを破壊して制空権を握っており，戦う前からかなり有利な状態にあった。アメリカは余裕をもって，この戦争を公開して戦って「見せる」ことができたのである。

その上で次のような国際メディア環境のさらなる変化を見ておく必要がある。1つは国際的な情報発信の広がりである。湾岸戦争では CNN がこの戦争を独占中継したと言ってよい。また以前から国際テレビ放送の主役であるイギリスの BBC，それ以外にアメリカの ABC，NBC，CBS などのネットワークがこの地域の戦争における国際報道の主役であり中心だった。ところが，2001年9月11日の同時多発テロの際には，その首謀者と目されるオサマ・ビンラディンとアルカイダのグループが，中東カタールに1996年に設立された衛星放送局アルジャジーラを通じて，国際的な情報発信を行っていた。これは中東側から中東の視点に立脚した国際放送局が出現していたことを意味する。

さらに重要なことは，9章でも見たように1991年の湾岸戦争と2003年のイラク戦争の間に，インターネットの爆発的な世界的普及があったことである。この時期はネット社会になって間もなくだったものの，それでも既存のメディア以外にネットから様々な情報が出てくる時代になった。そのため戦争遂行者が情報を独占しコントロールすることが不可能になっていた。戦争とメディアの歴史においては，自国のメディアに検閲を行って情報統制することが決まり事だったが，このような情報環境で，情報の一方的なコントロールはあまり意味をなさなくなった。

また，衛星によって国際中継が容易になった時代に行われたのが湾岸戦争だったが，2003年にはさらに進化していた。イラク戦争では，SNG だけでなくノートパソコンのようなものに小さなカメラがついた，重さ数キロの「ビデオフォン」が加わった。この装置を使っての映像は鮮明さでは一般の中継放送には劣るものの，世界のほとんどの場所から音声と映像を送ることができる。このような情報環境の中では，戦争遂行者が報道機関を押さえこんでも，情報はどこからでも出てくる。

こうした状況の中でブッシュ Jr. 政権が行ったのは，従軍取材を認めて世界に戦争を公開する一方で，世界に向かって徹底して自らの正当性を説明する情報発信＝国際広報戦略を導入することであった。従軍したメディアは戦争の現場から戦争のリアリティを報じた。その一方，米軍は現地カタールのドーハで

1日3回，さらにアメリカではホワイトハウスと国防総省(ペンタゴン)で戦況についてのブリーフィングを極めて入念に行った。そのため戦争を遂行する米軍にとって不利な情報が従軍記者から報じられても，即座にそれを否定した説明を行い，批判の火を消していった。アメリカ側は12年前の湾岸戦争の時以上に，徹底した情報発信で情報戦の主導権を握ろうとしたのである。それがネット時代の戦争においてアメリカ側が示した姿勢であった。

戦争において常に自らを有利に導くための情報を国内外に流布させようという政権の政治コミュニケーションの姿勢は，どの時代においても変わることはない。一方，メディアの進化は戦争のあり方と情報の伝え方の双方を変える。また戦争の位置づけによってもメディア戦略は変化する。結局のところ，メディアの進化と戦争を取り巻く状況の変化を変数とした上で，戦争遂行者の変わらぬ姿勢を分析していくことが，国際紛争におけるコミュニケーション研究の要点であると言える。

最後に，もう1つ重要な問題を理解しておく必要がある。戦争後についてである。第1次大戦でイギリスによって反ドイツのメディア戦略は成功した。だが，悪魔化された敗戦国ドイツには，ベルサイユ条約でドイツの返済能力を超える天文学的な賠償金と広範囲にわたる領土の割譲が科された。戦勝国側にそれが当然のこととして受け入れられた大きな理由の1つに，イギリスの反ドイツメッセージが広く浸透していたことがある。一方ドイツにとってはあまりに不当な賠償への反発として，その後のナチス・ドイツと第2次大戦(欧州戦線)の勃発につながった。

国際世論戦の戦略としては，メディア戦の戦後にわたる効果の分析までを視野に入れるべきである。またそうしたメディア戦略が背景にあることを前提として，歴史は記録される必要がある。

コラム　戦争が始まると豹変し「感動」があふれたイラク戦争の「誤報」

筆者は戦いの最中の4月1日から1年間，アメリカ・ワシントン DC で，戦争と報道の状況を観察した。そこで見えてきたものは，開戦前にあれほど反対の姿勢を示していた米メディアが「米軍はここまで作戦が成功している」とか「次の攻撃目標はここだ」といった，戦争推進報道一色に染まったことだった。

また米メディアがかつて犯した戦争報道での失敗も繰り返された。それは勇敢に戦ったものの，イラクから攻撃を受けて重傷を負って力尽きて捕らえられた19歳の米女性兵士を，米軍が必死の救出作戦を敢行して見事に生還したという感動のストーリーについてである。彼女はヒロインになり繰り返し報じられたばかりか，特別報道番組も企画された。

だが実際には，彼女は他の兵士とともに軍用車に同乗していたものの，戦闘の任務についていたのではなく，ケガも自らの車両が事故を起こした際に負ったものだった。また救出についても，彼女が囚われていた場所にすでにイラク軍兵士はおらず，救出は特に困難なものではなかった。

これは，1898年の米西戦争に際して，その前年にニューヨーク・ジャーナルが行った「エバンヘリーナ・コシオ・イ・シスネロス報道」と酷似する失態だった。この報道でも，スペインからの解放運動にかかわってとらえられた女性が，そこから勇敢に脱出したという話が作り上げられて全米のヒロインになった。だがこの脱出劇も同様に容易なもので，事実とは大きく異なるものであったが，彼女は反スペインのスターとして祭り上げられた。戦争や紛争で常にみられてきた誇張，誤報，捏造は，時代が変わっても繰り返されたということだった。

注

(1)　両紙が掲載した人気1コマ漫画の主人公が黄色い服を着ていた子供だったことから，信用できないセンセーショナルな報道を行うメディアのことを「イエロー・ジャーナリズム」と呼ぶようになった。この言葉はその後，ゴシップ記事を中心にするタブロイド版の新聞にちなんで「タブロイド」という呼び方に，近年ではニュアンスは異なるものの「フェイクニュース」と変化している。

(2)　木下和寛『メディアは戦争にどうかかわってきたか——日露戦争から対テロ戦争まで』(朝日新聞社，2005年)p. 7-21

(3)　Harold Lasswell. *Propaganda Technique in the World War.* (Peter Smith, 1938, First published in 1927). p. 192

(4)　Philip Knightley. *The First Casualty : From the Crimea to Vietnam : The War Correspondent as Hero, Propagandist, and Myth Maker* (Harcourt, 1975). p. 107, フィリップ・ナイトリー，芳地昌三訳『戦争報道の内幕』(時事通信社，1987年)

(5)　これについても米西戦争と同様に，米ウィルソン大統領がこの事件によってのみ参戦を決意したのかどうかについては，確実ではない。

(6)　NHK のラジオに関しては，海外放送研究グループ 編『NHK 戦時海外放送』(原書房，1982年）を参考にした。

(7) 木下和寛，前掲書 p. 72

(8) 田草川弘『ニュースキャスター——エド・マローが報道した現代史』（中央公論社，1991年）p. 46-49

(9) ベトナム戦争は「アメリカが初めて『敗れた』戦争」と表現することに対して，アメリカが南ベトナムへの支援をやめて兵を引いただけであり，アメリカの敗北ではないという主張もある。

(10) Peter Arnett. *Live from the Battlefield : From Vietnam to Bagdad 35 years in the World War Zones*（Simon & Schuster, 1994），ピーター・アーネット，沼沢洽治訳『戦争特派員——CNN 名物記者の自伝』（新潮社，1995年）p. 395

推薦図書

石澤靖治『戦争とマスメディア——湾岸戦争における米ジャーナリズムの「敗北」をめぐって』（ミネルヴァ書房，2005年）

Knightly Philip. *The First Casualty : From the Crimea to Vietnam : The War Correspondent as Hero, Propagandist, and Myth Maker.*（Harcourt, 1975），フィリップ・ナイトリー，芳地昌三訳『戦争報道の内幕』（時事通信社，1987年）

Philip M. Seib. *Headline Diplomacy : How News Coverage Affects Foreign Policy*（Praeger, 1996）

Hugh Miles. *Al-Jazeera : The Inside Story of the Arab News Channel That is Challenging the West*（Grove Pr, 2005），ヒュー・マイルズ，河野純治訳『アルジャジーラ——報道の戦争』（光文社，2005年）

Philip M. Taylor. *Global Communications, International Affairs and the Media since 1945*（Routledge, 1997）

第11章

日米，日中，日韓関係とメディア
——日本外交と世論の視点

日本の外交あるいは対外関係の視点から国際関係とメディアについて考えてみよう。日本にとって外交上，最も重要な国は同盟国であるアメリカであることは言を俟たないが，同時に隣国であり急速に世界的な影響力を増している中国，さらにやはり隣国で，常に微妙な関係にあり続けてきた韓国が，日本の対外関係上，注目を要する国であろう。一方で，これら三国(とロシア)を除いた他の国々とは，日本は外交上それほど複雑な関係にはない。

そこで本章では日本と，これら三国とのそれぞれのコミュニケーション状況をみていく。また日本とこれらの国々との関係は別々の関係ではなく，相互にリンクしながら日本の外交シーンを形成している。その構造を分析しつつ，日本の国際コミュニケーション戦略を考えてみよう。

1　日米関係：上下関係という意識の中での変わらないバイアス

日本とアメリカとの関係は，戦後，連合国軍最高司令官総司令部(GHQ)による実質的にはアメリカの施政の後，これまで長く緊密に続いている。1951年に日本がサンフランシスコ講和条約を結んで，翌52年に国際社会に復帰すると同時に，アメリカと日米安全保障条約を締結して同盟国となるなど，アメリカは日本の外交にとっても経済関係においても最も重要な国であり続けてきた。戦後の国際社会の中で，これほど長期的に関係を結んできたのは稀有な事例ある。そしてこの二国間関係とコミュニケーションの形態には明確な特徴がある。

それはアメリカが上あるいは主，日本が下あるいは従という関係が固定化しているということである。GHQ による占領の際にアメリカから日本に対して，アメリカの考える「自由」「民主主義」を教え込まれ，日本は忠実にそれを学んで実行していった。日本にはいわゆる「大正デモクラシー」が存在し，イギリス型の代議制創設に向かっていた(エドウィン・O・ライシャワー『ザ・ジャパニーズ』)。だが，占領下で改めて日本にアメリカが唱える「民主主義」を「自由」とともに教え込まれたということである。

もちろん，それが全く問題なく日本人に受け入れられたわけではなかった。戦時中抑圧されていた左翼思想は，戦後はソ連に与する反米勢力となった。また GHQ は，軍国主義の温床となったとして財閥解体や官僚組織の解体を断行しようとした。それは実際には日本が今後アメリカに逆らえないようにすることを目的としたものだったし，その措置に強く抵抗する勢力もあった。だがアメリカが東アジア政策の軸にしようと考えていた中国国民党の蔣介石が，共産党の毛沢東に敗れて大陸の支配を許し，また東西冷戦が顕在化してくる。そこで GHQ がそれまでの日本解体政策から日本を支援して東アジアの足場とする「逆コース」をとったことで，日本の解体が完全に行われたわけでもない。またアメリカが行った神道指令など(1945年12月)日本のそれまでの価値観を否定する政策に対して，日本国内での強い抵抗もあった。しかしながら，戦後の混乱の中で，アメリカの日本への姿勢に対する反感や反発が存在しつつも，最終的に日本の大勢は「国家のあり方」を教え込んだアメリカに従った。そして，日本の側にも第2次世界大戦で敗れた大きな理由は，軍国主義下の日本の政策に誤りにあり，そのあり方が国家を悲惨な結末に追いやったというアメリカの政策に基づいた認識が根付くようになる[(1)]。

このような関係の中で，第2次大戦終了以降，現在まで二国間のコミュニケーションには特徴的な構造が形成された。それは「先生」にあたるアメリカに対して，「生徒」である日本が，アメリカの考えや動向を常に注視し，その動きに敏感に反応するというものである。具体的には日本のメディアが，アメリカの大統領・行政府，議会の動向に加えて，米メディアによる対日報道，米国民の状況などを，逐一克明にリポートするということである。そしてアメリカが日本の何らかの点に対して，批判的な行動を示したり発言を行ったりした場合には，日本のメディアはそれらを重要なニュースとして大きく報じてきた。その際に，批判された日本政府や当事者が「日本側の論理」「日本側の事情」を持ち出して反発することはあっても，最終的には日本はアメリカの対日批判をほとんど受け入れて，批判された部分を修正するという行動をとった。

もちろんそこには，日米間に決定的な上下関係が存在するからだが（核の傘などの安全保障もあわせて），自らの価値基準であり「先生」であるアメリカからの批判に対しては，戦後日本が道を誤らず，西側世界の価値基準に沿って行動していると認めてもらうために，それを受け入れなければならないことだと認識していたからである。

このような構造が形成された中で，日本のメディアにとっては，アメリカが日本に対して批判的な言動をしていることを，いち早くかつ大きく報じることは極めて重要であった。そうしたことを行うのは，日本のためには当然のことであるという認識があったし，日本国民もそれを受け入れた。また制度的に改革が必要だと日本側で認識していても，自らその改革を行うには政治的コストがかかりすぎるために手付かずになっていたものが，「アメリカからの批判→日本メディアがそれを報道→日本国内で問題化→制度の改変」というパターンで改変されることもあった。場合によっては日本政府が問題のある国内制度を改変できない場合に，日本のメディアに「アメリカの外圧」として報じてもらうことを期待したこともあった。一方，日本のメディアは占領下ではコントロールされつつも，その後はリベラルの立場から資本主義陣営の盟主であるアメリカの行動に批判的である場合もあった。しかしながら，アメリカの動向に留意して報道するということが最も大きなニュースバリューであることに変わりはなく，同様に日米の「外圧」パターンの構造化に寄与した。(2)

■日本の最高権力者としての米メディア

米メディアの報道が，日本において政治メディアの主流派である新聞やテレビで報じられなかった部分に光をあてて，政治を動かしたこともある。その最も顕著な事例が，1974年10月に，当時首相だった田中角栄についての金脈スキャンダルを，月刊雑誌の文藝春秋がジャーナリスト立花隆の手によるレポート「田中角栄研究」で明らかにしたことである。これは田中角栄がいかに策を弄して法の網をかいくぐって，巨額の資金を手にしているかを掘り起こしたスクープだったが，日本の新聞・テレビは時の首相である田中角栄に対する遠慮からか，これをフォローすることを避けた。ところが約10日後に，ワシントン・ポストなど海外メディアが文藝春秋のこのレポートをもとに報じ始めると，日本の新聞・テレビメディアも一斉に追随するようになる。その結果，反田中の世論が高まった。それ以前の7月に与党自民党が参院選で敗北していたこともあり，田中はその後政権を去る。これは米メディアが日本での世論形成に影響力をもつことを最も象徴的に示した事例だが，これに類するパターンは他にも存在している。

米メディアが日本で影響力をもってきたのは，次のような理由からである。1つには日米関係の反映からだが，もう1つ重要なのは，1970年代前半にアメリカを代表するメディアであるニューヨーク・タイムズやワシントン・ポストが，米政権の秘匿や不正を暴く報道を行って米国民から多大な支持を受けていたことである(3)。日本は先生であるアメリカに従っていたものの，米政府・議会からなされる対日批判が常に的を射ていたわけではなく，理不尽なものもあった。そんな米政府に対して不正を暴いて対峙したのが米メディアであったため，彼らこそがアメリカの価値観と正義を反映するものとして受け止められたからである。ただ，それが過分な評価と期待であったことも確かではある。

日米の上下関係の構造が一時的に崩れる時期もあった。1980年代後半から90年代前半にかけて燃え上がった，日米貿易摩擦あるいは日米経済摩擦と呼ばれた時期である。この際に「先生」であるはずのアメリカが，日本からの旺盛な輸出によって巨額の対日貿易赤字を積み上げることになった一方，巨額の対米黒字を計上した「生徒」の日本は，バブル経済の大波に乗った。アメリカ側はそのような状況が生まれたのは，日本の経済政策や自由貿易が不公正であるからだとして，激しい批判を浴びせるようになる。

それに対して，日本のメディアはそれまでと同じように，アメリカ側の批判を報じることが日本の国益であると信じ，アメリカ側の対日批判を熱心に報じた。この時期になると，米政府高官や議員たちは，日本メディアが彼らの批判的な発言を常に積極的に報じることを知った上で，あえて批判的な発言を行って日本に厳しいメッセージを伝えようとすることもあった。これもアメリカ側の1つのメディア戦略である。その結果，日本側ではアメリカからの大量の対日批判を目にすることになる(4)。その中にはこれまで経験したことのない「言いがかり」的なものと感じられるものも少なくなかった。また，それまで日本に対して冷静な視点で客観的な報道をしてきたと思われた米メディアにさえ，日本を敵国とみなしたような論調が散見されるようになる。それは日本にとって大きな困惑であり失望であった。

この時期の日本とアメリカの関係は，両国間に生じた貿易摩擦によって緊張関係にあったことは事実である。だが，日本がアメリカの対日批判を大量に報道したことや，米メディアが日本人には受け入れがたい対日批判報道を繰り返したことによって，日本のアメリカに対する印象とアメリカの日本に対する印象の両方がより以上に悪化した。したがってこのような現象は「日米報道摩擦」「日米情報摩擦」などと指摘された。(5)

ただし，こうした状況は1990年代に入って日本のバブル経済が崩壊すると，アメリカの脅威ではなくなったために消滅した。またその後，アメリカが日本に対してあからさまな「外圧」をかけることによって日本が譲歩をするということは，日本国民からアメリカに対する反発を招き，日米関係にとって逆効果だとアメリカ側が認識し，そうした行為を避けるようになった。だが，アメリカと日本の上下関係という基本的な構造は変わっておらず，米国報道は一定の影響力を有している。

2　日韓関係：日米関係と裏返しの「贖罪」バイアスとその転換

隣国である韓国との外交関係とそのコミュニケーションは複雑であるが，ここでは1910年の韓国併合以降の状況を概観する。1945年の第２次大戦終結で日本は朝鮮半島から去るが，その後朝鮮戦争が勃発する。1953年に休戦協定が結ばれ，朝鮮半島は朝鮮民主主義人民共和国(北朝鮮)と大韓民国(韓国)との分断国家となる。その後様々なプロセスを経て，日本は韓国の朴正熙政権下で1965年，無償３億ドル，政府借款２億ドル，民間借款２億ドルの支払いで日韓基本条約を締結して国交が回復する。韓国の朴正熙政権はその資金を元に経済発展を進めていく。

その後は，1973年８月に韓国中央情報局(KCIA)による金大中拉致という異様な事件が日本で起きて韓国への不信感が生じた。ところが1974年８月に，北朝鮮工作員の指示を受けた在日韓国人・文世光による朴正熙大統領暗殺未遂事件で大統領夫人が殺される事件が起きると，韓国で日本の責任を追及する反日デモが起きた。これらは両国関係の複雑さを浮き彫りにした。

だが，中曽根康弘政権下で1984年9月に全斗煥大統領が国賓として初訪日するなど，両国関係は急速に進展する。また1997年に韓国が通貨危機に瀕した際には日本政府が支援。1998年に大統領となった金大中が訪日した時には，小渕恵三政権との間で「21世紀に向けた新たな日韓パートナーシップ」が謳われるに至る。その直後には，『冬のソナタ』などによる韓流ブームが起き，2002年のサッカーW杯共催など両国の間で距離は縮まる(単独開催を考えていた日本側では共催に対する不満も一部にあった)。一方，2005年には日本で『嫌韓流』という本が売れるなど，韓国に対する反発もまた生まれる。さらに2017年に反日姿勢を強める文在寅政権が政権について以降，日韓関係は大きく冷え込んだ。

このような日韓関係におけるメディアコミュニケーションにみられる特色は，日米関係とは逆の現象である。それは日韓関係においては韓国メディアが日本を注視し，日本メディアが韓国についてどのように報じているかを，韓国で頻繁に報道しているということである。また日本のメディアも，韓国からのそうした視線を認識している。

一方，日米関係との違いは，アメリカは第2次大戦中の日本に対する行為は「正義の戦争」だったと考え，自らの行為を全面的に肯定しているが，戦後の日本は韓国に対する植民地支配に贖罪の気持ちが強かったという点である。それを反映した日本メディアの報道姿勢も同様だった。ただ北朝鮮と韓国とに対しては多少の違いがあった。戦後間もなくは社会主義に対する共感が日本のメディアに強かったこともあり，1959年から25年間で約9万3000人の在日朝鮮人とその家族らが北朝鮮に渡った帰国事業に際しては，日本メディアは北朝鮮が「地上の楽園」であるとして礼賛した。一方韓国に対しては1963年から大統領職にあった朴正熙政権が，強権的・独裁的であり民主的でないとして，批判的な報道を行うことがあった。それでも全体としては，日本メディアには植民地支配について韓国に対する贖罪の意識が強かった。

日本メディアにはアメリカについての報道に際し，「先生」として扱うという意味でのバイアスがかかっておりそれが外交と連動していた。一方，韓国については「贖罪」というバイアスがかかって外交と連動していたということが言える。

ジャーナリストとして韓国報道に長く携わってきた黒田勝弘は，韓国への贖罪意識について1960年代から70年代にかけては，「日本の反日進歩派の間では『沖縄・水俣・韓国』といった符丁めいた一連の単語によるある種の発想があった」とし「韓国(朝鮮)問題というのは，日本否定を知識人の証しと心得てきた進歩派を中心にした戦後日本のとくに知識人にとっては，その正義感と良心を満足させる絶好のテーマだった」と述べる(6)。この解釈に対して異論もあるかもしれないが，日本メディアが日韓関係の歴史的な問題について日本の行為を批判的に報じてきたことと，韓国に対して「思いやりのある」報道を行ってきたこと，そしてそれらをほとんど異議なく受け入れた当時の日本国民の状況を，うまく説明できる視点ではある。

■転換点となった慰安婦とメディア――新たなパーセプションギャップ

そんな中で1990年代以降の日韓関係で最も大きな問題となってきたのが，「従軍慰安婦問題」である。これは朝日新聞の「スクープ」によって，特に90年代前半にさかんに報じられたものである。具体的には第２次大戦中に日本軍によって朝鮮半島などの女性(日本人，中国人なども存在)が強制的に連行されて，軍人のための慰安婦(性的な処理の対象)にさせられたというものである。ただ，事実としては日本に限らず，世界の様々な戦争において女性が強制的あるいは自発的にそのような対象になったことはしばしば存在する。もちろんそのこと自体，人道的に現在受け入れられるものではないが，韓国人の「従軍慰安婦」の存在は，「日本の贖罪意識」に合致するものであったことは事実であった。

そのため日本では事実関係において，疑問を呈する人も一部にいたが，多くは贖罪意識をもってその報道を受け入れた。そこでの焦点は，慰安婦とされた人が自発的な売春であったのか，日本軍が関与して強制的に連行されたのかという点だった。後者であれば当時の日本(軍)のあり方に非があることになる。日本政府はこの問題が大きくなり外交上の対応に苦慮する中で，1993年８月，村山富市内閣の河野洋平官房長官が，当時数多くの慰安婦が存在したことを認めた上で，「慰安所は，当時の軍当局の要請により設営されたものであり，慰安所の設置，管理及び慰安婦の移送については，旧日本軍が直接あるいは間接にこれに関与した」「慰安婦の募集については，軍の要請を受けた業者が主としてこれに当たったが，その場合も，甘言，強圧による等，本人たちの意思に反して集められた事例が数多くあり，更に，官憲等が直接これに加担したこともあったことが明らかになった。また，慰安所における生活は，強制的な状況の下での痛ましいものであった」(外務省，一部抜粋)として，元慰安婦に「心からお詫びと反省の気持ち」を表明する談話を発表した。ただ日本政府としては，1965年の日韓基本条約において個人も含めての一切の補償は済んでいるという立場から，金銭的には国庫からからではなく，総理府と外務省の管轄下で国民からの拠出という形で，95年に「財団法人女性のためのアジア平和国民基金」(アジア女性基金)を発足させた。そこから個別に「償い金」と，政府予算からの医療・福祉支援事業，そして内閣総理大臣のお詫びの手紙を渡すという形で，2007年まで事業を行った。

日本の従軍慰安婦問題については，1996年に国連で日本の慰安婦制度は国際法違反であると報告され(クマラスワミ報告)，2007年にはアメリカ連邦議会下院，カナダ下院，欧州議会などで非難決議が採択されるなど，国際的に非難の対象となった。

ところが2014年９月，朝日新聞がそれらの根拠となった従軍慰安婦の報道が誤りであったことを認めて謝罪し，記事の訂正を発表して事態は一変する。また韓国人女性を強制的に連行したことを示す証拠も確認されていない。そして2015年12月，日本と韓国で慰安婦問題についての最終合意が発表される。具体的には，日本側が一定の軍の関与を認めた上で謝罪の意を表し，韓国政府が元慰安婦支援のために設立する財団に日本政府が10億円を拠出し，両国が協力して問題解決にあたる。また韓国はこの問題をめぐって国際社会での日本批判を控え，日本大使館前に抗議のためとして設置した慰安婦像について，撤去を含めて韓国側が適切に対応することが取り決められた。また過去の日韓関係において，一度合意したことが韓国側から見直しを求められるということが何度かあったため，今後見直すということはない「不可逆的」という言葉が合意文に入れられた。慰安婦問題をめぐる日韓の懸案はこれで解決をみたはずであった。

それまで日本に厳しく対処してきたアメリカをはじめ，世界各国はこの合意を歓迎した。だが，「不可逆的」という言葉があったにもかかわらず，2017年12月，韓国政府から日韓合意に対する見直し発言があり，2018年１月にはさらなる謝罪を求めることが発表される。それに対して日本国民は強く反発。各種の世論調査で「韓国の要求は不当である」という回答が80％以上を占めた（JNN 85％，FNN 90％など）。

こうした日本側の韓国に対する批判的な世論の動きは，日本と韓国の間で結ばれた正式な外交上の合意が韓国側から覆されたことで起きたが，その前から日韓関係それ自体の関係は大きく変わっていた。経済について言えば，韓国は日本を追うように発展を続けたが，サムスンなどの大手企業が，分野によっては日本企業を凌駕する事例もみられるようになった。さらに2012年８月には，李明博大統領が韓国の大統領としては初めて，日本の領土である竹島に上陸するなど，日本に対して明らかに強硬な姿勢を見せるようになった。そうしたことから，日本のメディアと世論の贖罪意識が，次第に韓国に対する反発という形に変わっていくようになる。

従軍慰安婦問題は，当初日本で強制性について，その事実関係が曖昧だという議論があまりなされずに，日本の罪であると広く認識されたのは，戦後から続く贖罪意識によるものであった。しかしその後事実関係が明確になることと並行して，韓国経済が力強さをみせる中で，贖罪の時代は過ぎたと日本国民の多くは認識し始めた。前述した『嫌韓流』は極端な事例だが，日本メディアの「贖罪バイアス報道」は今後減少していくであろうし，継続しても受け手からの支持や理解は限定的なものになってくることが考えられる。これは日米関係における上下関係のバイアスが，その後も継続したままであることとは大きく異なる。そして日本は韓国に対して同じ立場でのコミュニケーションを求めるようになった[(7)]。

一方で，韓国では日韓関係について，そのような認識とは異なっていたようである。日本の NPO 法人『言論 NPO』の調査によると，日本人で韓国に対する印象を「良くない」（「どちらかといえば」を含む，以下同じ）と回答した人は2019年に49.9％。この数字は2013年の37.3％，2014年の54.4％，2015年の52.4％，2016年の44.6％，2017年の48.6％，2018年の46.9％とほぼ横ばいである。それに対して韓国側では，日本に対する印象を「良くない」と回答した人は2019年には49.9％だが，2015年の72.5％，2016年の61％，2017年の50.6％，2018年の50.6％に比べてむしろ改善基調にあった。「良い」と回答した人も，

2016年の21.3%から31.7%に増加している。(8)

ここに両者のパーセプションギャップをみることができ，日米貿易摩擦の際の日米の世論を想起させる。この時，アメリカは日本に対して強い姿勢で臨むべきだとし，米メディアの報道もそのような形に転換した。一方日本は，アメリカのそのような認識の変化に対して，一部の人たちを除いては気づかず，日本メディアもそれに同調した。そこに日米の認識の差があったのだが，逆の構造が日韓関係に生じていたことになる。

ただし2020年10月発表の同調査では，日本側の韓国に対する「良くない」という印象は46.3%とほぼ同じだったのに対して，韓国側の日本に対する「良くない」という印象は71.6%に急増した。日韓関係はこれまでの認識のパターンを超えた次の段階に入ったとみることができる。

3　日中関係：米と組んだ旧対日戦勝国，戦後は日米同盟と対立

中国との戦後日中関係史については，1949年の中華人民共和国の建国からしばらくの停滞期をへて，1972年９月の田中角栄首相訪中によって国交回復期に入る。中国はこの際戦争賠償請求を放棄したが，日本は70年代末から80年代にかけて大型円借款を行い，事実上の賠償を行う。1980年代半ばに胡耀邦総書記との間で日中関係は急速に進展したが，1990年代半ば以降は，江沢民政権の反日・愛国教育によって，反日期となり現在に至る。

日中関係においても日韓関係と重なる部分がある。それは第２次大戦の歴史的経緯から，同様に日本メディアの報道に，ある時期まで「贖罪」意識が反映されていた点である。ただ，中国の国力が増すにしたがって日本に対して強気の姿勢に転じると，それは次第に消えていく。中国政府が日本に対して強硬に出るようになってきた江沢民政権の時期には，日本政府も日本メディアもその態度に当初は当惑した。それがその後の胡錦濤政権を経て，習近平政権がさらに対日強硬姿勢を強く示すようになると，日本政府も多くの日本メディアも，中国に対する警戒感を明確にした報道に転換していく。

さらに韓国との違いは，日本が戦後アメリカを先生としたように，日本も９世紀終わりまで遣唐使を派遣するなど，やはり中国を先生と考え，その後も度

合いは異なるものの，中国の文化と歴史に一定の敬意を払っていたという点である。それを中国に対する劣等感と表現してもいいかもしれない。また体制として中国は共産党の一党独裁体制をとっているため，中国において数多くのメディアが存在するものの，メディアは許可制であり政治報道については国営通信社である新華社通信，党の機関紙である人民日報の枠に収まっている[(9)]。ネットは相対的に自由であるが，大規模な政府組織に24時間監視されている。韓国においても独裁体制の時代には言論活動が制限されていたが，その後は言論活動に多様性が見られるようになった。対日報道についての多様性は限定的だが中国とは異なる。

さらに，もう１つ注目しておくべきことは，第２次大戦において，中国は敵として戦った相手であり，日本に直接勝利したわけではないが，中国国民党はアメリカと手を組んだ「戦勝国側」だったということである(コラム参照)。それがその後，共産党の支配下となり日米同盟と対峙する関係になる。その意味では，日中関係は日韓関係より複雑であり，重層性をもつということができる。

4　米中韓の枠組みと日米の枠組み：日本の国際メディア戦略の要点

次に日本と米中韓の４ヵ国の枠組みで，日本の国際コミュニケーションを考えてみることにする。日本政府にとってアメリカと円滑な協調体制を確立して継続することが外交の柱であり，中国とは戦略的な互恵関係を，韓国とは一定の友好関係を築くことを考えている。そうした中で日米関係を揺るがす材料になるのが，日本と中韓との間にある第２次大戦をめぐる問題である。韓国と中国が国際社会における日本の弱みだとみて「歴史カード」を使って，日本に対する国際情報メディア戦略を組み立てていると言ってもよい。そしてそれは日韓，日中関係それぞれに独立したものではなく，日米関係にも大きく関わってくる。その中では，日米関係を中国・韓国との関係に組み込んでとらえ，それを第２次大戦にさかのぼって考えることが必要である。外交上はそれが日本の国際コミュニケーション戦略の焦点になる。

日本と韓国との間には，いわゆる歴史問題として「慰安婦」「靖国」「教科書」があり，韓国が自ら「独島」と呼んで領土問題だとする「竹島」がある。

一方，中国との間には「靖国」「教科書」「南京事件(中国は南京大虐殺)」があり，中国が「魚釣島」と呼び領土問題だとする「尖閣諸島」がある。そこで日本が中国や韓国との間で，これらの問題で何らかのことが起こった際に中韓が繰り出すのが，「日本は第２次大戦での行為を反省せず，正しい歴史認識をしていない」という非難である。それに対して日本側が異を唱えた際に，第２次大戦で日本の敵国であったアメリカが中韓の側に立つ場合に，日本はアメリカとの関係において分断の危機に直面することがしばしばみられるのである。

■各種懸案にみる米の対応と中韓の戦略

この中で，靖国神社への参拝についてみてみよう。日本の首相や閣僚は，かつて靖国神社を参拝していた。また1975年８月15日の終戦記念日には三木武夫が首相として初めて靖国を参拝していたが，1985年８月15日に中曽根首相が靖国神社に公式参拝(玉串料などを公費から拠出)すると，中国が強い反発を示すようになる。以降長い間，日本の総理大臣は靖国神社への参拝を行ってこなかった。1978年に靖国神社が極東国際軍事裁判におけるＡ級戦犯28人のうち，東条英機元首相ら14人を合祀したことがその理由とされる。しかし，2001年に首相に就任した小泉純一郎は同年８月13日に参拝。その後も８月15日にではないが，靖国参拝を続けた。小泉以後の首相は参拝を見合わせたが，2013年12月26日，安倍晋三首相が靖国神社への参拝を行っている。

日本の首相が靖国神社への参拝を行うのは，自民党の支持母体に向けたものだが，その際には「母国のために英霊を弔うのは当然の行為」「アメリカでも大統領がアーリントン墓地に行く」という見方が示され，また日本には日本独自の死生観や神に基づく考えがあるということなどが参拝の理由として述べられている。それに対して中国，韓国は，日本の首相や閣僚，国会議員の参拝は「日本が軍国主義時代に犯した過ちを認めず，反省していないことを示す行為」だとして激しく非難する。

それについてのアメリカは，時の政権によりニュアンスに差はあるが，基本的に否定的であり参拝を認めない立場をとる。近年で最も顕著な事例としては，2013年12月に安倍首相が靖国神社を参拝した際に，米政府が在日米国大使館を通じて発表した声明で「日本の指導者が近隣諸国との緊張を悪化させるような行動をとったことに失望している」という，強いトーンのコメントで批判したことが挙げられる。

そして米メディアの報道もその線に沿った形でかなり批判的である。例えば小泉首相が2005年に参拝した際には，他の政策では彼を支持していたにもかかわらず，“Pointless Provocation in Tokyo”「東京(日本)における無意味な挑発」(New York Times, October 18, 2005)として社説で強い調子で批判している。

1937年12月に日本が中国の国民党政府があった南京を占領した際の出来事に対しても同様である。中国側は日本軍が30万人の中国人を虐殺したとして「南京大虐殺」と世界に主張しているのに対して，日本政府は一定の非戦闘員への殺害や略奪行為は否定できないという立場だが，その数は特定できないとしている。そのため国内では「南京事件」「南京虐殺」「南京大虐殺」などと，この出来事についての表現は分かれる。ただ，いずれであってもアメリカは日本側の見解に立つことはない。

つまり，アメリカは戦勝国として連合国側にあった中国と立場をともにする。また韓国は連合国側ではないが，当時植民地として日本から支配されていたことから被害者であったとして，アメリカは第２次大戦関連の問題では韓国側であり，日本に与することはない。

したがって，韓国との従軍慰安婦の問題に関してもアメリカは韓国側に立ち，日本政府の主張を支持することはない。アメリカの政権が民主党と共和党とでは強弱が多少違うし，時の日米の政権担当者同士の関係によって非難の度合いが異なることはある。しかし基本的な姿勢は変わらない。

一方，アメリカの世論をリードする米メディアの姿勢は明確である。それが示されたのは，安倍首相が第１次政権発足後に初の訪米をする前に，従軍慰安婦問題に対して，日本軍が強制的に連行したことを示す証拠はないと発言した際の出来事である。その際にワシントン・ポストは，タイトルで「安倍晋三の二枚舌」，サブタイトルで「彼は北朝鮮による拉致問題には強い熱意をもっているが，日本の戦争犯罪には無視を決め込んでいる」として，一国の首相を酷評している(“Shinzo Abe’s Double Talk” March 24, 2007)。

それには多分に，米メディアの側が，安倍首相が戦争をめぐる歴史解釈に対して異を唱える「歴史修正主義者」と認識していたからだと考えられる。米メディアの情報収集活動は，日本の情報については日本の報道機関の内容を参考にしており，在日米大使館は日本メディアの報道を毎日徹底的に翻訳して本国に伝えている(アメリカの在外公館の中で在日米大使館は最もその活動が充実しているとされている)。そして当時は，軍が慰安婦として「強制的に連行したことを占める証拠はない」という事実は，一部には知られていたものの，それを広く報じる日本のメディアは限定的であった。そうした情報を前提に，戦勝国アメリカは「歴史修正主義者」だとして，安倍の発言を強く批判したと考えることができる。

そのような米政府の姿勢を認識しているため，韓国は従軍慰安婦についても竹島の領有権についても，日本の植民地支配と関連付けて自らの主張を正当化する国際メディア戦略をとる。中国も同様で尖閣を日本の戦前の行為と関連づけ，ともにアメリカの世論，ひいては国際世論を味方につけようという戦略を展開している。そしてその主戦場であるアメリカで，この二国は莫大な資金を投じた広報戦を展開してきた。例えば2012年８月に韓国の李明博大統領が竹島に上陸して日韓間に激しい摩擦が生じた際には，大量の PR パンフレットを世界で配布することに加え，日本海を「東海」とする運動もアメリカで展開している。一方中国は，日本が尖閣諸島の国有化を行ったときには，2012年９月28日付のニューヨーク・タイムズなど主要米紙３紙に “Diaoyu Islands Belong to China”「魚釣島は中国領だ」とする全面広告を打っている。

これについて竹島に関しては，日本側ではかねてから「竹島は歴史的にも国際法上も日本の領土であり領土問題は存在しない。いわゆる歴史認識の問題とは別だ」と説明してきたが，日本政府のメディア戦略は後手に回り，かつスケールは小さい。この時期，新聞広告などは打たず，各国大使館職員が欧米主要紙の編集幹部に説明し，国際会議で外相が主要メディアに日本の立場を主張したにすぎなかった。

こうした中韓と日本の国際 PR 合戦について，アメリカ側は困惑すると同時に「①双方が自制し平和的に解決を②主権については特定の立場をとらない」という姿勢を示して中立の立場をとった。その意味では韓国・中国の「歴史問題」カードが成功したわけではない。

しかしながら，「領土問題は存在しない」という日本の立場ではなく，米メディアの報道からみて「日韓・日中の領土問題」であるかのようにアジェンダ(議題)が設定されたという点で，竹島・尖閣については韓国と中国の国際コミュニケーション戦略に分があったとみるべきであろう。

5　日本のメッセージ発信の手法として

日本と中国，あるいは日本と韓国との間に摩擦が起こり，それが日中，日韓関係だけの問題であるならば，そのまま個別に対応すればよい。ところがその際にアメリカを巻き込んで，アメリカが中国あるいは韓国の側に立って対日非難を行う構図が出来上がっている状況になると，日本の外交にとって扱いが難しい問題になる。事実，これまで見たように中国と韓国は，そのような構図になるよう位置付けている。そこで日本はどのような国際メディア戦略を展開していけばいいだろうか。

こうした中で日本のとりうる選択肢は，①中国や韓国からの非難をそのまま受け入れて彼らの主張を許して，日米関係に影響が出ないようにする。あるいは②日米関係を犠牲にしてでも，中国や韓国からの非難に対して日本の正当性を主張する，の２つということになる。

その中で，安倍が２度目の政権についた際の政策と国際的なメッセージの発信が参考になる。安倍は前述したように，アメリカ側からはこの問題については危険な「歴史修正主義者」と懸念されていた。実際に，以前は強いトーンではないものの②を選択しており，日本との摩擦が生じた際に，それを日本の「歴史認識」の誤りとして，国際メディア戦略を行う中国や韓国は，格好の標的としていたということになる。

ところが，第２次政権における安倍は，2013年12月の靖国参拝の後に，戦略を大きく変えた。その１つは2015年４月29日に米国連邦議会上下両院合同会議における演説である。第２次大戦について「悔悟」と表現して犠牲者に深い哀悼の意を示し，その上で大戦を戦った米軍人と，彼と戦った日本の軍人の息子で自民党の元閣僚を紹介しつつ，新たな日米関係をうたい上げた。また同年８月14日の「戦後70年談話」では，戦後50年の村山首相談話や60年の小泉首相談話を踏襲する形で「わが国は繰り返し痛切な反省と心からのお詫びの気持ちを表明してきた」「こうした歴代内閣の立場は今後も揺るぎない」「あの戦争には何ら関わりのない世代に謝罪を続ける宿命を背負わせてはならない」と述べた。

これら2つのイベントでは，第2次大戦での日本の行為についてどのような発言をするのかが大きく注目されていた。その中で安倍は双方で①に近い選択をしたことを意味する。

安倍首相に対しては支持する人と，不支持の人たちが明確に分かれているため，この2つのメッセージに対しても様々な評価がある。ただ前者ではアメリカでの評価は非常に高かった。また後者の70年談話の発表以降，安倍の「歴史認識」について米政府や米メディアが疑問を呈するようなコメントはなくなった。これらのことは，米側から好意的に受け取られたことを示している。さらに同じ2015年12月に従軍慰安婦問題で韓国政府との間で合意に至ったのも，同様に①に沿った国際コミュニケーション政策であった。

歴史論争については日本国内で様々な議論があるが，それと外交を実際にどう展開するかは，その政権が「現実主義」的立場に立つか否かということになる。

コラム　中国国民党・蒋介石夫人，宋美齢の対米世論工作での活躍

第2次世界大戦において，日本はフランクリン・ルーズベルト大統領のアメリカと，中国大陸においては主として蒋介石率いる国民党と戦った。その中で蒋介石の国際メディア戦略の主役だったのが，夫人の宋美齢であった。

貿易商の父である宋嘉澍(耀如)の三女として生まれた美齢は，9歳の時にアメリカに留学し，名門女子大学の1つ，ウェルズリー・カレッジを卒業。ネイティブ並みの語学力と美貌をもつ宋美齢は，その後蒋介石と結婚してスポークスパーソンとして活躍する。

1937年7月に盧溝橋事件が起こった際には，宋美齢は中国に対する支援と理解を求めるべく欧米メディアに積極的なアプローチを行っている。翌38年4月には著名なオランダの記録映画作家のヨリス・イヴェンスを呼んで日本との戦いを記録させ，映画『四億』として世界に発表された。

1942年11月末から1943年3月にかけて蒋介石・宋美齢夫婦は訪米するが，ホワイトハウスでルーズベルト大統領と会談。また米議会において美齢が英語で中国への

支持を訴えると，議員たちから総立ちで拍手喝采を浴びる。ハリウッドでは著名な映画監督や俳優から大規模な歓迎の会が催された。これ以前にアメリカの世論は親中反日ではあったが，これらの出来事は，それぞれ100万部，400万部の発行部数をもち，当時国内外に大きな影響力のあった『タイム』と『ライフ』の特集記事として全米に大きく伝えられ，中国支持はゆるぎないものになった。宋美齢はまた，戦争末期の1943年11月，対日戦争について協議したカイロ会談で蒋介石の通訳として同席。米ルーズベルト，英チャーチルと談笑するシーンでも知られる。

注

(1)　このことについては，アメリカの民間情報教育局（CIE：Civil Information and Education Section）の政策と指導によって，あらゆる層の日本人に，自らの敗北と戦争に関する罪，現在および将来の日本の苦難と窮乏に対する軍国主義者の責任，連合国の軍事的理由と目的が周知徹底された。そのことで，メディアも含めて日本において戦争における日本人の罪が認識され，アメリカへの反発が押さえられたのだという見方がある。これらは War Guilt Information Program（WGIP）と呼ばれ，かつて江藤淳が『占領軍の検閲と戦後日本 閉された言語空間』（文藝春秋，1994年）でこれを示したが，近年では有馬哲夫などから，その存在について改めて頻繁に指摘されている。

(2)　この部分は拙著『日米関係とマスメディア』（丸善，1994年），『日本人論・日本論の系譜』（丸善，1997年）などを参照されたい。

(3)　1971年のニューヨーク・タイムズによる「ペンタゴンペーパーズ」報道。1972年から74年にかけてのワシントン・ポストの「ウォーターゲート事件」報道。どちらも政権の暗部を暴露したもので，国内外で称賛された。

(4)　NHK 放送文化研究所の調査によると，1993年８月の日本の NHK 対米報道と米 ABC の対日報道を比較すると，時間的にもニュースの本数的にも12対１で，圧倒的に日本メディアの米国報道が多かったという。

(5)　安藤博『日米情報摩擦』（岩波書店，1991年），鈴木健二『日米「危機」と報道』（岩波書店，1992年）などを参照されたい。

(6)　黒田勝弘『韓国人の歴史観』（文藝春秋，1999年）p. 224-225

(7)　日本の新聞，テレビなどの既存のメディアの「贖罪バイアス」に対して，ネットメディアにおける日韓関係の言論の中には，そのようなバイアスのない言論が発せられたことの影響も興味深い。一方，行き過ぎも少なくない。

(8)　言論 NPO「日韓関係に関する有識者アンケート」サンプル数は日韓それぞれ約1000

(9)　金野純「社会の統制」高橋伸夫編著『現代中国政治研究ハンドブック』（慶應義塾

大学出版会，2015年）p. 238

推薦図書

五百旗頭真（編著）『日米関係史』（有斐閣，2008年）
国分良成他『日中関係史』（有斐閣，2013年）
有馬哲夫『こうして歴史問題は捏造される』（新潮社，2017年）
松尾文夫『アメリカと中国』（岩波書店，2017年）
李栄薫『反日種族主義』（文藝春秋，2019年）

第12章

大国の覇権争いとしてのメディア戦
――パブリック・ディプロマシー(PD), ソフト・パワー，シャープ・パワーの視点

英外務省を経て学者に転じた国際関係論の泰斗，E・H・カーは，その著作『危機の二十年』の中で，「国際政治における権力」として，「軍事的力」「経済的力」と並んで「意見を支配する力」を挙げている[(1)]。同書が発行されたのは1939年。それまでの「意見を支配する力」は，1人の宰相の才覚やその時かぎりのものとして展開されたものだった。それが時代を追うごとに，体系的かつ高度なものになり，組織的・継続的に行われるものとなった。

現在では外交の主要な政策となった「意見を支配する力」を展開するための国際メディア戦略について，大国アメリカ，中国，ロシアと，日本についてみていくことにする。

1　メディア戦略の手段：プロパガンダ，広報(PR)，パブリック・ディプロマシー(PD)

国家が有事に際してメディア・情報戦略として使われるのが，「プロパガンダ」である。プロパガンダとは，政治的意図のもとにあるメッセージの発信によって，ある主義や思想に誘導しようとする行為である。一方，これまでの章で述べてきた国家や政権側のメッセージの発信とは「広報(Public Relations：PR)」であり，メディア戦略の柱である。ではこの2つをどう考えればよいか。

PRとは単に自分(たち)の考えをアピールするための情報発信という単純なものではない。メディアは自らの判断で伝えたい情報を選び，伝えたい視点から情報に焦点を当てて報じる。その中でPRとは，報じられる側(国際関係においては主に国家)が，送り手であるメディアに対して働きかけを行い，自らが伝えて欲しい情報を伝えて欲しい側面から報じてもらうようにすることである。第1章の**図1-1**を使うと，メディアに働きかけを行い，②の行為を自らが報

じて欲しいようにすることだと言える。ただ PR とは，その運用によっては情報操作や弾圧と紙一重のものでもある。

メディアに自らが望むような報道をしてもらうことを期待するという点では，プロパガンダと PR は似ている。その違いについて述べると，プロパガンダは政治的な要素を帯びた一方的な宣伝である。それには明確な出所から事実に基づいて行われるホワイト・プロパガンダもあるが，嘘の情報を含んだり情報の出所が不明なブラック・プロパガンダであることが少なくないため，否定的なニュアンスでとらえられることが多い。

PR はホワイト・プロパガンダと重なる部分が多い。ただ PR は本来相手の意見を聞きつつ理性的に説得するものであり，プロパガンダは自らの立場を強く主張し，感情に訴えて誘導するところがある。ただし，PR のつもりで行った行為が否定的にプロパガンダだとみなされることもある。

プロパガンダはもともと「キリスト教を伝道する。布教する」という意味の言葉だった。それが宣伝の意味でも使われるようになり，10章でみたように第１次大戦でイギリスとドイツが激しい宣伝戦を繰り広げられたので，「プロパガンダ」が「人を騙す」という否定的な意味になった。そのため，その後それに換えて PR などの言葉が使われるようになったという経緯がある。そうしたことから，この２つの言葉の意味や定義は錯綜しているのである。[(2)]

こうしたプロパガンダや PR は，一般によく知られた言葉であり概念であるが，国際関係において是非ともふれておかなければならないのが，それらを包括した組織的な国家の戦略であるパブリック・ディプロマシー(Public Diplomacy：PD)についてである。

外交には従来の外交官による伝統的な外交(Traditional Diplomacy：TD)がある。PD は「文化外交」「対外広報外交」「世論外交」などと訳されるが，この PD の定義も難しい。というのは立場や時代，また国際関係についての世界観によって，考えが分かれるためである。狭義の PD は「国家による情報発信によって他国の公衆への影響力行使を目指すこと」であるが，それだと PR やプロパガンダと変わらない。それが広義の PD になると，短期的に「情報発信によって他国の公衆への影響力行使を目指すこと」に加えて，長期的に「自国と他国の公衆同士の相互作用や相互理解を目指す活動」ということになる。

米連邦パブリック・ディプロマシー諮問委員会の定義は，PD とは「相互理解の機会を設け，また情報を提供し，その上で外国の人々に影響を与えることを通じて，アメリカの国益を増進するための活動。それらは文化的，教育的，情報的なプログラムに加えて，人的交流や放送活動」のことである[(3)]。すなわち情報やメディアに加えて，文化的・人的な交流も積極的に行う外交政策が PD だということである。

ただ，時の政権担当者は短期的に政治的な得点を稼ごうとするため，PD の促進を提唱した場合に，それはほとんどプロパガンダと変わらないような情報メディア戦略に興味が集中しがちである。一方，政治と一定の距離を置いて PD を構想している人たちは，短期的な情報メディア戦略で自国に有利になるように仕向ける行為は「文化外交」としては意味が薄いと考える。情報の一方的な発信ではなく，海外との人的な交流を長期的に行うことで相互理解が深まり，紛争の発生をおさえ，結果として自国にも他国にも恩恵をもたらすものこそが PD であるとする。

2　アメリカと PD：先駆者・覇権国としての政策

このような論争のある PD だが，次のような経緯をたどって現在に至っている。1917年，第１次世界大戦へのアメリカ合衆国の参戦に向けて国内外で理解を得るために，メッセージの発信に熱心だったウッドロー・ウィルソン大統領が，広報委員会(Committee on Public Information：CPI)を設置したことに PD の源流は求められる(委員長ジョージ・クリールの名から「クリール委員会」としても知られる)。この委員会を軸にウィルソン大統領の演説などを世界に流したが，実際にはプロパガンダ的要素が濃く，言い換えれば短期的な PD であった。

この戦略は第２次世界大戦において，フランクリン・ルーズベルト大統領に引き継がれる。ルーズベルトの場合も，やはり戦時中であったため，ウィルソンと同様に戦略的で宣伝臭が強い。戦時において1941年にはプロパガンダを担う情報調整局(Office of the Coordinator of Information：OCI)を設立，翌42年には OCI と他の組織を統合して戦争中の対外広報を担当する部局として戦時情報局(Office of War Information：OWI)を設置した。この OWI は海外26ヵ所にアメリカ情報サービス(U.S. information Service：USIS)という出先を置く。そしてその傘下に国際放送局ヴォイス・オブ・アメリカ(VOA)をスタートさせた。戦争が終わった1945年９月，OWI は解散し米広報文化交流局(The United States Information Agency：USIA。他に「海外広報庁」などの訳もある)となり，しばらく国務省の傘下に入る。(4)

戦後になると，形成された東西の冷戦構造の中で西側のリーダーのアメリカと東側の盟主ソ連は，軍事力を積み上げて対立したが，同時にそれぞれの「民主主義と自由」「社会主義と秩序」の正当性を，世界に主張していくことが重要な課題となった。そこで両陣営では PD を戦略的なものとして位置付けて重要視した。そのため東西両陣営それぞれが，自らのありようを美化した記録映画などを積極的に作り合った。

そしてアメリカでは，1948年に対外広報政策の基本となる「連邦情報・教育交流法」(スミス・ムント法)が成立する。このスミス・ムント法は，冷戦が始まりつつある中で，社会主義のソ連の宣伝戦に対抗して「民主主義と自由の国アメリカ」の良さを知らせることが狙いだった。当初はプロパガンダの要素が強いアメリカの PD だったが，ここにおいて対外広報と国際文化交流を一体化するアメリカの PD の原型が定まり，正式な形でスタートする。

この PD 政策の中で，戦時中に生まれた前述の VOA はその後も継続し，53の言語，9100万人の聴取者に向けた海外放送に拡大していく。また1949年には，分裂した西ドイツのミュンヘンに東欧向けのラジオ局「ラジオ自由ヨーロッパ」(Radio Free Europe/Radio Liberty)をスタートさせる。1982年からはそれにテレビ網の「ワールドネット TV」も加わる。アメリカにとって地政学的に重要なキューバ向けには，1985年に「ラジオ・マルティ」を，その５年後に「テレビ・マルティ」を通じてメッセージを発信する(「ラジオ・テレビマルティ」(Radio Marti and TV Marti)となる)。冷戦後の1996年には，核開発を進めてアメリカに敵対的な姿勢をとってきた北朝鮮や，当時軍事国家だったミャンマーなどを対象に「ラジオ自由アジア」(Radio Free Asia)からの放送を開始した。つまりアメリカの外交政策と同じ歩調をとって，アメリカ側の情報を発信する放送局を設立したのである。

一方1953年，前述の USIA は国務省から分離独立し，ケネディ政権時代の

1961年には，ラジオ・テレビ界のスーパースターのエド・マロー(10章を参照)を長官に迎えるなど，アメリカの対外広報の顔として君臨した。この USIA はその後カーター政権で，国際交流における相互理解，双方向志向の要素を含めた「米国際コミュニケーション庁」(U. S. International Communication Agency：USICA)に改組。それが次のレーガン政権においては，対共産圏に対抗するための強力な戦略的国際広報機関として，もとの USIA の機能に戻されるという経緯をたどる。

人的交流では，上院議員 J・ウィリアム・フルブライトによる「国際教育交流計画法案」，いわゆるフルブライト・プログラムが1946年にスタートする。これこそが相互理解に基づいた長期的な PD であり，ある意味で最も PD 的なものであるということができる。このプログラムの下，戦後日本からはその後日本の政治，経済，大学の中心となる若者が，続々とアメリカに渡って，勉学のみならずアメリカ社会のありようを学んで帰国した(当初はガリオア・プログラム)。この「フルブライト留学」が，日本の指導者層の親米的な基盤を作ることに大きく寄与した。このプログラムは1961年の「相互教育・文化交流法」(フルブライト・ヘイズ法)でさらに拡大する。

だが，アメリカのこうした PD 活動は，1989年の冷戦終結の中で縮小していく。そして国内政治における駆け引きもあって，1999年には USIA が国務省に統合される。ところが2年後の2001年9月11日，アメリカが同時多発テロという衝撃的な攻撃を受けると再び政策が転換する。このテロ攻撃に対してブッシュ Jr. 政権はその1ヵ月後に報復攻撃を行ったが，アメリカにとってテロを受けた衝撃は大きく「自分たちはなぜ攻撃されたのか」「なぜこれほど嫌われてしまったのか」と自問した。そしてその理由に，冷戦が終結してから PD に対して十分な手を打っていなかったことが問題だとする声があがり，アメリカは再び PD に本腰を入れ始めるようになる。

まずイスラム圏に対してアラビア語の「ラジオ・サワ」(Radio Sawa)と「アル・フッラ・テレビ」を2003年に開局した。次に政府内の PD 政策を調整しつつ海外のメディア情報の一括収集と監視を強化するために，2003年にホワイトハウスにグローバル・コミュニケーション室(Office of Global Communications：OGC)を設置。また世界各国に散らばる米大使館でも PD を現地での最重要課題の１つとした。

しかしながらこうした行動は，先にみた短期的な PD の意味合いが強く，テロに直面したアメリカが，いち早く結果を出したいという姿勢を反映していた。プロパガンダや PR に近いコンセプトである。それを物語るものとして，国務省の PD 担当の次官に，かつてニューヨークの広告業界において，商品の販売促進で名声を馳せたシャーロット・ビアーズという女性が起用されたことが挙げられる。

USIA に長く勤務していたナンシー・スノーは，USIA が手掛ける PD とは対外宣伝活動に他ならず，プロパガンダの婉曲表現にすぎないと斬り捨てている(5)。超大国アメリカの PD は，理想として相互理解を掲げつつ，その一方で強力で広範囲なプロパガンダを駆使するなど，そのあり方が状況によって大きく振れている。

3　中国と PD：新たな大国としてアメリカを猛追する戦略

中国が海外にパンダを送る「パンダ外交」はしばしば話題になる。だが，中国政府が第２次大戦後に戦略的に PD の展開を始めたのは近年のことであり，目に見えるような活動になってきたのは21世紀に入ってからである。それは1999年に国家主席の江沢民が，それまで自国が国際イメージを重視していなかったことを認識して，対外広報のあり方を見直したことに始まる(6)。

そして2003年の中国共産党中央委員会において，これから中国が国際戦略の中で「三戦」を強化すべきとして，「心理戦」「法律戦」と並んで「世論戦」が提唱された。「世論戦」とは，国際世論に影響を与え国際社会の中で中国に対する支持を得ようとするものであると同時に，それによって国内でも政府への支持を高めることを狙ったものである。この「世論戦」への言及こそが，中国が PD に大きく踏み出すことの決意表明であった。

その戦略は中国国務院の直属機関であり，各種メディアを統括している国務院新聞弁公室(SCIO)が主体となって展開している。各国にある中国大使館を通じた PD も，この SCIO が指示を出すことによって行われる。

そして中国の PD の代表格として広く知られるものが孔子学院である。孔子学院は，中国語と中国文化の普及を目的に，世界各国への設置を視野に入れたものだ。構想自体は1980年代後半からあったとされるが，実際には2004年11月，韓国ソウルにおける開校がその最初となる。そして2018年12月の時点で，世界154ヵ国・地域に，孔子学院548校，孔子課堂(大学以下のレベルの教育機関が対象)1193校が設置されるに至っている。このうちアメリカには100を超える孔子学院と，500を超える孔子課堂が置かれていた。なお日本では，2005年に立命館大学と北京大学との間で初めて開設され，それ以降，桜美林大学，早稲田大学，工学院大学，武蔵野大学など10を超える大学に孔子学院がある。

この孔子学院は形式上は非政府組織であるが，実態としては中国教育部の傘下にあり，国家対外漢語教学領導小組弁公室(漢弁)が運営する。漢弁は中国語を世界に普及させるための組織でもあり，中国語能力検定試験(漢語水平考試)を実施していている。孔子学院を開始するにあたっては，海外の大学が中国の大学や研究機関と協定関係を結び，海外の大学の学内に設置するというのが基本だが，それ以外に，そのような協定を結ばずに単独で大学内に設けたり，あるいは大学から独立した形態をとるものもある。その際に孔子学院側は教師を派遣し，受け入れ大学側が設備の建設費用などを負担する。

世界各国で孔子学院に類するものとして，ドイツのゲーテ・インスティテュート，イギリスのブリティッシュ・カウンシル，フランスのアリアンス・フランセーズ，イタリアのダンテ学院などがあるが，後発の孔子学院はそれらを圧倒する規模に成長している。そしてアメリカが冷戦の際には東欧向けに，またキューバや北朝鮮が脅威と位置付けた際にはそれらの国向けに戦略的にラジオ局を開局したのと同じような発想で，孔子学院が世界に展開されている。具体的には，中国は自らの経済・外交圏計画「一帯一路」を世界に展開しているが，その中で拠点となる国々に孔子学院を事前に厚く配置しているのである。孔子学院によって事前に対中イメージを向上させておき，その後の展開を容易にしようという戦略である。

孔子学院は中国語の世界的な普及を図るプロジェクトだが，英語による世界へのメッセージの発信にも力を入れている。中国国際放送局(CRI)は1993年から英語のラジオ放送を開始し，CNCワールドは2010年から北京発の英語による国際テレビ放送を行っている。

そうした中で，特にアメリカに対する中国の PD として明記しておくべきものは，2012年に設立された中国の国営放送 CCTV（China Central TV）による CCTV アメリカの設立である。CCTV アメリカはその後，CGTN と社名を変更している。それまでも同局はアメリカで活動していたが，スタート時は欧米系通信社のニュースを流すという形態だった。だがその後，中国の価値観によってニュースの選択を行って英語でニュースを放送するテレビ局に転換した。これは米 CNN や英 BBC などが中心だった国際テレビニュース放送への挑戦を意味している。

活字メディアでは，「チャイナデイリー」を挙げておく必要がある。チャイナデイリーは，中国政府の SCIO が運営の主体となった英字紙であり1981年に設立。2009年にニューヨークに進出するなど米国内に支局をもつ。この新聞は中国国内でも発行されているが，当初はアメリカの首都ワシントンで，無料の新聞として街中の新聞スタンドに置くなどしていた。その後同紙はワシントン・ポストに China Watch という広告記事を載せたり，一見同紙と一体であるようにもみえる別刷りの「チャイナデイリー」を挿入して発行している。

この手法は，世界的スケールで展開されている。英ガーディアン紙の調査によると，アメリカではワシントン・ポスト，ニューヨーク・タイムズ，ウォールストリート・ジャーナル，ロサンゼルス・タイムズなどの主要紙が「チャイナ・デイリー」を自紙に挿入して発行している。アメリカ以外でも日本では毎日新聞が，他にオーストラリア，フランス，イギリス，ロシア，ドイツ，スペイン，ベルギー，アルゼンチン，タイ，ニュージーランドなどで，合計 30 の有力紙が，同じようなシステムで「チャイナ・デイリー」を発行している。

他に従来からのメディアとしては，中国の国営新華社通信の陣容が充実しており，世界全体で 130 の海外支局，600人の特派員を通じて中国情報を発信している。同社の海外ネットワークは，日本のメディアとは比較にならない規模である。2011年10月の中国共産党第17期中央委員会第 6 回全体会議では「文化強国」宣言を行うなど，中国の PD 強化は，その経済力・軍事力とともにアメリカを凌駕すべく世界規模で進んでいる。

4　日本と PD：自らが主張する道を模索して

第10章の日露戦争の事例でも示したように，日本にも明治時代以来，PD のルーツとなるようなものは存在した。また1932年にドイツが海外との文化交流を担うゲーテ・インスティテュートを，1934年にイギリスがブリティッシュ・カウンシルを創設し，世界の主要国の間で PD 的な動きが広まると，日本でも1934年に財団法人・国際文化振興協会を設立している。2年前の1932年に満州国を建国し，その後リットン調査団報告書に異を唱えて国際連盟から脱退した日本が，自らの文化・情報発信の拠点としたものである。それ以外にもアメリカ・ニューヨークに日本文化会館を設置，日本放送協会は1934年に台湾や満州向けに放送を行う。これらの活動は挙国一致体制の中，政府に集約されていく（海軍・陸軍などは独自の対外宣伝機関を維持）[(7)]。

戦後，ポツダム宣言を受諾して敗戦国となった日本は，その後 GHQ の指導の下にあり，日本の PD は1951年にサンフランシスコ講和条約を結んで国際社会に復帰して以降ということになる。ただ，PD とは自国のありようや政策を海外に広めることであり，広義では相互の人的交流によって理解を深め合うことである。だが，ようやく国際社会に復帰した日本にとって，50年代は自らの政策を海外に訴えるという状況ではなかった。またそれ以上に，戦後アメリカの PD によって「自由」「民主主義」に基づく新たな社会の在り方を教え込まれ，それを実践していこうという日本は，自らの考えを主張していく立場ではなかった。同様に，人的交流を行って日本を理解してもらおうという余裕もなければ，その発想も希薄だった。

したがって日本の PD のスタートは遅かったし，その組織もか弱いものだった。外務省には1951年に情報文化局が設置され，その中に対外広報や文化交流を行う部署もできた。しかしながら，60年代ごろまでは日本の社会や文化，歴史などを写真や映画で伝えるという程度のものにとどまっていた。

そうした「もの言わぬ日本」だったが，日本経済はその間驚異的に発展した。その結果，日本の製品が世界に大きく進出していくが，それ以外にメッセージのない日本は，1960年代から70年代にかけて，世界にとって不気味な「無言の経済大国」として浮かび上がっていく。そして第11章で述べたように，日本に自国の巨大な市場を提供してきたアメリカとの間に摩擦が生じてきた。また欧州などそれ以外の国々にも，日本の無言のプレゼンスは不可解なものに映ってきた。それには，日本の行動自体に問題があった場合もあれば，日本政府や日本企業，日本人が明確にメッセージを発信していなかったために，あらぬ誤解や批判が生じた場合もあった。そのような問題が認識されたことで，1972年に国際交流基金法が成立。同年，特殊法人国際交流基金が設置された。この法人を通じて日本の人的交流，日本語の普及，国際イベントの開催と支援など行うべく，ようやく踏み込んだ PD を行う態勢ができた。なおその1年前の71年には，日本政府はアメリカに対して短期的に戦略的な対外広報や文化活動を行う「対外特別広報」を開始している(8)。

また1974年，日本と東南アジア10ヵ国の青年が，同じ船で生活を共にして語らい合うことで各種の交流活動を行う「東南アジア青年の船」をスタートさせた。このころ，日本がこの地に急速に経済進出をする一方，日本企業が現地とのコミュニケーションを欠いて，タイやインドネシアで反日運動が起きていた。そこで現地の人々と相互交流を行う PD の必要性を痛感しての導入だった。さらに78年には文化交流のための ASEAN 文化基金を設立するなど，このあたりから日本は，アメリカとの関係を主軸としつつも東南アジアとの関係を重視し始め，それと歩調を合わせる形で PD を展開していったのである。

これら以外では，1974年に日本の有識者の考えを発信する英文季刊誌「ジャパンエコー」を発刊。1976年に日本新聞協会と経団連との共同出資でフォーリン・プレス・センターが設置される。この組織は海外のメディアに対して情報を提供するだけでなく，国内時事問題の状況説明会の設定，また国内取材のアレンジなど，日本発の情報発信を強力にアシストする拠点となった。

さらに，世界からの日本理解のための施設やプログラムが段階的に設けられるようになる。その1つが日本語の世界への普及であり，1980年には中国の日本語講師に日本語教育法を再教育するためのものとして，北京語言学院内に日本語研修センターを設立した。1984年には海外における日本語学習の奨励と支援を図るべく日本語能力検定試験を実施。5年後の1989年には，日本語教師の研修，海外からの招聘，日本語教材の開発や寄贈を担う日本語国際センター

(国際交流基金の付属機関)を設立した。

一方，海外からの人材の受け入れとしては，1987年にスタートさせ，通称「JET プログラム(The Japan Exchange and Teaching Programme)」として知られる「外国青年招致事業」が特筆される。このプログラムは，海外の若者を日本に招聘し，中学・高校でのネイティブの語学教師として勤務してもらったり，自治体の国際交流関係の仕事をしてもらうというものである。当初は英語圏からの招聘だったが，その後それ以外の言語の国にも拡大し，累計で73ヵ国から6万8570人を招いている世界でも最大規模のプログラムである(2018年度)。これによって来日した人たちは，その後日本との架け橋となっている。また再び日本を訪れて自治体の国際交流の部署に正式に職を得る人もいれば，自国政府の外交関係の要人として，日本との関係においてキーパーソンとなっているケースもある。日本における PD の顕著な成功例である。

このように日本の PD は形が整ってきたが，問題点もある。1つは日本が海外における日本語学校や日本語を普及させる施設について，そのブランド名を持っていないことである。中国の孔子学院のみならず，海外のその種の施設の名称はすでに説明したとおりである。英語による情報発信と同時に，自国の言語と文化の世界への普及拡大は PD 政策の基本である。だが，ブランド名がなく積極的に日本語教育を売り込もうとしない姿勢を反映してか，日本語学習者は世界で2012年の398万5669人から，2015年には365万5024人に減少している(9)。

もう1つは，第11章で示した尖閣諸島と竹島の問題でも見られたように国際紛争における情報戦で，初動で弱みをもつという点である。それは戦略的な情報発信の重要性への認識の不足，批判的な言論への応酬を避ける文化などが挙げられるかもしれない。だが，中国・韓国との問題が存在する中で，日本は PD に積極的に取り組むべきであり，その重要性は増している。(コラム参照)

5　ロシアと国際情報戦略：ネット時代の情報・メディア戦争の展開

1940年代後半に始まった冷戦時代から，社会主義の優位を主張する PD を展開してきたソ連(現ロシア)だったが，1991年のソ連の崩壊からロシアへという流れの中で，同国は国家の衰退とともに，1990年代から21世紀初頭にかけて

PD でもアメリカに屈する状況が生まれていた。それがネットメディアという新たな環境の中で，ロシアは対アメリカを視野に入れて，PD を新たな次元に引き上げている。そのあり方についての倫理的な点から批判があるが，今後の国際コミュニケーションにおけるメディア戦の新たな形を示しているので，ここで示しておきたい。

ロシアの問題意識は，旧ソ連の領土だったロシアの隣国ウクライナをめぐる2004年の攻防にあった。ウクライナはロシアにとって重要な国である。というのはこの国が欧州連合(EU)への接近を強め，西欧とアメリカの軍事組織として創設された北大西洋条約機構(NATO)軍への加入も視野に入れていたからである。そうなるとロシアにとっては目の前に欧米の巨大軍事同盟が存在することになる。そのため，同年の大統領選挙では親ロ派のヤヌコービッチ前首相に肩入れし，EU(とアメリカ)が支持した野党のユシチェンコと激しく争った。

ここである意味でアメリカの PD 的な役割を果たしたのが，アメリカの全米民主主義基金(National Endowment for Democracy：NED)という組織である。この組織は1983年に設立されたものだが，米連邦議会から資金を得て国内外の NGO などを支援してきた。民主化を求めて活動している団体には活動のノウハウを教え，また民主化を阻むような政府の不正を告発するメディアには資金を提供するなどして，世界各地の民主化を支援する活動を行ってきた。

そしてこのウクライナの選挙においては，親ロ派のヤヌコービッチが民主的な活動を抑圧しているとして，民主的な選挙の推進を支援した。だがそれは，事実上 EU とアメリカ寄りの姿勢を示すユシチェンコ陣営への支持に他ならなかった。ただ，そのような意図は明らかなのだが，「民主的」というユニバーサルな価値観に対して，世界のほとんどの国家は反対しない。そして，当時の世界の主要なメディアの報道は，ほとんどが EU とアメリカが支持する「民主化の旗手」ユシチェンコ寄りだった。一方，ヤヌコービッチはロシアの傀儡であり，民主化とは相容れない人物として描かれた。

結果は，双方から選挙に不正があるとの応酬があったものの，最終的に翌2005年1月，欧米派のユシチェンコが当選した。間接的だが高度なアメリカの戦略に，プーチンのロシアは敗北を喫した(その後，ユシチェンコは2010年大統領選挙で再選に失敗。一方，ヤヌコーヴィチは大統領に当選したが，2014年ロシアに亡命する)。このような，水面下で国際的な支持を獲得しようという激しい動きは，PD と言えるのかどうか微妙なものであった。

ロシアはこの戦いで敗北したが，その後，別の点から PD を展開するようになる。ウクライナの大統領選挙はロシアに批判的な米 CNN や英 BBC によって世界に報じられたが，プーチンはこうした米英による国際ニュース体制にかねてから不満をもっていた。そこでそれに対抗して2005年，ロシアの視点による国際ニュースを英語で世界に伝える目的で，事実上国営の衛星テレビ局ロシア・トゥデイ(その後局名を RT に変更)を設立し，アメリカでも活動を活発化させた。先に述べた中国の CGTN と同類だが，内容はもっと過激だ。さらにプーチン政権は，2015年５月「ロシア連邦の憲法制度とロシアの防衛や安全保障にとって脅威である外国からの組織を禁止する」法律を施行し，その２ヵ月後の７月，NED の国内からの追放を決めて，アメリカの国際世論工作の封じ込めを企図した。

それらに対して2017年９月，米司法省はロシアの RT について外国政府の利益を代表して米国内で活動する団体や個人を意味する「外国エージェント」であるとして，米政府への登録を義務づけるという反撃に出る。するとロシアのプーチン大統領は，2017年11月，国内で活動する外国のメディアを，スパイと同等であるとしてやはり「外国エージェント」に指定し，監視を強めることを目的とした改正マスコミ法案に署名した。その結果，アメリカの PD の柱であった，ラジオ自由ヨーロッパや VOA などが監視の対象になった。指定されたメディアはさまざまな報告義務を負い，法律違反があればロシア国内での報道活動は禁じられる。これもまた，国際情報戦における事実上のロシア側の報復措置であった。国の理解を促進させるためのものが PD だが，このレベルになってくると，国際社会における各国間の激しい「国際世論獲得戦争」の意味合いを帯びてくる。

さらに2016年の米大統領選では，ロシアがネットで選挙を混乱させる虚偽の情報を流したとして米側は追及している。こうした虚偽の情報の流布は以前からあったが，それがサイバー空間では，瞬時に大量にローコストで，そして出所が分かりにくい形で出てくる。その点で，これまでとは次元が大きく異なる段階のものになっている。

6　国際政治の現実主義と理想主義：ソフト・パワー，シャープ・パワー

このようなロシアの行動を，PD として取り上げることには違和感をもつ人も少なくないはずである。つまり短期的な情報発信に加えて，長期的な人的交流を含めた相互理解に基づく国際コミュニケーションとしての PD とは異なり，新たな「国際情報戦略・戦争」という印象が強いからだ。

それをどう解釈するかについて，まず PD とともにセットとして説明される「ソフト・パワー」について説明しておこう。この概念はハーバード大学のジョセフ・ナイが，かねてからの持論を，*"Soft Power: The Means to Success in World Politics"*（『ソフト・パワー――21世紀国際政治を制する見えざる力』）として提唱したものである。具体的には，ハード・パワーとしての軍事力と経済力に対比させて，国家の文化的魅力としてソフト・パワーの意義を示したのである。これは，他国を強制的に自国に従わせるのではなく，自国が本来持つ文化的魅力や政治的な価値，社会制度，外交制度などによって，他国からの支持や共感を得て，国際社会からの信頼や発言力を獲得しうる力のことである。

ソフト・パワーの源泉は，価値観に普遍性があり，他国と共通する価値と利益を追求する政策をとっていることにある。それは文学，美術，高等教育などエリートを対象とした高級文化から大衆文化までにわたる。また人種差別を撤廃する政策や個人の自由を守る制度などは，他国の手本となる。アメリカは基本的にこのような価値を有しており，アメリカが覇権国であったのは，ハード・パワーである軍事・経済の力と，ソフト・パワーである文化や社会制度に魅力があったからだとナイは説く。他にアメリカのソフト・パワーを示す例として，アメリカの大学で学ぶ留学生，外国人研究者が多いことにみられる学問研究の質の高さ，映画やテレビ番組，書籍出版，音楽ソフトの多さ，ネットインフラなどが挙げられている。

一方，日本のソフト・パワーについては，漫画文化，アニメなどのポップカルチャーやグルメなどはすぐ頭に浮かぶことだが，伝統的美術，工芸品も改めて注目されている。また国民の全体としての教育水準の高さや社会の安定性，高いブランド力をもつ企業の存在も挙げることができる。

このような国家の魅力であるソフト・パワーは，国家の考えを海外に理解してもらうPDと同じようなものとしてとらえられがちである。だが，強いソフト・パワーを有していれば紛争から無縁であるわけではないし，ソフト・パワーがあるだけで紛争が起こった際などに，自国の正当性を納得してもらえるわけでもない。その一方で，強いソフト・パワーを有していることが，PDを展開した場合に国家の考えを受け入れてもらいやすくする素地になることも事実である。したがって，ソフト・パワーはPDを行うための基礎体力のようなものと考えるべきものである。

それに関連して近年では「シャープ・パワー」という概念が示されるようになっている。これは言葉としては「ソフト・パワー」との対比として考えられるが，実際には「行き過ぎたPDの行使」というべきものが「シャープ・パワー」の意味するところである。ロシアはアメリカのCNN，イギリスのBBCが国際テレビ放送の中心となり，その報道の視点が自らに好ましくないものと考えたため，自前の国際テレビ放送局RTを設立した。そこからの情報発信自体はロシアのPDという範疇のものである。しかしながらRTの報道には多分に「反米キャンペーン」の要素があること，ネットを駆使してフェイク情報を混入してアメリカの大統領選挙に介入したことなどは，行き過ぎたPD，あるいはPDの顔をした国際情報戦争=「シャープ・パワー」として，米政府は2017年末以降，激しく非難するようになったのである。[(10)]

同様に，アメリカに対抗して，PDを通じて覇権を握ろうとしている中国の行動も，「シャープ・パワー」として定義されている。中国のPDの主役は世界中に張り巡らせた中国語・中国文化の学校「孔子学院」「孔子課堂」であり，これ自体はPD政策として全く問題のないものである。ある意味では他国が手本とすべきものでもある。しかしながら，中国政府は世界にある孔子学院，孔子課堂などを拠点として，海外で中国に対して批判的な発言がみられた場合に，それを封じ込んだり，あるいは中国を支持するような言論活動を強く行わせたりしているという指摘がある。例えば，アメリカで中国政府に批判的な行動をとってきた学生や学者に対して，それを中国政府がアメリカにいる中国人学生や教授を使って，その言論を封じるということが行われている。[(11)]また，中国政府系の団体がアメリカの有力大学や研究所などに多額の研究費用を渡すことによって，アメリカの研究者が中国に対して批判的な論文や記述を控えるように圧力をかける行為も指摘されている。これらは世界的な言論弾圧・言論統制であり「シャープ・パワー」であるとして，アメリカ側が警戒するようになった。[(12)]

そこで米政府は孔子学院への監視を強め，2018年以降，いくつかの大学が孔子学院を閉じている。また2020年には中国の在米国際テレビ局の CGTN，新華社通信，チャイナデイリーなど，中国の PD を担ってきた中国メディア5社が，中国政府の宣伝機関の役割を担っているとして，米国内の従業員や所有資産の情報の報告を求めるなど監視を強化した。

PD とシャープ・パワーをめぐる論争をどう考えるかは，結局，国際関係をどうみるかということになる。国際関係・国際政治においては現実主義（古典的リアリズム，ネオ・リアリズム）の考えをとるグループと，理想主義（ネオ・リベラリズム）の考えに立つグループの激しい対立がある。前者は国家は国益を追求して力を行使して対立・戦争が起こるという前提に立った上で，自国の安全保障のためには国家同士が手を結んで，勢力の均衡を図るという緊張関係を考える。本章の冒頭で国際政治における「意見を支配する力」を説いたカーは，初期にリアリズムを提唱した人物である。一方後者のリベラリズムは，そうした国家間の争いの可能性を前提としつつも，国際協調の制度や国家間の相互依存によって，平和実現の可能性を模索しようとする考えだ。すなわちこれらは世界観の違いである。

これを PD あるいはシャープ・パワーにあてはめて考えると，アメリカのフルブライト・プログラムや日本の JET プログラムなどにみられる人的交流による長期的な PD には，理想主義的な考えをみることができる。だが，国際政治において現実主義の考えをとる人からは，そうした理想主義的な PD は，結局のところ，力を行使してきたアメリカの現実主義的な部分を目立たなくするための方便であると解釈される。[(13)] そしてシャープ・パワーと非難されるロシアや中国の行為は，国際政治の中で同様に国家が力を行使して対決姿勢をとる動きだと言える。

本章では PD とは何かということを，必ずしも明確に定義してこなかった。

それはこのように，国際政治の終わりなき論争の中に位置づけられるものだからだ。国際的な情報戦略・メディア戦略が国際政治の主戦場になった現在，PD のありようについて，改めて論じ直されていいのかもしれない。

コラム　捕鯨問題で日本はなぜ悪者になったのか

日本は紛争当事者となった際には初動が遅く，広報活動の迫力も弱い。残念ながらそれを露呈したのが捕鯨問題であった。

クジラを食するのは日本の伝統的な食文化だが，クジラの資源が枯渇する危機にあるとして，1982年の国際捕鯨委員会（IWC）で商業捕鯨のモラトリアム（一時停止）が採択された。それに対して日本は異議申立てを行ったのち1986年，南氷洋での商業捕鯨を中止する。その後，日本側はクジラの個体数が増えているという調査データを示しながら調査捕鯨の継続を主張したが，反捕鯨国側ではそれを受け入れず対立が続いた。最終的には，2019年，日本は加盟国を説得することを諦めて IWC を脱退した。

しかし，日本の国際メディア戦略としてみた場合には，この問題において日本はすでに敗北してしまっていた。それは食文化とは別に，当初の段階で米メディアに「日本の捕鯨行為は残酷で『悪』」という形で国際的にイメージを固定化されてしまっていたからである。その主役は反捕鯨国であるアメリカの国際テレビ局 CNN であり，この局がクジラが血まみれになったシーンを強調して日本のクジラ漁の映像を流し，アメリカなどの国々に「残酷」であると激しい非難を引き起こした。

日本では日本鯨類研究所がこの問題の窓口になっていたが，こうした事態から世界への情報発信の重要性を認識して，ホームページに英語版を設けて様々な反論活動を行った。その中では，反捕鯨団体の妨害行為の映像や，効果的なデータも紹介されている。だが初動が遅れたため，PR 戦略を開始した時点ではほぼ決着がついており，その後ある程度の理解は得られたものの，国際的に日本の捕鯨に対するネガティブなイメージが固定化された。

注

(1)　E. H. カー，原彬久訳『危機の二十年』（岩波書店，2011年），E. H. Carr. *The Twenty Years' Crisis 1919–1939*（Macmillan & Co., 1939）

(2)　池田徳眞『プロパガンダ戦史』（中央公論新社，2015年）p. 117

(3)　"Building America's Public Diplomacy Through a Reformed Structure and Additional Resources" A 2002 Report of the U. S. Advisory Commission on Public Diplomacy

(4)　OCI はその後戦時中に OWI とは別に戦略事務局(Office of Strategic Services：OSS)に分離し，1947年，中央情報局(Central intelligence Agency：CIA)となりアメリカの情報部門の中心となった。

(5)　ナンシー・スノー，椿正晴訳『プロパガンダ株式会社——アメリカ文化の広告代理店』(明石書店，2004年)p. 37, Nancy Snow, *Propaganda, Inc.—Selling American Culture to the World*(Seven Stories Press, 1998).

(6)　小川忠「主要国のパブリック・ディプロマシー」金子将史，北野充編著『パブリック・ディプロマシー——「世論の時代」の外交戦略』(PHP，2007年)p. 77-78

(7)　金子将史「日本のパブリック・ディプロマシー」同掲書 p. 186-187

(8)　同 p. 192

(9)　ただし台湾などではネットを利用して独自で日本語を学んでいる人もおり，それらを考慮する必要はある。

(10)　Christopher Walker, Jessica Ludwig et.al “Sharp Power—Rising Authoritarian Influence” *National Endowment for Democracy*, December 2017

(11)　Wang Dan “Beijing Hinders Free Speech in America” *New York Times*, Nov. 26, 2017

(12)　Josh Rogin “China's foreign influence operations are causing alarm in Washington” *Washington Post*, December 10, 2017

(13)　ジョン・J・ミアシャイマー(奥山真司訳)『完全版大国政治の悲劇』五月書房，2017年 p. 59, John Mearsheimer. *The Tragedy of Great Power Politics*(updated edition).(W W Norton &Co Inc., 2014)

推薦図書

石澤靖治『アメリカ 情報・文化支配の終焉』(PHP 研究所，2019年)

金子将史，北野充『パブリック・ディプロマシー戦略』(PHP 研究所，2014年)

渡辺靖『文化と外交——パブリック・ディプロマシーの時代』(中央公論新社，2011年)

ジョセフ・ナイ，山岡洋一訳『ソフト・パワー——21世紀国際政治を制する見えざる力』(日本経済出版社，2004年)，Joseph S. Nye Jr. *Soft Power: The Means To Success In World Politics*(PublicAffairs, 2004).

Joshua Kurlantzick. *Charm Offensive: How China's Soft Power Is Transforming the World*(Yale University Press, 2007).

人名索引

あ　行

アーネット，ピーター　187
アイゼンハワー，ドワイト　12
麻生太郎　116
アダムス，ジョン　80
アッシュモア，ハリー　51
安倍晋三　96,111,114,115,117,206
飯島勲　109-111
イーストマン，マックス　53
石破茂　116
李明博　203
ヴィゲリー，リチャード　61
ウィル，ジョージ　54
ウィルソン，ウッドロー　215
ウィンフリー，オプラ　14
ウォルツ，ケネス　166
小沢一郎　104,105
オバマ，バラク　16,26,31,38,81
小渕恵三　104

か　行

カー，E・H　213
カーク，ラッセル　53
ガーブナー，ジョージ　94
梶山静六　109
加藤紘一　105,107
金子堅太郎　178
金丸信　102,104
カペラ，J・N　19
亀井静香　106
河村建夫　116
岸井成格　118
岸田文雄　116
キルパトリック，ジェイムズ　50
久米宏　101,118
クラッパー，ジョセフ　8
クリストル，アーヴィング　55
クリストル，ウィリアム（ビル）　58
クリントン，ヒラリー　21,26,70
クリントン，ビル　14,36
クロンカイト，ウォルター　18
ゲッベルス，ヨーゼフ　182
ケネディ，ジョン・F　12,35,98
小泉純一郎　93,108,110-112,207
小村寿太郎　179
コンティネッティ，マシュー　59

さ　行

佐藤栄作　93,99,100
サバト，ラリー　79
サファイア，ウィリアム　55
ジェーミソン，K・H　19
ジェファソン，トーマス　9
シットン，クロード　52
蔣介石　196
ショー，ドナルド　8
ジョン・チャンセラー　52
ジョンソン，リンドン　184
菅義偉　96,115,116
鈴木善幸　100
スノー，ナンシー　218
宋美齢　210

た　行

ターナー，テッド　187
竹下登　104
田中角栄　104,109
田中眞紀子　109
田原総一朗　102,106,107,118
タルド，ガブリエル　91
筑紫哲也　118
ティチェナー，フィリップ　94
トランプ，ドナルド　16,30,33,41,68,79,80
トランプ，メアリー　86

な　行

ナイ，ジョセフ　226

ナイラ　188
中曽根康弘　93, 100, 101, 104
二階俊博　115
ニクソン，リチャード　12, 35, 98
ノエル＝ノイマン，エリザベス　96
野中広務　106

は　行

ハースト，ウィリアム・ランドルフ　177
ハーツ，ルイス　52
バートリー，ロバート　57
ハイエク，F・A　48
橋本五郎　118
橋本龍太郎　109
バックリー・ジュニア，ウィリアム　53
ビアーズ，シャーロット　218
ピューリツァー，ジョセフ　177
ビンラディン，オサマ　191
ファルウェル，ジェリー　62
プーチン，ウラジーミル　225
フクヤマ，フランシス　58
フセイン，サダム　186
ブッシュ Jr.，ジョージ・W　15, 37
ブラックウェル，モートン　61
フリードマン，ミルトン　48
古舘伊知郎　118
フロム，エーリッヒ　87
ヘーゲル，ゲオルク　91
ホーホー卿　182
細川護熙　101, 103, 111, 112

ま　行

マードック，ルパート　70
マクウェール，デニス　95
マコームズ，マックスウェル　8
マッギル，ラルフ　51
マルクス，カール　91
マロー，エド　183, 217
宮澤喜一　102
メルケル，アンゲラ　115
毛沢東　196
籾井勝人　111
森喜朗　104

ら・わ行

ライシャワー，エドウィン・O　196
ラザースフェルド，ポール　6
リップマン，ウォルター　7, 92
リンボー，ラッシュ　47
ルーズベルト，セオドア　178
ルーズベルト，フランクリン　12
ルペン，マリーヌ　172
レーガン，ロナルド　13, 35, 38, 52, 54
レストン，ジェームズ　119
ワイリッチ，ポール　61
若宮啓文　150
渡邉恒雄　148, 150

事項索引

あ 行

悪性ナルシシズム　87
悪の枢軸　190
『朝まで生テレビ』　102
アジア女性基金　202
安倍のメディア選別　113
安倍のメディア体験　112
安倍流テレポリティックス　111, 112
アメリカ情報サービス（U. S. information Service：USIS）　215
アメリカの民間情報教育局（CIE）　211
アリアンス・フランセーズ　219
アル・フッラ・テレビ　217
アルカイダ　165
アルジャジーラ　165, 191
安保理決議　186
イエロー・ジャーナリズム　178, 193
意見を支配する力　213
イスラム国（ISIS）　174
一億総ジャーナリスト　119
一帯一路　219
Instagram　138
インターネット　105, 116
インターネット選挙運動　121
インフォテインメント　18
『ウィークリー・スタンダード』　58
ヴォイス・オブ・アメリカ（VOA）　216
ウォーターゲート事件　211
ウォールストリート・ジャーナル　20
ウォルト・ディズニー　19
ウクライナ　224
嘘つき解散　103
映像のインパクト　113
エコーチェンバー（echo chamber）　17, 85
エディス・キャヴェル事件　181
NHK のニュース番組　114
エバンヘリーナ・コシオ・イ・シスネロス報道　193
エルドアン政権　175
エレクトロニック・ニュース・ギャザリング（ENG）　187
オピニオン・リーダー　7

か 行

外圧　197
海外広報庁　216
外国エージェント　225
解釈改憲　142
カイロ会談　211
価値観　160
活字メディア　96, 104, 116
加藤紘一の乱　105, 106
官邸官僚書下ろし　114
韓流ブーム　200
危機管理　34
議題設定機能　8, 93
逆コース　196
客観報道　147
教科書　205
極東国際軍事裁判　206
クマラスワミ報告　202
クリール委員会　215
クリーンな戦争　189
グローバル・コミュニケーション室（Office of Global Communications：OGC）　217
啓蒙的オプティミズム　91, 92
ゲーテ・インスティテュート　219
ゲートキーピング　10
『嫌韓流』　200
限定効果論　8
憲法改正試案　144
小泉劇場　93, 108, 109, 111
小泉首相談話　209
孔子学院　218
孔子課堂　219
広報　23, 24, 31, 33, 35, 37, 38, 213
公民権運動　52

国益　165
国際交流基金　222
国際 PR　167
国際捕鯨委員会(IWC)　229
国民政策評議会(Council on National Policy：CNP)　61
国務院新聞弁公室(SCIO)　218
国連決議　190
護憲的改憲論　151
国家対外漢語教学領導小組弁公室(漢弁)　219
古典的リアリズム　228
言葉の垂れ流し　100
コミュニケーション二段階の流れ仮説　7
『コメンタリー』　56

さ　行

サイゴン　185
サウンドバイト政治　4
サテライト・ニュース・ギャザリング(SNG)　187
三戦　218
『サンデープロジェクト』(サンプロ)　102, 106, 107
サンフランシスコ講和条約　195
CNC ワールド　219
JET プログラム(The Japan Exchange and Teaching Programme)　223
自己主張・反論型　112
シニシズム(冷笑)主義　20
市民評議会(Citizens Council)　50
シャープ・パワー　227
ジャスミン革命　170
社論　153
宗教右派　60
従軍慰安婦問題　201
自由のための米国青年(YAF)　54
主流派メディア　50
情報調整局(Office of the Coordinator of Information：OCI)　215
情報の選択的受容　8
情報の選択的接触　8
職業としての政治ジャーナリズム　117
贖罪バイアス報道　203
新華社通信　205
新華社通信　220
新型コロナ・パンデミック　114
真珠湾攻撃　183
社会の木鐸論　92, 98, 99, 108, 119
人民日報　205
スタンディング方式　101, 104
スピン・コントロール　14
スピン・ドクター　14
スマート爆弾　189
政治家とジャーナリストの関係　118
政治家との距離　118
政治ジャーナリスト　118
政治ジャーナリズム　118
政治とカネ　102
政治とマスメディア　92, 98
政治プレーヤー　115
政治報道の本分　118
政治マーケティング　23, 24, 34, 42, 43
政治メディア　101
政治メディアプレーヤー　101, 106, 118
GE(ゼネラル・エレクトリック)　19
尖閣諸島　206
選挙運動型統治　40, 43
選挙用テレビ CM　12
戦時情報局(Office of War Information：OWI)　215
選択的メカニズム　8
全米民主主義基金(National Endowment for Democracy：NED)　224
全米ライフル協会(NRA)　61
選別・独演・予定調和　111-113
戦略型フレーム(strategic frame)　19
争点型フレーム(issue frame)　19
疎遠な争点(issue)　163
ソーシャルメディア　16, 76, 172
即効理論(the magic bullet theory：魔法の弾丸理論)　7, 92
ソフト・パワー　226

た　行

対外広報外交　214
タイムズ　177
竹島　203, 206
田中角栄研究　197

ダンテ学院　219
チェッカーズ・スピーチ　13
『筑紫哲也 ニュース23』　102
知識ギャップ　94
チャイナデイリー　220
中国国際放送局(CRI)　219
沈黙の螺旋　96,116
ツイッター　18,81
椿発言問題　112
提言報道　144
デーリー・テレグラフ　179
デジタルプラットフォーム　76
テト攻勢　184
テレビ(政治の可視化)　116
テレビ+インターネット　114
テレビ+インターネットの融合　107
テレビメディア　98,100,105
テレビメディアの本丸　111
テレポリティックス　96,98,100,102-104,106-108,110,111,113,114,117,119
テレポリティックス現象　98
テレポリティックスのカリスマ　108
テロリズム　173
伝統主義　53
伝統メディア　93,101,109,113
統一政府(unified government)　4
同時多発テロ　217
東南アジア青年の船　222
トゥルース・チーム　133
トークラジオ　74
ドメスティック性(国内的)　160
トンキン湾決議　184

な　行

内閣記者会　100,101
『ナショナル・インタレスト』　58
『ナショナル・レビュー』　53
ナチス・ドイツ　182
南京事件(南京大虐殺)　206
二極安定論　166
二極化　69
二極化現象　141
ニコニコ動画　113
日米安全保障条約　195
日米情報摩擦　199
日米貿易摩擦　198
日米報道摩擦　199
日韓基本条約　199
日本海海戦　179
日本語能力検定試験　222
ニュースステーション　101
ニューヨーク・タイムズ　20,78,80
ニューライト　61
ネオ・リアリズム　228
ネオ・リベラリズム　228
ネット・メディア　106
ネット政治情報　96
ネット選挙　15,121

は　行

パーセプションギャップ　162
バイパス　15
培養分析　94
白人至上主義　173
バズフィード　77
バトル・オブ・ブリテン　183
『パブリック・インタレスト』　56
バラエティ番組　113
反イスラム　173
反グローバリズム　172
バンドワゴン効果　96
反ユダヤ主義　173
ビデオフォン　191
1人記者会見　100
フィルターバブル(filter bubble)　17,85
プール　188
フェアネス・ドクトリン(公平性原則)　62,73,74
フェイクニュース　17,77,169
フェイスブック　83,174
フォーカスグループ調査　36
フォーリン・プレス・センター　222
FOX ニュース　19,70
push メディア　32
不偏不党　147
ブラウン対教育委員会裁判　49
ぶら下がり取材　110,112,114
ブラック・プロパガンダ　214

ブランディング　38
ブランド　30,31,34,38,39
ブリティッシュ・カウンシル　219
フルブライト・プログラム　217
フルブライト・ヘイズ法　217
pull メディア　32
フレーミング　10
プロパガンダ　213
文化　160
文化外交　214
文化強国　220
分割政府(divided government)　4
分権化　141
米広報文化交流局(The United States Information Agency：USIA)　216
米西戦争　178
米連邦通信委員会(Federal Communications Commission：FCC)　73
ペニーペーパー　9
ヘリテージ財団　56
ベルサイユ条約　192
ペンタゴン　188
ペンタゴンペーパーズ　211
報道の道　119
ホーチミン　184
ポーツマス会議　179
ホームページ　15
北爆　184
保守政治活動委員会(Conservative Political Action Committee：CPAC)　61
ボストン・グローブ　80
ボスニア紛争　167
細川政権　105
ポドレッツ，ノーマン・　55
ポピュリズム　172
ホワイト・プロパガンダ　214
凡人・軍人・変人　109

ま 行

マイクロターゲット　28,40
マイクロターゲティング　34,37,41,76
魔法の弾丸理論(即効理論)　7,92
視えない政治　99,101,102,104-106,108,109,118
視える政治　99,103-105,107-110,112,113,117,119
視える政治戦略　117
視える政治の武器　105
視える政治の罠　107
魅せる政治　107
見せる政治　114
見せるための政治　107
村山首相談話　209
メールアドレス　15
猛犬ジャーナリズムの時代　79
森首相退陣　106,107
森政権　105

や・ら・わ行

靖国　205
YouTube　169
予定調和　115
世論外交　214
世論戦　218
世論動員型政治　6
四十日抗争　107
ラジオ・サワ(Radio Sawa)　217
ラジオ・テレビマルティ(Radio Marti and TV Marti)　216
ラジオ自由アジア(Radio Free Asia)　216
ラジオ自由ヨーロッパ(Radio Free Europe/Radio Liberty)　216
ラリー・キング・ライブ　14
リバタリアニズム(自由至上主義)　53
リベラル・メディア　20
遼陽会戦　179
ルシタニア号事件　181
歴史修正主義者　208
ロイター　165
ロウズ・コーポレーション　19
ロウ対ウェイド事件判決　61
ロシア・トゥデイ(RT)　225
ワイドショー　94,103,106,111
ワシントン・ポスト　21,78
ワンフレーズ・ポリティックス　93,108,111
One Voice Campaign　131

欧　文

ABC　19,70
AP　180
CBS　19,70,185
CCTV(China Central TV)　220
CGTN　220
CNN　19,80
endorsement　21
embedded(従軍取材)　190
GHQ　195
MSNBC　19
NBC　19,70,185
SNS　16

《執筆者紹介》 ＊は編著者

＊石澤靖治（いしざわ・やすはる）はじめに・第1章・第Ⅱ部

編著者紹介欄参照

平林紀子（ひらばやし・のりこ）第2章

1992年　早稲田大学大学院政治学研究科博士後期課程修了
2016年　博士（政治学，早稲田大学）
現　在　埼玉大学人文社会科学研究科教授
主　著　『マーケティング・デモクラシー——世論と向き合う現代米国政治の戦略技術』春風社，2014年
『新版 メディア・コミュニケーション論Ⅱ』（共著）北樹出版，2005年
『叢書 現代のメディアとジャーナリズム 6 広報・広告・プロパガンダ』（共著）ミネルヴァ書房，2003年

会田弘継（あいだ・ひろつぐ）第3章

1976年　東京外国語大学英米語学科卒業
元・共同通信社論説委員長
現　在　関西大学外国語学部客員教授／共同通信社客員論説委員
主　著　『破綻するアメリカ』岩波書店，2017年
『増補改訂版　追跡・アメリカの思想家たち』中央公論新社，2016年
『トランプ現象とアメリカ保守思想』左右社，2016年

山脇岳志（やまわき・たけし）第4章

1986年　京都大学法学部卒
1995年　オックスフォード大学客員研究員（Reuter Fellow, 96年まで）
元朝日新聞アメリカ総局長
現　在　スマートニュース メディア研究所研究主幹
京都大学経営管理大学院特命教授
主　著　『現代アメリカ政治とメディア』（共編著）東洋経済新報社，2019年
『郵政攻防』朝日新聞社，2005年
『日本銀行の深層』講談社，2002年

鈴木美勝(すずき・よしかつ)**第5章・第6章**

1975年　早稲田大学政治経済学部政治学科卒
　　　　元時事通信社ニューヨーク総局長／『外交』前編集長
現　在　ジャーナリスト。慶應義塾大学 SFC 研究所上席所員
主　著　『日本の戦略外交』筑摩書房，2017年
　　　　『いまだに続く「敗戦国」外交』草思社，2009年
　　　　『小沢一郎はなぜ TV で殴られたか――視える政治と視えない政治』文藝春秋，2000年

西田亮介(にしだ・りょうすけ)**第7章**

2012年　慶應義塾大学大学院政策・メディア研究科博士後期課程単位取得退学
2014年　博士(政策・メディア，慶應義塾大学)
現　在　東京工業大学リベラルアーツ研究教育院准教授
主　著　『コロナ危機の社会学――感染したのはウイルスか，不安か』朝日新聞出版，2020年
　　　　『情報武装する政治』KADOKAWA，2018年
　　　　『メディアと自民党』KADOKAWA，2015年

笠原一哉(かさはら・かずや)**第8章**

2003年　早稲田大学大学院政治学研究科修士課程修了
　　　　元読売新聞記者
現　在　東海大学文化社会学部広報メディア学科講師
主　著　「「森友学園問題」報道の検証：調査報道の在り方を考える」『東海大学紀要文化社会学部』3号，2020年
　　　　『現代社会への多様な眼差し』(共著)晃洋書房，2017年
　　　　「メディア・フレーム構築過程の分析―1990年代における読売・朝日の憲法提言を事例に」(『四天王寺大学紀要』60号，2015年

《編著者紹介》

石澤靖治(いしざわ・やすはる)

学習院女子大学国際文化交流学部国際コミュニケーション学科教授。元学長(2011〜2017年)。
ハーバード大学ケネディ行政大学院修了(MPA, 1990年)。博士(政治学, 明治大学)。
ワシントンポスト極東総局記者, ニューズウィーク日本版副編集長を経て現職。
主な著書に『アメリカ情報文化支配の終焉』(PHP 研究所, 2019年),『テキスト現代ジャーナリズム論』(ミネルヴァ書房, 2008年),『戦争とマスメディア』(ミネルヴァ書房, 2005年)等がある。

政治コミュニケーション概論

2021年4月20日　初版第1刷発行　〈検印省略〉

定価はカバーに
表示しています

編著者　石　澤　靖　治
発行者　杉　田　啓　三
印刷者　坂　本　喜　杏

発行所　株式会社　ミネルヴァ書房
607-8494　京都市山科区日ノ岡堤谷町1
電話代表　075-581-5191
振替口座　01020-0-8076

　冨山房インターナショナル・藤沢製本

ISBN 978-4-623-09104-1

Printed in Japan